A NEW STUDY ON MODERN ENTERPRISE CULTURAL MANAGEMENT

现代企业文化管理新探

李锦望 ◎ 著

中国金融出版社

责任编辑:仲　垣　张黎黎
责任校对:潘　洁
责任印制:陈晓川

图书在版编目（CIP）数据

现代企业文化管理新探（Xiandai Qiye Wenhua Guanli Xintan）/李锦望著．—北京：中国金融出版社，2015.5
ISBN 978-7-5049-7921-6

Ⅰ.①现… Ⅱ.①李… Ⅲ.①企业文化—企业管理 Ⅳ.①F270

中国版本图书馆 CIP 数据核字（2015）第 071720 号

出版发行　中国金融出版社
社址　北京市丰台区益泽路2号
市场开发部　（010）63266347，63805472，63439533（传真）
网上书店　http://www.chinafph.com
　　　　　（010）63286832，63365686（传真）
读者服务部　（010）66070833，62568380
邮编　100071
经销　新华书店
印刷　保利达印务有限公司
尺寸　169 毫米 × 239 毫米
印张　21
字数　259 千
版次　2015 年 5 月第 1 版
印次　2015 年 5 月第 1 次印刷
定价　42.00 元
ISBN 978-7-5049-7921-6/F.7481
如出现印装错误本社负责调换　联系电话（010）63263947

序

李锦望博士的著作《现代企业文化管理新探》的出版，为中国企业文化研究领域增添了新的见解，为此我感到十分高兴。锦望毕业于南开大学，在中国建设银行总行公共关系与企业文化部任职，从事企业文化的研究、策划、实施等工作，至今已有15年时间了。10年前，我们曾在北京大学光华管理学院我的办公室里共同讨论过建行银行文化要素体系的相关问题，那时锦望的一些观点和构思就颇有新意。

10年来，锦望发表了不少文章，做过许多研究项目，现在新作又面世，集中了他的许多心得，看过之后，很让人欣慰。锦望做过基层银行行长，又在总行从事文化建设工作，对中国金融领域的文化生态有着深刻的理解，对基层文化机制有着亲身的感受。这次出版的著作，在企业文化管理的层次结构、公司治理与文化建设的关系、员工价值观与价值观管理模型、"服务品牌"与人本文化的构建及影响等方面都有许多系统的见解，尤其对大型国有企业的文化建设，进行了多方面的分析，提出了问题和对策。这本著作和其中的案例都凝聚着他长期探索的心血，具有丰富的内涵和借鉴价值。

改革开放30多年来，许多企业领导人、学者、专家，包括锦望博士在内，在中国企业文化理论与实践上，有大量的建树和独到的贡献。20世纪80年代初，在胡平部长主持的中国商业文化研讨会上，我提出了企业经营上的文化驱动力问题，讲了文化力的正驱动和负驱动的作用。现在看来，当时的见解发掘得还是不够深刻。30多年来，国有企业改革问题一直是被重点关注的问题，党的十八届三中全会提出在下一步国有企业改革中推行混合所有制；最近，国有企业改革方案也在制订中，估计2015年上半年出台。国有企业的文化机制也是国有企业建设中不能回避的组成部分。国有企业文化不同于一般的企业文化。国有企业是政府造就的企业，国有企业的使命是履行政府职能，任何时候，总是带有政府理念和官僚机制。30多年了，无论怎么改，虽然程度和形式有变化，但这个本性却难以去除，除非把它变成民有企业。国有企业改革还在讨论的路上，国有企业文化机制还有许多值得研究的问题。

中国建设银行是一家卓有成就的金融机构，企业文化建设有声有色。通常我们看到，人们聚集在一个企业里工作，是因为人们认可它的使命、价值观、理念和目标，愿意约束自己的行为，遵守它的规则。企业文化就是要使这个群体协调一致地为企业服务，个人利益服从集体利益，服从集体利益的结果是能够实现个人利益，否则谁还愿意在这里长久工作。所以，企业文化要讲究运行功效，没有功效，再"好"的文化也没用。有的企业，其文化和经营是两张皮，文化是做给上级的，经营是做给客户的。文化"落地"始终是个问题。企业领导人对企业文化的设计和推动具有决定性的作用。凡是两张皮的、虚张声势的，都与领导人的价值理念有关。现在，互联网机制、虚拟企业、智能成果等，给企业包括金融机构都带来了不小的挑战。随着智慧产品、智慧流程、智慧企业、智慧城市、智慧地球等的兴起，企业要尽快适应这个趋势，早准备、早动手、早主动。对于互联网化或智能化的企业，其文化驱动力是什么状态、反映什么机制，这是个值得提前思考的问题。

国有企业的文化建设、互联网机制带来的文化挑战等只是众多问题中的两个。锦望带着问题，博学而明理，笃行以致远，坚持不懈十几年，积极探索企业文化的机理，在许多方面做了认真的研究。知之者不如好之者，好之者不如乐之者。锦望就是这样一位知之者、好之者、乐之者。我相信他能继续观察分析，潜心探索研究，深化自己，惠及企业，推动进步。因为和锦望的交往，又看到他出书，由衷地高兴，写了一些自己的感受。同时，对国有企业和金融机构在文化建设上需要面对的文化机制问题，谈了一些看法，算作我们大家共同关注的事情，放在书的前面，权作为序，以求教于大家。

张国有
2014年11月6日

目 录

- 001　前言

- 025　**第一部分　企业文化基因与企业价值观探寻**

- 025　现代企业管理的文化基因及其源流探析
- 048　健全公司治理是企业价值观的最高体现
- 058　欧美企业核心价值观的构建及其启示
- 070　企业核心价值观的选择、认同与确立
- 084　培育和践行企业核心价值观的实证分析
- 094　核心价值观"人企合一"的转化机制
- 101　企业文化是企业生存之本与发展之源
- 114　国有企业内在文化冲突分析及其对策

- 125　**第二部分　构建人本文化与服务文化的实践探索**

- 125　推进人本文化建设的实践与思考
- 136　实施人本管理的几个重要问题
- 164　金融服务文化建设存在的主要问题及对策
- 173　"以客户为中心"是服务文化建设的核心
- 182　践行"以客户为中心"是改进服务质量与效率的关键

| 191 | 构建"以客户为中心"的服务文化管理体系 |
| 201 | 打造和推广服务品牌的基本经验与做法 |

225 第三部分 企业文化管理相关问题及案例

225	推进企业文化落地生根的途径、方法与机制
239	新时期企业实施人性化管理的几个重要问题
251	培育金融创新文化建设的思考与建议
262	扭曲的价值观颠覆了华尔街神话
270	文化管理案例一:"向党工作站"
278	文化管理案例二:"何晓工作法"
287	文化管理案例三:"零文化管理模式"
303	文化管理案例四:"精细高效经营管理系统"
308	文化管理案例五:"合规文化管理体系"

317 参考文献

322 后记

前　言

——中国企业文化30年的发展与思考

现代企业文化管理理论，使企业开始将自身全部活动回归于"人"，完成了由"人是工具"向"人是目的"的历史性转变。

20世纪80年代中期，中国实行改革开放不久，作为现代企业管理理论的企业文化就被引入中国。那时的中国，严格地说还没有真正的现代企业，基本都是政企一体的国有企业，民营企业才刚刚萌芽。国有企业在高度计划经济体制统管下，普遍经营困难，或严重亏损，或濒临倒闭，上下都在急于寻找突破困境的出路。国家主管企业的领导曾带领大批企业家分赴日本、美国等发达国家的知名企业取经，学习企业管理经验，并引入了全面质量管理、成本绩效管理等现代企业管理方法。但是由于国有企业产权不清、政企不分、责任主体不明、没有自主经营权等制度性缺陷，这些现代企业的先进管理理论和方法自然水土不服，无法发挥科学管理的效果。在此背景下，产生于日本企业并被美国管理学家们总结提炼的企业文化管理理论，自然也受到了中国企业的热情追捧，并且在以后的30多年里，随着中国企业产权制度改革的不断深化和融入全球化步伐的不断加快，这种追捧的热度始终不减，仍如火如荼，方兴未艾。

一

30多年来，企业文化理论在我国得到了普及。从20世纪80年代中期，国内学者译介帕斯卡尔和阿索斯的《日本的管理艺术》、威廉·大内的《Z理论》、迪尔和肯尼迪的《公司文化》、彼得斯和沃特曼的《成功之路》四本企业文化理论奠基著作之后，国内一些重点高校的管理学也开始将企业文化理论纳入管理学教材，一些专家学者转向企业文化管理理论的传播与研究，陆续出版了许多著述，包括张国有教授、张德教授、贾春峰教授、孟凡驰教授、高立胜教授、刘光明研究员、齐善鸿教授、王成荣教授、罗长海教授等。同时，传播企业文化理论与实践的刊物也相继出版，包括《企业文化》、《中外企业文化》、《现代企业文化》、《中国企业文化》等，给企业管理人员和职能部门人员学习研究和宣传交流搭建了有效平台，提供了很好的帮助。

多年来，企业文化理论界对国内知名企业进行了大量的案例研究。20世纪90年代后期，随着国有企业现代企业制度改革的深入推进，科学管理作为四要素之一，得到了广泛的认知认同。这一时期，大量的民营企业家们鉴于许多民营企业亏损倒闭而难以可持续发展的教训，也开始重视企业文化理论与实践。进入21世纪，一些学者从文化管理的视角，对成功企业和失败企业进行案例研究，例如对海尔、联想、同仁堂、华为、宝钢、蒙牛、阿里巴巴、海底捞及巨人、太阳神、健力宝、康佳等案例进行了研究。从文化视角对成功与失败企业的案例进行研究，可以更为深刻地解剖分析企业文化基因、运行机理、成长规律和企业生长周期，对启发企业家认识文化管理的本质、掌握文化管理的规律、提高文化管理的艺术都具有重要的推动作用。从1911年美国管理学家泰勒的《科学管理原理》问世后，管理学界对科学管理（即制度管理）——将人作为机器生产组成部分的做法进行了大量的探索研究，从第二次世界大战前的管理学家乔治·埃尔顿·梅奥主持的著名的霍桑实验，到第二次世界大战后企业管理理论丛林阶段，产生了大量创新成果，涌现了许多企业管理学派，包括人类行为学派、管理过程学派、经验学派、社会系统学派、决策理论学派、需求理论学派、激励理论学派等，每个学派又包含若干理论。到后来，又出现了学习型组织、人力资源管理、领导力、六西格玛管理、平衡记分卡管理等理论、模式、模型。所有这些理论研究都是围绕着"人性管理"展开的，即如何最大限度地张扬人性之善，最大限度地抑制人性之恶，培育员工敬业忠诚，激发员工创造活力，增强企业竞争力，实现企业可持续发展。

多年来，随着我国由计划经济向市场经济转型，改革开放不断深化，企业融入全球化竞争的步伐日益加快，因此，推动了企业管理从文化自发向文化自觉的转变。从20世纪80年代末开始，国内一些企业尝试导入企业识别系统（CIS），开始认识和了解企业文化的精神文化、制度文化、行为文化、物质文化的基本结构，进而模仿国外企业来尝试构建自己的愿景、使命、核心价值观、精神、理念、作风、口号等文化要素体系。特别是有的企业开始将企业文化管理的核心和灵魂——以人为本的思想精髓引入企业管理，并且根据企业所在行业特点和自身特色，在专项文化——责任文化、服务文化、安全文化、风险文化、质量文化、绩效文化、创新文化等建设上取得了很多成果。其中海尔、联想、宝钢、华为、建行等企业都具有较强的文化自觉意识，积极开展文化建设，实施文化管理，走在了同行业的前列，开启了中国企业文化管理的先声。随着我国企业治理结构、经营规模、综合竞争力的不断发展，特别是融入全球化的竞争潮流，内外市场环境和生存竞争压力对企业管理水平要求越来越高，企业对欧洲、美国、日本企业管理模式、手段、工具和方法不断学习借鉴，取得了长足进步，但是，在企业文化管理创造性探索方面仍很少有新的突破，除了海尔的"人单合一"模式具有重大管理创新意义之外，我国在企业管理理论、管理模式、管理模型的创新上，尚未有被世界管理学界和企业界公认的成果。由于我国实施公司改革，建立现代企业制度比较晚，企业对科学管理的研究和实践都不够，仍处在学习模仿制度管理的初级阶段，还难以创造出属于自己的管理理论和模式，也就是说，还没有进入基于完善的制度管理的文化管理阶段。我国企业对于实施文化管理比较陌生，将企业文化管理等同于思想政治工作和精神文明创建，陷入了认识和实践误区，致使我国企业管理的整体水平不高，导致企业大而不强、大而低效。

多年来，专业社团和管理咨询机构积极传播企业文化。中国企业联合会、中国企业文化研究会、中国企业文化促进会等专业社团，以及大量管理咨询公司，通过开展课题研究和专题培训、组织年会及峰会、提供诊断咨询、创建示范基地、出版刊物等活动，持续推进企业文化理论知识的普及和实践探索，大量国有企业和民营企业高管人员参与研讨、探索和实践，充分发挥了专业社团和管理咨询机构在理论启蒙、理念传播、经验交流、成果推广方面的重要作用。但是在企业管理理论创新、实验成果突破、模式和模型创建等方面，仍然没有取得为国际管理学界和企业界公认的理论或实践成果。

二

为何我国管理学界和企业界在文化管理上缺乏自主知识产权的理论和实验创新成果？这里有深刻的历史文化背景，以及市场经济发展和企业管理现状等深层原因。

我国历史文化以儒家文化为主流，兼之释道文化。儒家文化最高价值目标是"修身、齐家、治国、平天下"，现世功利，倡导"学而优则仕"的价值追求，积淀了2000多年一直难以撼动而现在仍难以清除的"官本位"文化。又由于西汉时汉武帝采纳董仲舒"罢黜百家，独尊儒术"的建议，扼杀了思想、学术的自由发展；之后历代统治者仿效此种做法，并根据维护"家天下"的需要，将儒学为我所用，不断曲意注解儒家经典；到隋唐时期，又设计建立了科举制度，意在打破门第等级，延揽天下人才，但由于将"致仕"作为读书人的唯一"正途"，从而堵死了读书人从事科技研究、探索大自然奥秘，或投身商业、追求财富的道路。科举制度发展到明清时，朝廷为了维护专制统治，进一步将儒家经典"四书"、"五经"思想僵化、教条化和八股化，从道德操守、价值追求、制度规范上，把全国的读书人压缩到一个狭小空间——埋头故纸堆，潜心"小学"音韵文字考据，并歧视压制那些潜心探索研究自然科学和工程技术的人，使之沦为鼓捣奇技淫巧并低人几等的"末流"，从而窒息了整个民族的生机活力，使一代代知识精英群体的文化基因中丧失了唯理哲学和工具理性；加之封建专制制度对具有"自由之思想，独立之精神"的知识精英实施残酷的"文字狱"，诛灭九族，消灭肉体，从而扼杀了整个国家的创新人才和创新精神，"官本位"意识、创新精神缺失、国民性奴化、唯理哲学短缺等贻害至今。有关中外科学发展巨大差距形成原因的研究文献很多，此处不再赘述。

从市场经济现状来看，由于法治经济和信用经济尚未形成，市场生态环境还不够健康，个别领域甚至出现不断恶化的情况。一些国有企业在很多领域仍然处于垄断地位，民营企业在一定程度上仍然受到歧视或拓展空间被挤压，市场主体之间还没有形成完全的充分的公平竞争。有的国有企业生存发展并非靠的是科学管理和持续创新，而是靠政策倾斜或行业垄断。私人财产权的保护在法律制度上还不够健全，人们还缺乏稳定的心理预期，特别是自觉承担社会责任、忠诚敬业、勤奋节俭、一心一意追求创新和利润最大化的企业家精神，还没有培育起来。因此，对于一些企业来说，提高企业管理水平和全力实施创新的外在压力与内在动力都不足，鲜有企业管理自主创新成果出现也就不足为奇了。

目前来看，我国企业的文化管理水平总体上还不高，根本原因是存在以下认识、实践误区和盲区。

（一）从国有企业的上级主管部门领导到一些企业高管人员，还没有充分认识到企业文化就是企业管理，是跟管理人员相伴而生的天职，仍然把企业文化与思想政治工作、文明建设归为同类，既混淆了二者的基本属性，又弱化了探索企业科学管理的创新意识。

从世界企业的发展历史来看，企业管理已由经验管理、科学管理（制度管理）阶段发展到文化管理阶段，即由以"物"（资本、机器、厂房、价值、利润等）为核心的管理发展到以"人"（员工、客户、股东、社会公众等）为核心的管理。企业文化属于管理学范畴，只适用于企业，第一属性是管理，文化是其第二属性，离开企业管理的文化不是企业文化。企业文化与思想政治工作迥然不同。企业文化的管理属性和本质决定了它是与企业管理人员的基本职能相伴而生的。只要是企业管理人员，就必须自觉履行这一职能，它是管理岗位的本质内涵。所以从这个角度说，企业文化就是"一把手"文化并不为过，因为"一把手"承担着第一责任，他的地位、身份、职权、责任决定了企业核心价值观的选择与践行——企业文化的核心和灵魂。美国著名学者沙因在《企业文化与领导》中指出："领导者所要做的唯一重要的事情就是创造和管理文化，最重要的才能就是影响文化的能力。"因此，那种仅强调"一把手"政治责任、经济责任、环境责任、社会责任，而忽视或削弱其文化责任的做法，在认识上是错误的，在实践上也是十分有害的。正是普遍存在上述认识误区与实践盲区，才导致了将企业文化管理视为宣传、工会、团委等非业务部门的事，致使以人为核心的文化管理被扭曲化、抽象化、娱乐化和边缘化。

没有将"人"作为管理核心的直接后果，就是在管理的价值排序上，或首选利润，或首选产值，或首选风险，或首选制度等，这就是目前我国绝大多数企业的管理水平仍然仅仅停留在"制度管理"阶段的重要原因。人类社会历史发展反复证明，"管人要管思想"。思想就是价值理念。企业管理没有抓住"人"这一关键要素，将价值观管理排除在管理范围之外，从而使各项政策、制度、机制、流程、产品、技术、信息等缺乏明确的价值取向和精神灵魂，即文化"软"管理与制度"硬"约束不相匹配，价值理念与业务经营不能实现"灵"与"肉"的统一，致使难以实现"人企合一"的共同发展，这是目前一些企业管理的致命缺陷。其结果必然导致企业在价值理念和精神心灵层面上出现真空，使世俗功利化的"官本位"意识、"潜规则"思维、"自私贪欲"心理、"无责任担当"行为甚至违法乱纪行为——这些直接影响企业健康发展的恶性文化基因，无法在企业"道德精神"的文化层面上得到有效制约和消解，永远不可能实现"上下同欲"。因此，"道"之不存，"器"之必失。

为什么多数企业管理人员缺乏自觉的文化管理意识呢？由于国有企业经历了长期的高度集中的计划经济体制，而这种体制制度下的企业不需要也不必要研究和探索科学管理，而是注重运用思想、道德与精神的手段管理员工，特别强调中央和上级的路线方针政策在企业的贯彻执行，因而做好思想政治工作就成为确保这些路线方针政策在企业贯彻落实的首要任务。直至目前，国有企业虽然完成了产权制度改革，建立了现代企业制度，并且不断吸收和借鉴全球先进的企业管理思想及管理模式，但是思想政治工作仍然作为优良传统和重要手段，持续得到强化，甚至成为一些管理人员引以为荣的特长特点和资历资本，久而久之，就形成了固定的思维方式和工作惯性，所以将企业文化等同于思想政治工作就很正常了。诚然，思想政治工作的核心也是人，这一点跟文化管理有着一致性，但是二者的本质属性则不同，文化管理作为企业的内生要素，是现代企业产生240多年来，企业管理理论的最新发展阶段，包含各种理论、模型、模式、工具和手段，但是思想政治工作则不能像企业管理理论一样，不断进行理论体系、工具模型、管理模式的变革与创新，而只能在手段、形式、方式方法这些方面进行改进。值得指出的是，思想政治工作、精神文明建设长期以来是国家意识形态的大政方针，具有强大的行政号召力、推动力和影响力，特别是在国有企业，这项工作是作为企业主要领导人"一岗双责"中的"一责"，受到上级主管部门的重视，而企业文化则只有管理属性，完全没有思想政治工作和精神文明建设所拥有的政治属性、政治地位和政治优势。因此，若从企业领导人员的政治责任角度考量，更加重视思想政治工作和精神文明建设也就理所当然了。

此外，还有一个很重要的问题，也是一个有争议的问题，即企业文化是"一把手"文化。持此观点的人认为，企业"一把手"是发展战略、价值理念和经营管理决策的主要责任人，其基本思路、价值取向、制度设计和行为选择直接影响着企业发展方向。可见，"一把手"的职责定位决定了企业的核心价值观。从本质上说，企业文化是"一把手"文化并不为过，符合企业管理实际，GE、IBM、微软、海尔、华为、联想等企业都是如此。持反对意见的人则认为，企业文化是企业固有的，任何企业都有一定的文化，只是存在优与劣、先进与落后之分。强调"一把手"文化，既不利于建设健康可持续发展的企业文化，又不利于调动企业各级管理人员的积极性。众所周知，国有企业的"一把手"经常调整，有的企业每来一任新领导，就会提出一套新的价值理念，致使企业文化管理缺乏连续性。后一种观点似乎有道理，但是深入分析就会发现，这里以纠正一种倾向却引发了另一种倾向，即"一把手"不是第一责任人，就意味着没有责任人。

这一问题的产生，不是因为坚持了企业文化是"一把手"文化的观点，而是因为有的企业领导者对于文化管理的本质和规律的认识、把握、实践未能到位，未能真正履行文化管理责任。企业文化管理要保持生机活力，就必须不断创新，需要适时调整、充实和提升文化要素体系，只要企业使命和核心价值观保持相对稳定，其他文化要素，包括发展战略、愿景目标、经营理念、宣传口号等都要根据企业发展的不同阶段和市场变化适时作出调整。2001年华为开始向国际市场进发时，发现1996年制定的旨在提高组织能力的《华为基本法》与西方规范化文化理念相冲突，便果断叫停；海尔也在不同的发展阶段，适时调整愿景目标和相关理念。一家企业对文化要素重新建构，或进行调整、充实和提高，并没有错。问题的核心是，是否在保留优秀文化要素基础上进行调整和发展，调整是否适时。如果是未经深入调查研究，在不当时机彻底抛弃既有的企业文化要素体系而另起炉灶，再搞一套新的体系，那么就容易引起员工对该企业文化认知认同的混乱，从而涣散企业凝聚力。因此，"一把手"的文化自觉和善于实施文化管理才是最重要的。只要具备了这一点，不管调整谁做"一把手"，文化管理都会在高水平管理的轨道上运行和发展。从这个角度上讲，回避和弱化"一把手"对于企业文化管理与文化积淀的决定性地位、作用和责任，更不利于企业的可持续发展。

（二）将企业文化管理与发展战略、经营管理、业务发展之间"灵"与"肉"的关系割裂开来，常常表述为"围绕战略"、"服务中心"、"结合业务"、"支持发展"等，矮化、浅化和扭曲了企业文化管理的本质——价值观决定着企业所有行为的选择，致使战略、中心、业务失"魂"。

众所周知，企业文化的核心是价值观，而价值观是企业发展目标、战略决策、经营策略、业务选择、制度安排、流程优化、组织变革、各种创新等一切经营管理活动选择的决定者。也就是说，它决定着企业为何选"这个"而不选"那个"，为何"这样"做而不"那样"做，为何往"那里"去而不往"这里"来，等等。

按照价值排序，企业文化管理首要的是价值观管理，其他的包括职业道德、制度规范、业务管理、市场营销、风险内控、员工行为、人文关怀、团队管理、声誉管理、品牌形象等内容，这些都排在价值观管理之后，因为所有这些活动都是由价值观决定的，所以说企业文化管理的核心是价值观管理。它是企业发展战略、组织架构、制度机制、管理流程、业务经营、产品营销、各类创新、员工队伍管理等一切活动的灵魂，因而它是上述一切活动的引领者和决定者，怎么能让价值观"围绕"、"结合"、"服务"、"支持"它自己的派生物、所属物呢？显然，它是企业的上层建筑，是企业的意识形态，处于引领、支配、决定的地位。

但是，长期以来，在企业主管部门和企业领导的讲话、报告中，"围绕"、"结合"、"服务"、"支持"业务发展已成为习惯性思维和常态化表达，并且被作为经验和亮点广泛宣传。毫无疑问，这种想法和做法，将业务发展作为核心置于价值观之上，以为是突出了中心工作，其实是从另一角度将业务发展肤浅化和盲目化，因为只有在价值理念指导下理性确定业务发展目标、方向、范围、规模、数量、质量及产品、服务、营销等竞争策略，业务发展才是正确的、可行的、健康的和可持续的，否则就是走向片面或反面。可见，那种将企业文化"围绕"、"结合"、"服务"、"支持"业务发展的定位，无疑是本末倒置。除非企业的发展战略、制度机制、经营管理、业务创新、产品营销、组织流程、员工队伍等，都不需要有价值判断和价值选择，也都不需要有灵魂，而是率性而为、随意而作、无意而成。

（三）把企业文化管理的首选对象和重点放在普通员工身上，这不仅是对企业文化管理定位的错误，也是对企业管理者基本职能的扭曲，其后果将导致员工对企业核心价值观的怀疑、排斥和背离，在道德、思想、精神和行为上出现离心离德，难以实现"知行合一"和"人企合一"。

企业管理的对象要素很多，包括人、财、物、信息、技术等各种资源，但是最核心的、最根本的则是对人的管理。企业之中的人就是员工，员工包括管理者（也可称领导者）和职工（也可称普通员工）。企业文化管理的首要对象是各级管理者，因为各级管理者的基本职责是管理某个单位或部门，而普通员工只是执行者。所有的管理人员，既是管理者，又是被管理者。作为管理者，要领导、规范和激励下属；作为被管理者是相对于上级而言，要服从上级的领导和约束。因此，实施文化管理不能两眼仅盯住普通员工，如果这样，所有的培育企业价值观的措施，诸如思想教育、道德教化、制度规范、激励约束、典型引领等，都是舍本逐末。当员工看到管理者并不"言行一致"、"知行合一"时，就会感到上当受骗，非但不会达到自觉认同和践行的目的，而且会产生不良群体情绪，导致"人企分离"、离心离德，共同抵制企业价值理念和规章制度的执行。

美国著名管理学家沃伦·本尼斯的"新领导力理论"提出四个关键要素，其中有两个要素——"信任管理"和"自我管理"，都是对管理者自身的要求。所谓"信任管理"就是管理者要诚信做人，让员工信赖；所谓"自我管理"就是管理者通过持续学习，使思想观念和知识能力不断超越自我，走在员工前面。

著名管理专家曾仕强提出"中国式管理",其核心内容就是修己安人,也就是首先自己管好自己,给员工做出榜样,让员工"心平气和"地积极工作。其思想源于孔子所说的"其身正,不令而行;其身不正,虽令不从。"然而,在很多企业里,一些管理者将文化管理——价值观管理的对象首先放在普通员工身上,围绕普通员工组织策划各种活动,极尽各种措施办法,似乎普通员工做好了,各级管理者也就自然而然做好了。这是传统思想政治工作、"我说你听"、"我打你通"思维方式的典型表现,也是文化管理的重大误区之一。试想,作为管理主体的各级管理者不首先认同、不首先践行,普通员工怎么能自觉认同和践行?要求普通员工做到,领导必须首先做到,"打铁还需自身硬",管理者与被管理者这对矛盾,前者是矛盾的主要方面,后者是矛盾的次要方面。这是管理学的基本常识,其道理简单得就像人不吃饭会饿死一样。"上行下效",是我国千百年来不变的社会文化心理,家喻户晓,人尽皆知,无须唠叨。

(四)我国高校、研究机构在企业管理理论研究上缺乏甘于清贫和具有奉献精神的创新人才,同时也缺乏创新意识和资源投入,致使原创管理成果很少,总体上企业管理水平低下。

毋庸讳言,由于体制、制度、文化、道德等深层原因,目前我国学术研究领域大量存在着短视功利、心浮气躁、金钱至上、假冒伪劣、追求"短、频、快"的现象,传统文化精华代表者——"士"之良知、骨气、人格已经短缺;甘于孤独清贫、耐住寂寞、面壁十年、坐冷板凳、心无旁骛、潜心学术的献身精神也已鲜见;追求"独立之思想,自由之精神"的凛然正气更难以寻觅。在这样的社会文化环境和学术氛围下,要想在没有什么企业管理文化积淀的基础上,创造出为国内外公认的管理思想、管理理论、管理模式、管理模型等成果,应该说是极其艰难的,没有几代人的长期潜心研究和不断创新恐怕不行。

美国管理学家梅奥为了证明人不只是"经济人",还是"社会人"的存在,于1924—1933年在美国芝加哥西部电气公司的一家名叫霍桑的工厂,用了近十年的时间,潜心"霍桑实验"的科学研究,最后出版了《工业文明中的社会问题》,从根本上动摇了泰勒"科学管理"把"人"仅仅看作是"经济人"的理论观点,开创了"社会人学说"。诚然,如果理论工作者拥有为学术研究而献身的精神,再加上有利于学习研究的良好人文环境、制度环境、政策激励和资源投入,就一定会有更多的创新人才,创造出更多的学术成果。

目前,我国高校、科研单位和企业文化社团组织,既缺乏国际一流的企业管理研究与创新的人才,也缺乏有效的资源投入和政策激励。有些单位、机构的生存是靠自己在市场上"拼搏",哪里还有更多的精力和资源投入短期毫无收益的管理科学研究和实验?所以,短期内我们也不要期望有更多"原创"文化管理成果的出现。只有我国的企业管理人员普遍树立起现代公司治理理念,企业普遍建立健全现代公司治理机制,各级管理人员积极学习、探索和实施基于严格制度规范的人性化管理,把我国企业管理由制度管理阶段推进到文化管理阶段,我国企业管理的整体水平才能有一个新的质的飞跃,企业才能做大做强,提高企业发展的质量才有可能变成现实。

(五)在理论上对企业文化概念和内涵理解、解读的先入为主、"见仁见智"甚至错误定义,直接影响了企业管理人员对企业文化管理内涵的认知认同,导致其在概念理解上泛化,在管理实践上无所适从。

据说有人统计过,企业文化的定义有100多种,每个人都可以从不同角度理解企业文化定义。这说明企业文化具有开放性,可以见仁见智。但是归纳一下国内企业文化教材、著述的定义,发现以下问题:一是都仅仅着眼其文化属性,而忽略了更为主要的管理属性。例如，"文化就是为人处世的方式"、"文化是思维方式和行为方式的统一"、"文化是企业精神、经营哲学、价值理念、道德伦理、行为方式、外在形象和社会责任的总和"、"文化是植根于内心的修养，无须提醒的自觉，以约束为前提的自由，为他人着想的善良"、"文化是企业的核心竞争力"，等等。特别是使用频率最高的"企业文化建设"的提法，则是只讲文化属性的典型代表，在很大程度上模糊和弱化了管理属性。二是都属于静态化描述，忽略了动态化过程。比如，企业文化结构——精神层、制度层、行为层、物质层的"同心圆"式分析就是静态描述的范例。这可能与作为社会的、历史的文化属性相符合，但是与作为具有企业管理特征的文化属性则并不完全切合，甚至被静态切割而碎片化。

企业文化首先是管理属性，其次才是文化属性。管理是动态的，文化则是静态的（相对稳定），动态管理创造静态文化，而静态文化又反作用于动态管理。若从"动态"和"静态"互动过程上划分，企业文化的结构可分为"动态表层"和"静态深层"。所谓"动态表层"是企业实施动态的"价值观——制度管理"模式，采取思想的、道德的、制度的、机制的、流程的、物质的、荣誉的激励与约束，以此对经营管理的对象、目标、过程进行价值判断和价值选择，并且当这种判断和选择持续化、稳定化并为全体员工所认同之后，就会积淀而成为企业员工的共同价值观、思维方式和行为习惯，从而升华为"文化"。所谓"静态深层"就是动态文化管理效果的积淀，即共同价值观、思维方式和行为习惯的形成。比如，一家商业银行的风险理念是"稳健审慎"。管理者从各个方面、采取各种措施，即通过动态管理激励约束员工，将企业员工共同价值观"内化于心，外化于行"。久而久之，每个员工在各自岗位上就会"下意识"地自觉审慎对待和处理每一位客户、每一款产品、每一笔业务、每一件事情。至此，"价值观念（脑）——

思维方式（心）—行为习惯（身）"——"知行合一"的价值链条正式形成，文化力也就真正转化为执行力和生产力了。

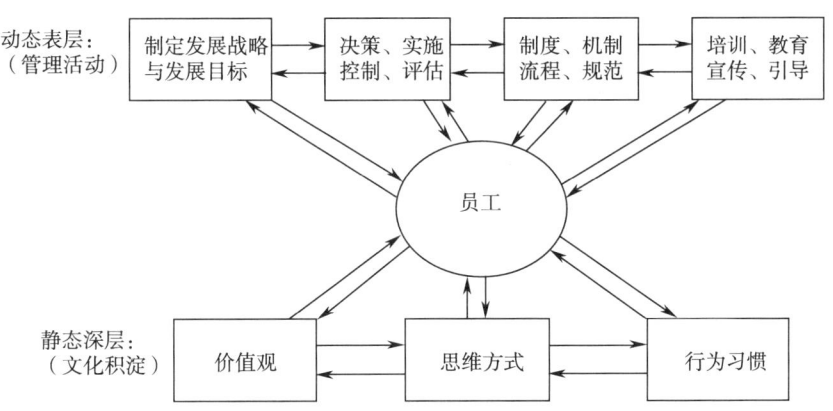

图1 企业文化管理结构图

综上所述，企业文化管理的核心内涵是，为了实现企业战略目标，以培育人企合一的"共同价值观"为核心，实施人性化管理，运用各种政策、制度、机制、措施、手段，最大限度地张扬人性之善，抑制人性之恶，使企业上下同心、知行合一、人企合一，永续保持创新活力和竞争优势。

但是，20世纪80年代，一些理论工作者在译介和引入企业文化概念时，由于受时代条件和思想观念的局限，未明确其管理属性，相反则将其作为类似思想政治工作、精神文明建设，加以强调其内在联系、意义和作用，先入为主，形成思维习惯，影响至今。从目前来看，仍然有很多企业管理人员认为思想政治工作就是企业文化，或者企业文化本质上就是思想政治工作，因为二者都是管"人"的，用于统一思想的。这种对企业文化理解的浅表化，以及与思想政治工作的纠结，理论上源于企业管理理论普及的不足，实践上则源于企业管理者自觉探索和自主创新的缺失。

三

如何突破目前企业文化管理停滞在理论知识传播和实践浅表化、边缘化的困境或瓶颈？这需要改革开放和市场经济发展不断深化的有利环境，更需要企业有提升管理水平的内在动力，还需要理论研究界的科学精神和身心投入。

（一）建立法治和诚信的市场经济，继续深化国有企业改革，使每个企业都面临生存发展的外部和内部压力，增强其提高管理水平的驱动力。

著名经济学家吴敬琏先生曾经反复强调，市场经济只有"好"与"坏"之分。"好"的市场经济既是诚信经济，也是法治经济，竞争规则公平公正，市场在资源配置上起着决定作用。"坏"的市场经济既无诚信，也无法治，无公平竞争可言，权力有着巨大的寻租机会和空间。这样的市场经济是扭曲的市场经济，最终会走入权贵资本主义或垄断资本主义。

目前，我国的市场经济还不成熟、不完善，存在着很多深层问题，严重影响了资源配置效率，也给权力寻租留下了巨大空间。可以说，整个市场既缺乏道德诚信，又缺乏公平竞争，政府"看得见的手"伸得过长，揽得过多，管得过死；市场"看不见的手"还没有完全起到资源配置的决定作用，特别是一些国有及国有控股企业凭借垄断地位拓展业务，获取利润，而非凭借高水平管理和优质产品、良好服务取得竞争优势。吴敬琏先生出席2014年4月20日至22日在广西南宁举办的"第七届中国绿公司年会"时指出：现有体制是个初步建立起来的市场体制，但是因为政府在资源配置中仍然起着主导作用或者决定作用，所以就存在着四个巨大的缺陷。第一，它不是一个统一的市场,因为条块分割,现在的市场是碎片式的,有行业保护,有地区保护。第二,不是对所有市场主体开放的,市场主体分成三六九等。第三,竞争性很差,因为各种行政的规定,还有行政垄断,竞争是市场的灵魂,而没有竞争,这个市场严格地说还不能叫市场。第四,它是无序的,因为有各种行政的规定、各种批示主导着市场行为,所以不是建立在规则基础之上的,不是建立在法制基础之上的。这里,吴先生深刻分析了我国市场体制的基本现状及其致命缺陷。这种现状不利于企业树立苦练内功、靠不断提高管理水平和创新产品服务做大做强的市场理念和竞争意识,相反只会不断强化企业对政府扶持或资源垄断的过度依赖的懒汉意识和优越感。要彻底解决目前这种"根本不能叫市场"的现状,出路唯有全面深化改革,不仅要破除利益集团的垄断,深化制度创新,改革和消除导致不公平竞争或市场扭曲的体制制度,而且要深化国有企业产权制度、治理结构、管理体制的改革,真正建立现代企业制度,使企业成为真正的市场主体,"完全靠自己在市场汪洋大海里游泳"。也就是让市场决定资源配置,让市场主体公平竞争,使市场既要成为企业竞争、创新发展的巨大动力,也要成为企业面临优胜劣汰的巨大压力。

欧美发达国家的成熟市场经济发展的成功经验证明,建立完善成熟的市场经济,一方面要深化市场管理体制改革,让政府退出市场,只管健全法制、制定规则、严格监督、公正裁决、惩罚不法、维护市场秩序,另一方面要规范市场竞争主体,彻底破除垄断,使各种主体完全靠自身的"真本事"公平竞争,从而增强"练内功"、"挖内潜"的驱动力。成熟市场经济国家的做法就是让民营资本、民营企业进入国有企业行业或领域,彻底打破国有企业对行业资源的垄断,激发市场活力,提高资源效率。国内外大量事实一再证明,国有企业是低效的。真正好的市场经济从来没有、也根本不可能是以国有企业为主导的市场；只有千千万万个依靠自身智慧、能力和创新在激烈的市场竞争中生存发展的民营企业、私人企业汇聚而成为主导的市场，才是充满活力的、高效率的、好的市场经济。制度经济学早已深刻揭示了国有企业的根本制度缺陷——产权不清导致委托—代理关系缺乏内在激励与约束、依靠资源垄断而缺乏内部挖潜的驱动力、企业好坏跟每个职工理论上有关而实际上无多大关系招致工作偷懒、国有的公共资源诱使一些内部管理人员发生"败德"行为等。中石油、中石化、中国移动、华润集团、神华集团、三峡集团、中核集团等一起又一起高管腐败窝案，证明国有企业存在体制制度性的弊端和缺陷。因此，继续深化国有企业改革，明晰产权，破除垄断，建立真正的"三权"相互制约的现代公司治理机制，根治"国企病"，已成为社会各界的普遍共识；这也是建立好的市场经济，激活市场活力，提高资源效率，做大做强我国企业的必然选择。民营企业海尔、联想、华为、阿里巴巴等的发展壮大都是很好的例证。

道理很简单，在一个法治诚信的市场里，当一家企业成为能够依靠自己的本事在激烈竞争中求生存、求发展的主体时，这家企业才会真正千方百计地提高经营管理水平，千方百计地发现、培育、使用和留住人才，千方百计地创新产品、优化服务和实现客户至上，千方百计地精打细算、勤俭节约和珍惜资源。在这样的环境下，企业为了自身的生存发展，一定会重视以人为核心的文化管理，以期凝聚人心、激活人力、挖掘潜能，提升企业竞争力和价值创造力，否则只能处于低层次管理，在激烈竞争中走向衰败。

（二）企业主管部门应对企业高管人员强化企业文化管理的学习培训，增强其对文化管理定位的认同和履行文化管理的自觉意识，并探索建立企业文化管理工作考评与奖惩机制。

目前，国有企业仍占据着我国市场经济的近半壁江山，可以说是举足轻重。国有企业经营管理水平的高低直接体现了我国企业发展的质量效率和国有资产的保值增值，也直接影响企业人才的成长、创新能力的提升和综合竞争力的增强。从目前国有企业的管理水平来看，多数企业仍处于制度化管理的阶段，以规章制度和考核奖惩为主，重在规范约束员工，轻视价值引领、自主管理、潜能挖掘、团队激励、人文关怀等，"刚""柔"相济、"软""硬"和"中"做得还不够，也就是说，在文化管理方面，研究不多，实践不够，经验不足。

多年来，国资委作为国有企业的主管部门在推进企业文化建设方面做了大量工作，特别是近年来，除了举办由企业高管人员参加的主题年会外，还建立一批示范与实验基地，探索建立企业文化建设工作考评体系，在企业文化知识普及和实践推动上都取得了一定成效。但是，总体上看，仍然有不少高管人员缺乏文化自觉意识，人本管理理念并未真正树立起来，特别是在企业深化改革或经营出现困难时，思想解疑、价值引领、精神激励和人文关怀的工作做得少，潜意识里还是"制度至上"和"利润至上"，仍然把人当作实现企业发展的"工具"而不是"目的"。

如何增强企业管理人员科学管理的文化自觉意识？关键是高层的倡导和要求，如果中央领导、国企主管领导在讲话、报告中不断倡导和要求企业加强企业文化管理，提高科学管理水平，将会起到"四两拨千斤"的效果。同时，对企业各级管理人员加强企业文化管理的学习培训，重点和关键是培养他们的文化自觉意识，让其学会围绕着"人"实施管理，包括战略管理、决策管理、关系管理、心理管理、创新管理、绩效管理、产品管理、营销管理、质量管理、风险管理、信息管理、谋略管理、团队管理、学习型组织管理，等等。这样的学习培训，能够有效提升管理人员队伍的综合素养，将给企业管理带来新的境界，为企业发展拓展新的局面。当然，树立了文化自觉意识只是第一步,关键是要在经营管理实践中加以应用、研究和探索。因此,探索建立企业文化管理工作考评与奖惩机制是十分必要的,这是确保文化管理"落地"的制度保证。

(三)立足中国传统文化和企业管理实际,探索和创新拥有自主知识产权和中国特色的企业文化管理理论、模式和模型。

企业文化管理理论是在西方历史文化土壤上生长并发展起来的(日本在明治维新后已彻底西化),自由、平等、诚信、公正、民主、法治、责任、创新等普世价值观是其核心内涵。虽然这些内涵与改革开放后的中国现代社会发展的价值目标相契合,但是,我国毕竟有着5000多年的历史文化传统,有着稳定的文化思维方式和民族文化心理,并且这种思维方式和民族文化心理在某些领域、某些方面具有比较优势。因此,若不顾民族文化土壤,不做加以改造、吸收和创新的工作,企业文化管理就会水土不服,无法落地生根。也就是说,企业文化管理理论只有与中国传统文化——中国式管理相结合,才能获得新的生机,焕发新的活力。

根据著名管理专家曾仕强先生的研究,美国式管理是"我要我成的历程"——"我要"代表"目标管理"(management by objectives),"我成"代表"成果管理"(management by result),就是由我确定目标,由我去执行,最后由我创造出成果。若成果达到了目标,就会受到激励,否则就受到处罚;以竞争为手段,拿"数据"作标准,判定优劣、胜负和死活,整个管理过程,充满了"优胜劣汰,适者生存"的进化精神。这种管理的价值理念以及由此产生的大量企业管理思想、模式、模型、工具等,完全都是基于自由、平等、民主、理性、科学及宗教伦理等思想文化土壤生长出来的。

日本式管理是一种"同生共荣的历程"——"同生"代表"一起进入公司的辈分","共荣"代表"大家共同分享的荣誉"。就是同生要有同死的觉悟,共同奋斗绝不临阵脱逃;共荣要有共辱的打算,合力追求团体荣誉,不计较个人荣辱,体现了"大和魂"的团体精神。日本文化深受儒家文化影响,直至今日,其思维方式、民俗习惯都有着中国传统文化的深刻烙印。"同生共荣"所体现的集体主义和团队精神,正是儒家"信义"、"忠恕"、"孝悌"、"和合"的思想文化,以及"三纲"、"五常"伦理道德的直接产物。日本企业的管理思想和管理模式都是这种思想、价值的充分体现。日本著名管理学家、企业家稻盛和夫"敬天爱人"的企业管理哲学,既是对人本管理思想的典型诠释,更是儒家文化的直接体现,正是凭借着这一管理思想,他领导并创建了两家世界500强企业。

中国式管理则是"修己安人的历程"——"修己"代表个人修炼自律,"安人"代表以率先垂范让人信服,从而管理别人。这种管理模式体现了伦理道德精神,管理者与被管理者彼此互动,分中有合,合中有分,各得其安,在和合中实现有效管理。这种"圆融互通"、"和合执中"的思想理念源于中国儒释道传统文化。但是,由于上文分析中所提到的种种原因,基于我国传统思想文化而产生的企业管理思想、管理理论和管理模式都还是空白,目前还没有为世界企业管理学界所公认的理论研究和应用成果。

诚然,中国传统文化中有着极其丰富的哲学思想,这些思想完全可以作为管理智慧,为管理理论、管理实践创新提供新的思路和新的灵感。如果结合西方管理思想、理论成果加以吸收、整合和创造,想必会创造出具有中国特色的企业管理思想和管理模式。这些宝贵的哲学思想包括:《周易》的"阴阳互转"(昼夜轮回)、"刚柔相济"、"否极泰来"、"衰多益寡",儒家的"天人合德"、"中庸和合"、"和而不同"、"仁义礼智信"、"内圣外王"、"修己安人"、"知行合一",老庄的"道法自然"、"无为而治"、"包容共生"、"天人合一"、"尊道贵德"、"处下居后"、"为而不争"、"祸福相生",管子的"以义取利"、"义利共生"、"趋利避害"、"德刑相辅"，韩非子的"好利恶害"、"以法治国"、"重赏重罚"等。关键是如何按照企业人性化管理规律，将这些哲学思想转化为管理模型、管理模式、管理工具等形式，使之制度化、机制化、流程化、数量化，能操作、可考评，即将思想文化精华融入管理制度机制，使企业永续保持创造、进取、竞争的生机活力。

中国建设银行朝阳市分行原行长项宏同志有着深厚的国学功底，他对《道德经》、《易经》潜心学习研究多年，从中深悟出很多管理智慧。从"道生一、一生二、二生三、三生万物"、"太极生两仪，两仪生四象，四象生八卦"及"阴、阳、和三气"中悟出事物变化和矛盾转化的规律——如日月、昼夜、阴阳、盈虚交替轮回，从"零"到"一"、"二"、"三"再到"万物"而又重回归到"零"，周而复始，无穷无尽。企业管理依人和事物的发展变化规律，从元初的"零"开始，向着一个阶段性目标发展，达到一定阶段目标之后，又回归到另一个新的"零"的状态；这个新的"零"的状态，既是上一个阶段的终点，又是下一个阶段的始点。借此原理，他创建了"零文化管理模式"，分别从人力资源开发、客户服务质量和风险内控方面，建立管理模型，将若干资源要素变量纳入体系化、制度化的机制之中，形成了各资源要素相互融合、有机互动的运行系统，将人性化文化"软"管理与制度化"硬"管理有机统一起来，达到"均衡"状态——"和合"的境界，有效地提高了管理效率和资源效率。本书最后将专门介绍这个具有原创性质的典型范例。

（四）着力培养由企业、高校和研究机构组成的产、学、研相结合的企业管理理论研究和实验研究的优秀人才队伍，以创新成果的不断应用和推广促进我国企业管理水平的不断提高。

我们早已认识到创新对于实现国家民族复兴的重大意义，但是几十年过去了，自然科学和社会科学发展的现状显然与经济发展的成就不相匹配，既无公认的学术大师，也无最高科技成就的诺贝尔奖,更不用说划时代的人文著作。众所周知,中国人的智商、情商并不差,甚至被其他国家赞誉为"聪明的民族"。那么,问题的症结到底出在哪里?全社会都在作深刻反思,嗡嗡然争论不止,"焦点"话题包括体制制度、教育思想、教育体制、科技体制、家庭教育、官僚治校、官本位意识、道德滑坡、信仰缺失、社会浮躁、现世功利等各个方面,但是见仁见智、莫衷一是,"山还是那座山,河还是那条河",有关职能部门改这改那并未见到多少实际效果。

从企业管理的研究来看,上文已经提到几乎没有原创成果,虽然有不少企业进入了世界500强,但是有不少企业凭借的只是资产规模大,涉猎领域多,而并非凭借管理水平、科技创新和发展质量,大而不强。导致企业发展质量不高的关键要素有两个,即自主创新和科学管理。没有创新,就缺乏核心竞争力;没有高水平的科学管理,创新就会成为空话。企业管理是企业之所以成为企业的唯一根据,没有管理,企业资金、人才、设备、土地、厂房、产品、信息、技术等一切资源都无法有效配置、使用和运营。企业管理水平的高低决定着企业资源使用效率的高低,因而企业管理的理论研究和实践探索至关重要。

目前,企业十分重视自主创新,特别是在核心技术、产品创新与开发方面投入较多,也很有成效。但是在组织机构效率、战略规划实施、财务成本控制、产品服务质量、市场营销拓展等各方面管理的持续变革、优化和改进方面还有很多欠缺,探索创新的空间还很大。尤其是在经济金融全球化、互联网与新技术快速发展、后全球金融危机推动经济转型等时代背景下,各国企业之间的激烈竞争将成为推动管理创新的巨大内在与外在动力。

关键是要培养创新管理的人才队伍。要建立管理创新的实验基地,除了选择一些优秀的国有企业外,特别要注意选择像海尔、联想、华为等民营企业。以企业为平台,组建由企业、高校和研究机构共同参加的产、学、研相结合的企业管理研究和实践团队,创建管理实验室,确定实验项目,要像"霍桑实验"那样持续进行试验、分析和研究,在实验实践中培养人才,推动管理创新。实验研究立足于中国企业管理实际,在学习借鉴世界500强企业的先进管理模式、模型、工具、方法的基础上,探索研究具有中国特色的企业管理模式。同时,上级主管部门要建立健全资源投入、实验研究、应用推广、激励创新相结合的管理体制和工作机制,确保企业管理研究和实践工作的常态化、规范化和科学化,以管理创新成果的不断应用推广促进我国企业管理水平的持续提高。

第一部分　企业文化基因与企业价值观探寻

现代企业管理的文化基因及其源流探析

现代企业管理理论发轫、创新、发展和成熟于西方发达国家。当1911年美国现代企业管理之父泰勒的《科学管理原理》问世时，西方企业管理已完成了由经验管理向科学管理（即制度管理）的第一次跨越，企业生产率获得了极大提高。而此时的中国，正在发生辛亥革命（1911），整个国家和民族处于内忧外患、封建王朝土崩瓦解、军阀混战、民生凋敝的水深火热之中，企业破败，难以生存，更不用说企业管理理论的应用和发展了。企业管理的第二次跨越，即由科学管理向文化管理（20世纪80年代）迈进，源于脱亚入欧的日本企业管理实践，其文化管理理论则是由美国企业管理学界总结而形成。新中国成立后的国有企业，在模仿苏联高度计划体制的情况下，不是市场主体，没有经营管理自主权，更像政府的一个生产部门，不是一个独立法人的真正企业，当然谈不上真正的企业管理。

考察西方企业管理发展的历史轨迹，我们清晰地发现，西方民族历史文化中的尊重人格、张扬人性、追求自利、追求自由和平等等道德伦理价值取向，构成了西方近现代工业社会即市场经济主体——企业的伦理基础，并成为以诚信为基石的现代企业文化形成的核心要素。

一、西方社会"自我"伦理价值及其孕育的资本主义精神

西方伦理文化中的核心价值观之一就是承认和尊重个人的独立性，强调和尊重"自我"的存在与价值。

早在古希腊时期，苏格拉底从关于"自然"的研究转向关于"人的自我"主体的研究，关注和讨论与人类社会的政治生活、物质生活和道德生活有关的诸如美德、正义、美丑、城邦、政府等问题。同时，随着城邦社会的两极分化和政治危机，个人利益与城邦的利益不再相一致，利益的冲突也促使了个人意识的觉醒，人们都从"自我"主体视角去看待传统的政治、宗教、伦理、法律等，一向是天经地义的各种信仰受到挑战，"自我"成为人的社会意识的中心。

14世纪至16世纪，人类理性的复苏和资本主义萌芽经济的发展推动了文艺复兴（the Renaissance）和宗教改革（religious reform）运动的兴起，打破了中世纪（Middle Ages）基督教的神学统治，人要重新找回现实世界里的人自身的价值。人性成为这一时代的核心伦理思想，用"一切为了人"取代了"一切为了神"，"人性"取代"神性"，"人权"取代"神权"，人的个性解放，以及自我发展、自由平等、幸福功利等价值观念得到空前发展。同时，新教伦理把商人和放债人的事业神圣化，在其道德体系里给予节俭、勤劳和诚信的商业道德以崇高的地位；把"入世苦行"（inner-worldly asceticism）和劳动创业看作"神的召唤"，人生就是为了赚钱，但是赚钱不是为了个人享受，而是为了取得上帝的恩赐，为上帝争光，

贫穷不是善行，是对上帝荣耀的贬损和不敬。这种新教伦理在现实社会生活中创造了资本主义精神，这些精神包括：时间就是金钱，浪费时间是最大的罪孽，是会受到惩罚的；信用就是金钱，诚实带来信誉，诚信是美德，失信必然给自己带来不可弥补的损失，信用之事再小，也要注意恪守努力劳动，不劳而食是可耻的；应勤勉工作，艰苦创业，应该节俭，超过个人需求的消费是对上帝的不诚不敬；劳动分工和专业化是上帝的意志，有利于所有的人，道德上是值得赞许的，等等。著名学者马克斯·韦伯认为，新教伦理创造的资本主义精神和道德伦理甚至比单纯鼓励资本积累重要得多。新教伦理使世俗的经济活动同宗教的神圣教义结合起来，直接论证了追求金钱财富的合理性，并与诚信、勤劳、节俭、善施一样成为人性美德，加以张扬，从而为资本主义发展找到了原动力，注入了无限生机，有力地推动了社会生产力的发展，加快了工业革命的到来。

二、社会伦理道德对基于诚信的企业文化形成的影响

在"自我"中心的伦理价值观支配下，出现了攫取金银财富的重金主义、利己主义、功利主义、个人主义、自由主义等价值取向，并反映到经济学家的经济伦理思想之中，对企业的价值观念、管理制度、经营行为等都产生了极其深远的影响。

1. 崇尚金钱财富的重金主义（bullionism）

大约从15世纪至17世纪中叶，欧洲出现了一场"商业革命"，被称为重商主义。重商主义（mercantilism）的主要内容是：（1）追求财富，注重积累货币；（2）开采金属矿，拓展对外贸易，对外贸易必须保持顺差；（3）主张采取行政手段禁止货币输出；（4）垄断殖民地贸易等。由此看出，崇尚最大限度地攫取和占有金银财富是

重商主义的经济伦理的主要价值取向。这种对于金钱财富的占有欲，在当时社会伦理价值评判和人们生存的价值观念中毫无疑问是正当的，是令人追求、羡慕和赞赏的。这无疑使人性的原始本能得到张扬，使人的价值因为获得金钱财富而得到提升和扩大，从而人也因为发现金钱财富的价值而发现自身的价值。因此，为了获得和积累更多的金银财富，就要拼命地扩大生产、创新技术、扩大国际贸易、进行海外探险、拓展殖民领地甚至进行流血战争等。对金钱财富的追求，积累了大量的货币资本，这就为工业革命的发生和发展奠定了物质基础，这种崇尚金钱财富的价值观取代崇尚神权统治的价值观也为工业革命的到来提供了强大的思想和精神动力。

2. 利己心与利己主义（egoism）

这里涉及人性善与恶的问题。从普罗泰戈拉、苏格拉底、亚里士多德、芝诺到斯宾诺莎、霍布斯、洛克、休谟、爱尔维修、卢梭等都对人性提出了重要观点。一个是感性主义流派，从普罗泰戈拉到费尔巴哈，认为人性在于人的感性欲望，以此说明人的道德的来源、内容和标准，并强调人的物质利益在人的道德完善中的作用。另一个是理性主义流派，从柏拉图到黑格尔，认为人性来源于人的精神或神，人性在于人的理性和神性，以此来说明道德的来源、内容和标准，强调人的理性或精神力量在道德完善中作用。这些关于人性的探索反映到经济伦理思想中，主要产生了互利主义、功利主义、利己主义等价值取向。18世纪思想家大卫·休谟在其巨著《人性论》（1737）中提出，利益是道德感和道德行为的基础，"自私是和人性不可分离的"，"自私是建立正义的原始动机"，"利己心才是正义法则的真正根源，而一个人的利己心和其他人的利己心既是自然的，又是相反的，所以这些各自计较利害的情感不得不调整得符合于某种行为体系"。他主张，从人性自私和具有"同感"出发，要培养和扩大人的"同感"——同情、仁厚、慷慨、正义、公道、慈善等"社会之德",使人的自利变成"合理的利己主义"。亚当·斯密深受 18 世纪思想家大卫·休谟的道德情感论影响,从探讨人的永恒不变的本性出发,解释人类社会政治、经济、法律、道德问题以及人类行为现象。他的《道德情操论》(1759)中探索人类的基本本性,提出人具有自利之情,认为人具有"利己心"是自然的和正当的,是"改变自身生活状态,追求幸福的本能愿望",而这种本能愿望在人类理性引导下,成为人类改造客观世界、发展生产力、推进经济增长、富国强民的根本动力。同时,他也提出人又具有"同感之情"(sympathetic feeling),这种情感是与生俱来的,是普遍的人性。这种同情心由己推人,彼此相互施与,由此形成人们的道德认知、道德判断和行为准则。正是由于人人具有这种"同感之情"(sympathetic feeling),才构成了人性的矛盾方面:一面是自私自利,爱己利己;一面是同情他人,爱他利他。实质上,亚当·斯密在《道德情操论》中首次提出,后来又在《国富论》(1776)中反复强调的市场经济中的"看不见的手"(invisible hands),其发生作用的内在机理的表层是调节和平衡市场供给与需求的价格机制,但深层则是人性——"利己与利他"在起根本作用。因此,亚当·斯密从对完整人性的理解出发,主张资本主义市场经济的基本道德准则、价值取向和伦理秩序应该是"互利(利己与利他兼备)"的。

3. 功利主义

功利主义(utilitarianism)起源于 18 世纪的欧洲,威廉·葛德文和耶利米·边沁开始提出并系统地建立了这一理论,约翰·穆勒推进其进一步发展。功利主义主张个人主义,崇尚个人追求最大快乐,认为社会利益与个人私利是一致的,通过个人追求最大快乐,最终实现最大多数人的最大幸福。英国伦理学家威廉·葛德文认为,人是生物,有感受快乐和痛苦刺激的能力,也有对于快乐和痛苦的理解力与判断力。人都是趋乐避苦的,这是人的天性和本能。作为接受刺激的感受者，他（她）追求肉体的快乐；作为社会存在者，他（她）追求精神的快乐。英国伦理学家耶利米·边沁的功利主义是以个人主义为核心的价值观，主张趋乐避苦是人的天性，追求快乐和幸福是支配人类行为的唯一动机。他将趋乐避苦看作行为的唯一目的，其他一切东西都是达到这一目的的手段。不仅趋乐避苦是个人行为的价值取向、社会道德评判的原则和标准，而且这种趋乐避苦的行为可以通过"道德"和"法律"的调控，增加整个社会的快乐和幸福。英国经济学家、伦理学家约翰·穆勒（J. S. Mill）坚持了边沁以个人主义为核心的功利主义思想，不仅主张个人追求快乐和幸福，还强调最大多数人的最大幸福的利他主义。在处理利他与利己关系问题上，强调法律和良心的调节作用。在法律允许的范围内，只要企业法人行为（包括个人行为）是正当的，追求私利就不会损害他人的利益与社会利益，那么，他获得个人利益越多，对社会总体福利增加的贡献就越大，因此，这种追求私利的行为，既是道德的，合乎良心的，受法律保护的，也是应当得到社会鼓励的。

4. 自由主义（liberalism）

关于自由的观念和理论在古希腊和基督教创立时就提出来了，但是把自由真正作为人类生存发展的崇高目标和一种激励人们为之奋斗的时代精神，则是从资本主义的兴起开始的。文艺复兴时代的资产阶级思想家、文学家和宗教改革家首先打起了自由的旗帜，发出了"自由、平等、博爱"的呐喊，并围绕以"人"为本的思想，创立了种种自由理论。亚当·斯密的《国富论》（1776）提出了经济自由主义思想，主张自然秩序和经济自由，强调放手发挥"看不见的手"在市场经济运行中的资源配置作用，这样才有利于国民财富的增长。他的自然秩序的思想源于古希腊自然学派的思想，他在《国富论》中提出，市场竞争具有产生自然秩序的内生力量，这种力量来自个人自利心、同情感、创造性，这种自然秩序包括分工、生产、分配、交换、消费、资本、货币、价格、工资、利润、地租以及资本的积累和应用等所有经济活动和现象。他强调自然秩序在优化资源配置、推动经济发展、使个人实现由自利走向利他方面要比人为地创造出来的秩序有效得多、优越得多。同时，他还主张在对外贸易上实行自由放任的政策，反对重商主义在对外贸易上采取的禁运、高进口关税和限制性贸易政策。法国经济学家萨伊（Say）也是经济自由主义者，主张经济、贸易的自由，反对政府干预经济，认为"供给会自动创造自己的需求"。萨伊既反对政府直接干预私营企业的自由经营，又反对政府通过自己生产经营来间接干预社会经济。约翰·穆勒也主张经济自由，反对政府干预。他认为，凡是政府干预，都必须花费一定的国民收入，经费不论来自税收，还是来自公共财产，实质上都是一种强制课税，因而实际上会影响人民的自由竞争，妨碍经济发展。从18世纪中叶至20世纪初，经济自由主义思想一直占据着统治地位，依靠"看不见的手"的作用，市场经济基本处于均衡协调发展状态，但是随着1929—1933年第一次资本主义严重经济危机的到来，古典经济理论受到严峻挑战，自由放任的经济政策遭到重挫。1936年凯恩斯出版《就业、利息和货币通论》，明确提出反对自由放任的经济政策，主张国家干预经济、充分就业和扩大消费，这一经济思想和经济政策的实施，对于宏观经济调控、协调经济发展、促进生产、增加就业、克服经济危机发挥了巨大作用。"凯恩斯革命"到来了，凯恩斯经济理论取代了古典经济自由主义而成为以后30多年资本主义市场经济的主导思想理论。20世纪70年代以后，资本主义国家经济出现滞胀——通货膨胀与大量失业并存局面，凯恩斯经济理论遭到挑战，经济自由主义思想有所抬头，国家适度干预和经济市场自由化结合的主张成为主导。

三、基督教崇拜与信仰对于基于诚信的企业文化的巨大影响

人是动物,也是神性与兽性的统一体。神性驱使着人向善,而兽性驱使着人向恶。当这两性处于平衡状态,一个人就是普通人,即有时表现为自私懒惰、仇恨报复、铺张浪费、胆小怕事等,有时则表现为爱心无私、乐善好施、公平正义、勤奋敬业、勇敢义气、朴素节俭等。当神性被张扬,兽性被关进"道德自律的盒子里",其便是一个道德高尚的人,也就是弗洛伊德所说的"超我";如果一个人注重知识学习,强化自我修养,或成为宗教信徒,重视自我修炼,就会成为"超我",正如孟子所说"人人皆可为尧舜"。当兽性占据上风时,神性被泯灭,一个人就会道德堕落、胡作非为,成为"人渣"。如何让人的神性占据上风?这不仅是个人修养、如何做人的个体问题,而且也是社会如何走向文明、人类如何走向文明的大问题。

1. 人类天生具有崇拜神的自然倾向

《圣经》说,人是按照神的形象和式样造的(创世纪26)。神造人时,把他的生命之气吹入人的鼻孔,使人成为"有灵的活人"。也就是说,人的神性与生俱来,这也是人何以能够成为万物之灵的根据。同时,这也从本源上揭示了人类为何不能仅从物质世界得到完全满足,必须去寻找超自然的造物主,使灵魂有所寄托并向往永恒。从最原始部落历史文化遗迹到各民族大量的古代神话传说,比如希腊神话、中国神话等,都可以印证原始人类为了战胜大自然获得生存的希望,崇拜神、敬仰神,而且是多神崇拜,后来随着生产力的发展和社会进步,逐渐又演化为一神崇拜。基督教主张一神,即上帝耶和华(耶稣),他是宇宙的主宰和造物主,自有永有,自在

永在，他既是大能、公义和仁慈的，又是圣父、圣子、圣灵"三位一体"的。可见，对神的寄托和向往，是人类自身的神性的自然表达。

既然人有与生俱来的神性，那么为相信神、崇拜神——成为虔诚的宗教信徒也就铺平了道路。人要相信神，首先要认识神，需要与神直接交流，得到神的指点和启示。除了神的遗迹、异梦、异象之外，诵读《圣经》则是与神最直接、最真切的沟通和交流。《圣经》是神所默示的，是神的意志和灵魂的再现。通过研读《圣经》，人们就可以明确人从何处而来，人往哪里去，世界是谁创造的，人生的真谛是什么，人为何是有罪的，怎样才能赎罪，等等。因此，人自身的神性，以及对神认识的迷茫与向往，为认识上帝、相信上帝、崇拜上帝，在心灵与精神上提供了天然的契机。由于宗教"神"介入人的心灵精神世界，从而进入人的物质世界——由心灵到行动，再进入群体社会——直接影响了人类社会的道德秩序和精神状态。这就是宗教能够直接影响人的文明和社会文明的内在机理。

2. 基督教基本教义及其信仰

基督教是公元1世纪30年代耶稣受难、复活、升天之后由耶稣的门徒建立的。基督教虽然不是由耶稣亲手创建，但是由接受耶稣作为个人救主和生命主宰的人群所组成，耶稣是教会的主。

《圣经》是基督教的经典，思想博大精深，自始至终都充满着神性，远远超越了人类的思想智慧，在基督教徒心里具有至高无上的权威，是其信仰和生活的唯一准则。

《圣经》包括《旧约》三十九卷和《新约》二十七卷，共六十六卷，由不同的作者写成。《旧约》启示犹太人，强调人作为受造物的不完满性和罪性以及上帝对人的犯罪的不悦和惩处，用于揭示上帝的大能、权威和公义；《新约》启示全人类，强调上帝派遣自己，即基督耶稣（基督是"救世主"的意思）经童贞女玛利亚无玷受孕道成肉身，下凡人间，经历苦难，传扬福音，然后被钉十字架，以自己的苦难和牺牲来救赎人类的罪性、堕落和苦难。耶稣死后三天，复活、升天，并预言自己日后还要再来，对所有的活人和死人进行审判，善人入天堂享永福，恶人下地狱受永罚，此即为"末日大审判"。《新约》强调福音，即爱、博爱，上帝对全人类的爱，以及人作为回应，对上帝的爱和对人的爱。基督徒承认自己的罪性，接受基督的救赎，领洗为基督的门徒，以基督为力量的源泉和榜样，爱人如己，相信"三位一体"（即圣父、圣子、圣灵），信原罪，信拯救，信恩典，信审判，信永生。

《圣经》既向人类表达神的旨意，让人受到神的启示，又帮助人认识自己。有学者说，《圣经》不是人的神学，而是神的人类学。人对自己天性的认识一直莫衷一是，大感不解，"认识你自己"成为人类自身的难题。于是，有人将复杂的人性称为"一半是天使，一半是魔鬼"，也就是说人性既善且恶，其行为表现是善的还是恶的，关键是由个人的内在道德修养和生存环境决定的。我国历史上对于人性的善恶也一直争论不休，孟子主张"性善"，而荀子、韩非子则主张"性恶"。人类社会发展的历史证明，完全的善和完全的恶是没有的，善与恶永远交织在一起，因此才构成人类社会的复杂性、丰富性和多样性。

在基督教徒眼里，只有《圣经》启示了人类的本性——人是由神造的，是按照神的形象和样式造的。神在造人类的始祖亚当时，将生命之气吹进亚当的鼻孔里，使他成为有灵性的活人，于是人就与其他动物有了本质的区别，即不仅有肉体、四肢，而且还有灵性，所以称人为万物之灵，可以与神交，追求永恒。人在受造时是善的，"神看着一切所造都甚好"，但是由于始祖亚当在伊甸园被蛇诱惑而偷吃了禁果，悖逆了神的旨意，致使人与神的关系中断，人类开始了以人自己为中心的世俗生活，陷入世俗生活的各种罪中不能自拔，并且如果没有基督耶稣的拯救，人类将无法洗刷和摆脱各种罪恶。从此，人一生下来就是有罪的，"世人都犯了罪，亏缺了神的荣耀"。

世人皆有罪。人类如何使自己被拯救而变得无罪就成为了一个终极大问题。多亏神爱世人，为罪中挣扎的世人预备了救恩。《圣经》的救恩观非常独特，世界上其他所有宗教都是劝人"行善积德"讨神的喜悦而得救，唯独基督教是劝人相信有替代人赎罪的基督耶稣存在而得救，所以基督教的救恩观是"因信得救"或"因信称义"。《圣经》说：活在罪中并被罪所捆绑的世人是无法行善、无法达到神的道德要求的。因此，神差遣他的独生子耶稣降世为人，做人的替罪羊，用他在十字架上流出的血洗净世人的罪恶，使一切相信他的人不再被定罪，并成为神的儿女，获得永生。"你若口里认耶稣为主，心里信神叫他从死里复活，就必得救；因为人心里相信，就可以称义；口里承认，就可以得救。"而《圣经》中神的这种救恩并不是神话或空话，而是真实可靠的，因为其植根于基督耶稣从死里复活的历史事实之中。这是基督教徒所坚信的事实，也是他们虔诚信仰的牢固根基。

基督教为避免人类走向堕落而提供了思想、灵魂和精神的信仰——基督耶稣，于是诚信、公正、自由、平等、尊重、友善、互助等人性之善获得了牢固的神性根基。从一定意义上说，幸亏人类还有神性在，所以能够信仰宗教使人的灵魂有了寄托而没有完全堕落成只剩下兽性——毫无诚信、坑蒙欺诈、损人利己、贪婪自私、混账败坏等。当今，世界三大宗教——基督教、伊斯兰教和佛教信众者甚多，其中基督教是第一大宗教，在全世界，尤其是欧美各国，有着极其重要的影响，直接影响着政治、经济、社会、文化生活的各个方面。据统计，截至2014年末，全球注册基督教教徒为22.2亿人，约占全球人口的三分之一。

3. 基督教对西方道德精神发展的影响

宗教信仰在西方国家一直占有十分重要的地位，其中又以基督教为西方国家最庞大的宗教体系。欧美笃信基督教的人数占全世界有宗教信仰人数的42.09%；全世界广义基督徒〔包括基督教、天主教、新教（更正教）、东正教、其他独立教会等〕已达到22.2亿人。基督教是"罪感文化"，人们笃信：人是带着罪来到世界的，要相信基督耶稣的存在，只有他能够洗清人们与生俱来的罪，即"耶稣是拯救人类免遭堕落的神"。这种信仰，不仅对科学研究、教育文化、文学艺术等领域有着巨大而深远的影响，而且对整个国家政治、市场经济和社会生活都有着直接而巨大的影响——既影响着人们的价值判断、价值取向，也影响着人们的思维方式、行为方式和习惯习俗。

基督教影响着西方人的精神世界和价值追求。上帝是众人之父，超乎众人之上，贯乎众人之中，也驻在众人之心间。因此，所有的人都是平等的、自由的，都应是相互友爱的。上帝之子耶稣用甘愿上十字架的代价，背负起人的"原罪"，为了有罪的人得救而牺牲自我。这种基于"原罪"的思想，为西方"自由、平等、博爱"的人文思想的产生提供了文化土壤，并且在古希腊的理性精神以外，为其普遍发展提供了统一的、持久的超验信仰，这些信仰与典范塑造着西方人的精神世界，也作为凝聚社会的道德纽带，实现了世世代代的伦理传承。由基督教和古希腊形而上学的结合而形成的超验伦理，在西方文明中具有超越世俗功利的绝对价值，并逐渐演变为互助、慈善、克制、苦行等普遍有效的社会公德标准。因此，基督教的出现，使人文主义思想得以萌芽，从而为西方文明乃至人类世界的进一步发展奠定了信仰与理论基础。美国《独立宣言》的第一句话就是以"上帝的旨意"来证明天赋人权及人人平等的民主思想的。

基督教影响着西方人的科学教育、文化艺术生活。创建于1087年的意大利的博洛尼亚大学是世界上第一所具有现代意义的大学，其创建的目的是为教会培养神职人员。其后很多大学都是教会机构，教授也是由神职人员担任。这些大学包括英国的牛津大学与剑桥大学、意大利的那不勒斯大学、法国的蒙彼利埃大学、德国的海德堡大学等。自1901年开始颁发诺贝尔奖，在其后95年间选出的639名诺贝尔奖获得者中，信仰各种宗教的有618人，占总人数的96.7%，其中，信仰基督教的有596人，占93.3%。现代物理学奠基人爱因斯坦曾说："没有科学的宗教是盲目的，可是没有宗教的科学却是无法前进的"，"你很难在造诣较深的科学家中，找到一个没有宗教信仰的人"。考察音乐艺术发展史，就会发现，1600年以前的音乐，除了世俗歌曲中悲歌、颂歌、恋歌、婚礼歌等抒发感情的乐曲之外，主要是宗教音乐中的经文歌、弥撒曲、安魂曲和圣赞歌。绘画艺术大师达·芬奇、拉斐尔等，无不以基督教作为他们的绘画主题，为后人留下了如《最后的晚餐》及《西斯廷圣母》等经典作品。文艺复兴鼎盛时期的艺术巨匠米开朗基罗创作出很多以《圣经》内容为题材的雕塑作品，其中最为出名的是他的《大卫》雕像。

诚然，基督教在创造了西方辉煌灿烂文化的同时，也犯下了很多罪行，阻碍了自由平等思想的发展。从公元476年西罗马帝国的没落到15世纪文艺复兴开始的著名中世纪时期，是基督教盛行和罗马天主教主宰社会时期。这一时期，基督教一直强调末世审判和死后的世界，完全不倡导快乐，过分强调灵与精神，对肉体及其欲望极度贬抑，人性与生命的欢愉、亲情和爱情的礼赞不被重视，使活着的人备受压抑和痛苦。基督教早期，为对抗伊斯兰教，教会动员成千上万的士兵、武士组成十字军东征，发动"圣战"，驱逐圣城耶路撒冷的异教徒，并大开杀戒屠杀当地居民、伊斯兰教徒及其他异教徒，从此遗留下狂热宗教主义后遗症。13世纪基督教会为了维护自己的既得权益，强化对民众的思想统治，罗马教廷建立了"异教裁判所"，对持不同信念者进行精神和肉体上的残酷迫害，其思想专制主义禁锢了自由思想的发展和对科学真理的追求。正是由于"中世纪黑暗"的禁锢、迫害和压抑，引燃了西方思想文化史上伟大的文艺复兴运动和启蒙运动，从而将人类文明大跨步向前推进。

四、资本主义"原始积累"时期的市场混乱对诚信文化的诉求

在资本主义原始积累过程中，对"自我"价值观、个人主义、拜金主义"金钱观"、功利主义以及自由主义等的过度张扬，使人性的"缺陷"和"丑陋"暴露于社会生活和经济交易之中。从海外贸易、殖民掠夺、战争掠夺到"圈地运动"直至工业革命，整个资本主义原始积累的过程，是"经济人"在自利心驱使下追求利润最大化和效用最大化的过程，也是人性的缺陷或弱点——自私、贪婪、奢侈、无信、虚伪、残忍、野蛮、暴虐等暴露无遗的过程，更是人类理性（rationality）觉醒并自觉呼唤必须为市场经济道德立法，必须建立信用、公正、自由的市场原则的过程。

市场竞争无序，企业出现了大量的失德失信行为，其主要表现如下。

1. 殖民掠夺与奴隶贸易

西欧国家在争夺海上霸权、进行殖民掠夺和海外贸易的活动中，掠夺并积累了大量资金，充满了战争杀戮和罪恶行径。英国这个海上头号霸主，为扩张海外霸权、占领殖民地、开拓财源，从15世纪末至19世纪初，发动了近百次对外战争，先后排挤了西班牙、葡萄牙、荷兰等的海上霸权，获得海上霸主地位，进行疯狂的财富掠夺。据资料统计，1757—1815年，仅英国东印度公司从印度获得的财富就达10亿英镑。西欧诸国在海外拓殖过程中还从事贩卖黑奴的罪恶活动。黑奴贸易给西欧殖民帝国带来极其丰厚的财富，成为其原始

资本积累的重要途径之一。1783—1793 年，仅英国利物浦就有 878 艘船共运载过 300 多万名奴隶，价值达 1500 多万英镑，每年的平均利润率在 30% 以上。据统计，1680—1775 年英国向美洲各个殖民地共输入黑奴达 300 多万人。

2. 王公、教主无信失德

在西欧社会的王权统治以及宗教改革以后的时期里，国王、贵族和教主拥有攫取他人财产的特权，他们是社会信用的破坏者。17 世纪英国的国王詹姆士一世和查理一世横征暴敛、挥霍无度，肆意侵占他人财富，无节制地向议会借款，逃债赖账，并通过不正当竞争，获取高额利润，妨碍公平自由的商业竞争。后来查理二世和詹姆士二世仍然如此，终于导致"光荣革命"（1688—1689 年）。1688 年詹姆士二世被议会驱逐出王宫，玛利亚女王及其丈夫威廉国王联合执政，但是王权受到议会的制约和限制，包括财产的占有、借款的偿还、信用的承诺等。由此，英国基本完成由绝对王权向君主立宪制权力的过渡，绝对的王权被置于议会和国民的监督之下。欧洲诸国的贵族为从事谋利活动，经常向银行大宗贷款，可是贵族们从不讲信用，常常逾期不还贷款，许多银行坏账增加，甚至倒闭。

3. 垄断操纵与投机欺诈

在欧洲市场经济活动中，很多公司大搞垄断、投机和欺诈活动，利用供求关系价格变化，对商品进行囤积居奇，以谋取高额利润。在垄断、操纵市场价格的同时，还大肆进行投机炒作，进行欺诈。最突出的是臭名昭著的南海泡沫案和密西西比泡沫案。1720 年爆发的"南海泡沫"事件是官商勾结串通、无限制发行股票、大肆炒作的结果。南海公司为使股票价格上涨，编造利好消息，大量股民追涨，股票价格一下子比原来高出 10 倍。股民因怀疑公司真实盈利情况而疯狂抛售，导致公司崩溃，股民损失惨重。这一事件严重地冲击了英国金融业，使金融信誉遭受重大损失。同一年法国的密西西比公司股票泡沫案也是政府与公司联合操纵的结果。

面对市场竞争无序无信的状况,人类理性呼唤信用及信用制度的建立。18世纪源自法国的思想启蒙运动,继文艺复兴之后,再一次张扬了人类理性。它高扬起理性旗帜,主张天赋人权,人生而自由和平等,成为反对专制主义制度和宗教迷信的时代强音。启蒙思想家们把理性批判扩大到思想、宗教、政治、经济、社会等一切领域。他们在政治、经济上要求消灭专制主义、封建特权和一切不平等,建立新的政治、经济体制,实现政治民主和人的权利的自由与平等。这场伟大的启蒙运动动摇了专制主义统治,为立宪君主制和三权分立政治权力制约机制的建立奠定了思想基础,也为市场经济的理性发展以及信用与信用制度的确立提供了条件。从此,人们开始自觉地从法律制度考虑对人性"缺陷"或"恶德"进行硬约束,从建立良好的市场制度环境做起,对作为市场主体的个人、企业以及政府进行立法,有效规范、约束其行为,保证市场主体在其人格、价值、权利、机会和法律地位上的自由和平等,为市场信用及信用制度的确立和有效运行提供健全的制度保证。

五、市场经济社会需要诚信文化的支撑

市场经济作为一种社会经济运行的模式,包含生产、交换、分配、消费等各个环节,而各个环节的运行主要是通过"看不见的手"的调控,从而使市场供给与需求达到均衡。市场经济的运行必须建立在良好的信用文化的基础上,没有信用也就没有良好的市场秩序,经济活动就不能正常进行,市场优化配置资源的作用就不能正常发挥。

1. 公平交易与诚信

市场交易是以社会劳动分工为基础的产品和服务的交换,其基

本的要求是公平交易。公平包括主观和客观两个方面，即一个人主观上感觉这个事物是公平的，同时客观上这个事物本身也是公平的，所以公平是以客观事实为基础的主客观的统一。公平是人类所追求的最基本的道德目标之一，在法律意义上则体现为"公正"。市场交易是社会经济活动的核心。投资、生产、分配、消费各自都是一个完整的交易过程，同时又共同构成了一个更大的交易场——市场。交易是买卖双方的活动，既是讨价还价的过程，也是通过不断掌握对方信息从而确认交易公平的过程。人们在每一次交易活动中，要使交易顺利成功并且使交易费用处于合理区间，必须至少在各自的主观上认为这笔交易是公平的。要真正使交易达到主观认知上的公平，除了交易双方人身权利和人格上的自由和平等之外，交易双方彼此有着良好的信用并且让对方确信是诚信的，则是非常重要的。一方面，或者交易双方或其中的任何一方不讲信用，或者交易双方或其中的任何一方怀疑对方不讲信用（不信任对方），那么，交易就很难成功。另一方面，如果交易中的双方或任何一方事实上存在着不讲信用、搞欺骗，但信息不对称使对方没有发觉或怀疑，即使这次交易成功了，那么他们之间下次交易可能也不会再发生。

在市场交易中，公平的确认和信用的认知是相互关联的，也就是说，交易双方讲信用，其标准是任何一方凭借什么尺度认定对方是可靠的、诚实不欺的。当然，在交易双方相互了解的情况下，一方良好的人品、人格和交易记录，足以使另一方相信其产品、质量、价格、服务等承诺的真实性，但是在交易双方彼此不了解或了解不充分的情况下，要使彼此认定对方提供的产品、价格、服务、质量等承诺是可信的，这里有一个价值标准和价格标准的确认问题。按照马克思的分析和研究，所谓商品的价值就是凝结在商品中的一般的无差别的人类劳动或抽象劳动，商品价值的大小取决于凝结在该商品中的社会必要劳动量的大小。在简单商品生产条件下，商品是以价值为基础进行交换的,价格则是商品价值的货币表现。但是在发达的市场经济条件下,由于厂商之间充分竞争,商品价格则以生产价格(成本加平均利润)为基础,市场价格紧紧围绕生产价格上下波动。交易双方对于市场价格标准的认定是确信公平价格从而实现交易的关键。科斯洛夫斯基在《伦理经济学原理》中提出,市场价格是由市场形式、宪法和经济法律的限定条件以及历史上形成的市场原始条件(就是产权配置状况)决定的,也就是说,公平的市场价格受现实规则与历史条件两个方面的制约。其实,商品是多种多样的,价值及其货币表现的价格也是千差万别的,并非都要受历史原始条件约束。市场价格是动态的,影响市场价格波动的因素很多。一般地说,价格的高低本质上取决于商品价值的大小,同时还取决于商品稀缺性、交易信息、交易习惯以及个人偏好等因素。价格是否公平合理,除了取决于市场价格的客观性标准之外,还取决于交易双方的心理认同的主观性。双方达成商品成交价格的认同,除了上述因素的作用外,也跟商品的产地、质量、美誉度、季节性、需求程度等因素有关。事实上,交易双方在彼此主观认同的公平价格上顺利成交,信用也起着重要的调节作用,也就是说,因为彼此信任,交易双方容易找到"公平价格"的认同点,尽管这个"公平价格"按现行市场价格标准事实上未必公平。在这里,信用强化了公平交易的认定,从而缩短讨价还价的交易时间,提高了交易效率,减少了交易成本。

2. 有序竞争与诚信

一个成熟的市场必然是充满活力、充分竞争、有良好秩序的市场。其重要的前提和基础是市场主体人格必须是独立的和自由的,市场竞争的游戏规则必须是公平和公正的。市场准入与退出、市场风险与获利的机会必须是均等的,否则,竞争就缺乏健全的人性,不是心智、技术、信息、服务的竞争,而是垄断欺诈、弱肉强食,社会文明就会退化，经济发展就会阻滞。

在适当的制度安排下，市场经济的活力在于能够最大限度地调动和挖掘人性中追求利益和效用最大化的潜能。17世纪英国政治哲学家、社会心理学家托马斯·霍布斯认为，人类本性是由饥渴、性、畏惧、欲望、快乐等要素构成的，其根源是趋乐避苦。人类这些本性是人类行为的主要动机，是人的社会行为的源泉，也是社会组织赖以产生的基础。在"自然状态"下，人为了趋乐避苦，得到自己所需要的东西，就要厮杀、抢夺、争斗、战争，也就是运用一切可以实行的手段去竞争。从这个意义上说，竞争是人的本性。为了摆脱这种人人是进攻者、人人又是被进攻者的恶劣生存环境，社会组织和国家出现了。在组织和国家里，每一个人都会受到制度约束，同时，其行为也不能侵害他人的权利。人们趋乐避苦，可以通过合作、契约、集体行动来实现。可以说，在产生了社会组织和国家的情况下，人的竞争呈现出理性，成为有规范秩序的竞争。有理由认为，市场经济竞争就是在合理制度规范下的使人的本性得以张扬的竞争。后来的亚当·斯密、托马斯·罗伯特·马尔萨斯、托马斯·赫胥黎、赫伯特·斯宾塞等人阐发和继承了这一思想。亚当·斯密主张完全自由的市场竞争，反对垄断和政府干预。他认为，自由竞争能使长期的自然价格得以形成，从而资源得到最优配置，最大限度地促进经济增长和国民财富的增加。

竞争具有两面性。一方面，竞争有效地调动和挖掘了人的智慧和潜能，优化了社会资源配置，造成了工业和商业的繁荣，创造了大量的社会财富，形成了市场经济伦理，推进了人类文明进步。另一方面，竞争导致了一些中小企业破产和失业的增加，造成了弱者和弱势群体的贫穷、饥饿和死亡，加速了他们生存的危机，使社会道德败坏，引发了一系列社会矛盾，甚至是激烈的阶级冲突。如何最大限度地发挥市场竞争的正效应，最大限度地降低市场竞争的负效应，关键是规范市场竞争，建立规范化的市场秩序。众所周知，规范化的市场秩序必须要靠道德和法律的共同约束。道德和法律是相互支撑的，没有法律制约的道德是苍白无力的，没有道德约束的法律是缺乏威严难以施行的。

市场竞争的道德规则主要包括公平、诚信、自由、利他、宽容等。这里重点论述诚信。诚信是维系人际合作从而保障社会发展的基本纽带，是如何善待他人和自己的最为重要的道德准则。诚与信既有联系，也有区别。诚信是动机在于传达真实信息的行为。具体来说，诚，是传达与自己的思想相符合、相一致的信息的行为；信，是传达与自己的行动相符合、相一致的信息的行为。诚信是维护有序市场竞争的基石。遵守契约必须讲究诚信。市场竞争的基本前提是买卖交易双方遵守契约，言而有信，履行承诺。市场中的全部活动可以说都是一个个契约的确定、实施、完成的过程。商品买卖、讨价还价的过程就是达成契约的过程，成交的过程就是履行契约的过程；借贷、融资、投资的过程也是一个契约形成、履行和完成的过程，而从博弈论来看，它们又都是交易双方进行博弈的过程。契约具有法律效力，契约一旦订立，双方就具有共同遵守法律和道义的义务，任何一方违背契约，就等于放弃了拥有的法律和道义权利，要受到法律的追究和道义的谴责。

西方资本主义社会把遵守契约作为重要的社会公德之一，它也是资本主义精神的核心要素。古希腊哲学家伊壁鸠鲁最早提出社会契约理论，后来为霍布斯、洛克、斯宾诺莎、孟德斯鸠、卢梭等人进一步发展，使社会契约理论成为西方社会近现代政治学、社会学、伦理学、经济学的重要理论基础。遵守契约早已被纳入西方社会道德体系，成为西方社会的优良传统，人们把是否遵守契约作为评判社会集团、群体组织和个人德行优劣的重要道德价值标准。当代西方资本主义社会市场成熟、信用发达、法制健全，都源于树立了基于诚信的契约精神。像期权、期货、期指等这些高级的信用工具和形式，没有完善的综合市场秩序、道德秩序、法律秩序于一体的良好的信用秩序是无法健康运行的。当然，西方社会欺诈、失信事件从来也没有断绝过。美国安然公司、世界通讯公司、安达信公司等一些上市大公司不断被审计出会计信息欺诈或失信的丑闻，给市场信用造成了严重损害和恶劣影响。这些问题的暴露，恰好说明了市场经济的发展过程是道德、法律不断完善的过程，也是"道德人"与"经济人"不断较量的过程，更是市场经济中人性的善与恶不断斗争的过程，这个过程永无止境，将伴随市场经济生存和发展的全过程。

3. "经济人"和"道德人"

从某种意义上说，市场经济培育了两种人，即"经济人"和"道德人"，或者说市场经济主体人格具有"经济人"和"道德人"的两面性。一方面是利己、自私，追求利润和效用的最大化的"经济人"。这是人类的普遍人性。正是由于市场能够使人的本性得以充分张扬，促使人们发挥自己的智慧和创造力，不遗余力地去追求自身利益和财富，所以市场才充满了生机和活力，通过"看不见的手"优化资源配置，促进经济增长，客观上实现了由利己而利他。另一方面是不得不具有同情心、良心、诚信并进行自我道德约束的"道德人"。市场具有自动调节人的利己、自私、恶德等本性而趋向公益、利他的道德力量，从而生成市场道德伦理，即产生"经济人"的同时也产生了"道德人"。

市场经济是不断发展的，需要不断完善。要保持稳定的经济增长和社会总体福利水平的不断提高，就必须维护和保证市场经济健康运行，抑制、禁止和消除垄断、价格欺诈、假冒伪劣、坑蒙拐骗等干扰、破坏、影响市场经济正常运行的恶德、恶行。为了达到这个目标，就需要采取相应措施，包括建立健全相关法律、调整制度安排、调整财政支出和税收政策、进行道德操守教化、创新管理机制等。上述这些措施旨在规范市场秩序、确保良性竞争。这个外部环境和条件迫使市场主体不得不规范自己的行为，不敢为追求私利、利己而不顾一切地行恶德。内生机理是指市场主体明白这样一个道理，即市场竞争不讲伦理道德，最终的受害者是自己。因为无序、无德的市场必然充斥着违约、欺诈、伪劣、陷阱，没有信用可言，要获取长期的利润和效用是根本不可能的，而且增加交易成本和风险，降低效率。这种市场环境是人们不愿意看到的，因此，人的趋利避害的本性和本能在自觉呼唤自己的良心和道德，进而对自己的行为进行反省和自律，而这个过程就是人们道德修炼、趋向美德的过程，同时也是市场道德化、伦理化的过程。

可以说，西方市场经济不断成熟的过程就是"经济人"和"道德人"不断发展和均衡的过程。人性具有善与恶的两面性，这是所有生物的本质特征，只有"善"或只有"恶"的本性都是异化了的人。"性善论"和"性恶论"在反映人性时本质上都是有失偏颇的，不管后天的教化如何、文化环境怎样，人的善性与恶性都源于先天具有的遗传因子，它是人类普遍的生物学属性。这已经被近现代生物学、生理学、心理学和社会学所证明。人带着这种"善"与"恶"的本性从事一切社会生活的一切活动，并且所有活动的动机都源于人性的支配，只不过根据个体的价值取向、人格修养、需求偏好、道德认知、理性判断的不同，在特定的条件、环境、对象、数量、风险、效用等制约下，其动机和目标的选择有所不同，或许善行多些，或许恶行多些，但是善行或恶行在一定时期的社会活动中一旦形成习惯性的思维、行为方式，那么这个人的德行在社会道德价值评判中则被人们定位下来，即人们所谓的"好人"与"坏人"、可信的人与失信的人、高尚的人与无德的人等。

在市场经济活动中，应该说只要在法律允许的范围内，运用一切可以运用的手段和方式获取利润和效用，都是正当的，无可非议的，而市场经济优胜劣汰的法则告诉人们：凡是正当的就是道德的。因为市场经济要求企业主体彼此竞争博弈，行为主体在心智、策略、能力、信息、实力上进行较量。为了可持续生存和发展，企业主体必须是自私的、排他的，竞争必须是激烈的、残酷的。惟其如此，市场才有生机活力，才能最大限度地挖掘人们的智慧潜能，才能优化资源配置，推动经济增长。要讲市场经济道德伦理，也只限于讲究诚信、公平交易、严格自律、遵纪守法。至于慈善公益、无私奉献、克己奉公等高尚行为，那是市场活动之外的行为，也就是说，市场竞争获得的利润的分配与使用本质上与市场经济活动无关。如果苛求市场行为主体都要有先人后己、无私奉献的善德善行，那么这个市场一定会枯萎、衰败、凋零、消失，否则，那不是市场，而是社会福利院、道德教化所或别的什么；即使是市场，那也是异化了的市场。

市场经济"道德人"的人格具有特定含义，它包含自由、平等、独立、民主、法治精神、契约精神等，而非专制主义统治下的"一元划一"、违背个人意愿，甚至违背人性的意识形态下形成的"人格"，因为后者是不稳定的、非自在的，表现为群体性、从众性、盲目性、强迫性，所以这种人格是非健康的，有先天缺陷的。具有健全人格的市场经济"道德人"的形成，除了对上述意识形态——社会主流文化的诉求之外，还需要健全的民主政治制度，同时还需要以独立财产权为基础，否则，缺少任何一项要素，都是少有可能形成的，而市场经济发展的历史表明，例外情况是不存在的，除非"道德人"的内涵被重新定义。

健全公司治理是企业价值观的最高体现

"文化是民族的血脉,是人民的精神家园"。企业文化则是企业的"血脉",是企业员工的"精神家园"。企业文化的本质属性是以人为核心的管理,而公司治理是现代企业制度安排的顶层部分,有什么样的公司治理就有什么样的公司运行体制机制,它直接影响着公司运行的质量和效率。

一、公司治理是现代企业文化管理的本质要求

企业文化的本质是基于人性的价值观管理——采取各种管理模式、管理办法和管理手段,最大限度地张扬人性之"善"和抑制人性之"恶",有效激励和约束人的行为,保证企业稳健安全运行,实现可持续发展。

企业制度是企业文化内涵的重要组成部分。公司治理则是伴随着企业制度的演进而发展的,特别是由于公司制企业股权分散,所有权和控制权分离,形成委托—代理关系,经常发生"败德"行为,加大了企业经营风险,使公司治理问题日益突出,成为现代公司治理的重点和难点问题。可见,公司治理的初始内涵就是通过构建所有者、董事会、高级经理人员"三权"之间的相互制衡关系,以有效抑制人性之"恶",避免发生决策的重大失误,使企业健康发展,实现企业价值目标。围绕公司关键要素——"人"做文章,正是企

业文化管理的最本质内涵。

一般来说,公司治理分为内部治理和外部治理。从治理对象来看,内部治理除了"三权"制衡,还包括战略管理、人事管理、组织治理、财务治理、产品治理、服务治理等一切与企业发展有关的制度机制。外部治理是指从协调企业外部相关利益者——政府、监管者、债权人、供应商、客户、社区、舆论监督者之间关系出发,选择有利于公司经营的制度安排。这些制度安排和机制构建,体现了企业追求价值最大化的核心价值观;反过来说,正是基于企业追求价值最大化的价值理念,企业才不断建立和完善内外部治理结构,在本质上,二者是统一的。

然而,在一些有关企业的论著中,有关公司治理和企业文化管理的关系问题,有几种观点需要澄清和纠正。

一是将公司治理视为独立于企业文化之外的制度安排。从企业文化内涵上说,企业文化则是企业经营宗旨、价值理念、制度规范、伦理道德、行为习惯、形象声誉等的总和。也就是说,企业在市场经济中的一切经营管理活动都是文化的核心与灵魂——价值观的直接体现。公司治理的本质与企业文化的本质是一致的,也就是说,公司治理是企业价值观在企业权力管理架构及其制度安排上的体现。从这一本质意义上说,怎么能将公司治理与企业文化割裂开来呢?可以肯定地说,公司治理不但不是独立于企业文化之外的制度安排,而且是在现代企业管理——张扬人性之"善"和抑制人性之"恶"——核心价值观引领下,将孟德斯鸠关于限制政府权力的"三权分立"理论移植到企业管理中来的。虽然企业文化管理这一概念出现较晚,但是在企业管理进入科学管理阶段之后,管理学家和企业家在人本主义指导下,围绕最大限度地张扬人性之"善"和抑制人性之"恶"这一核心,则进行了广泛深入的研究与实践,创造了大量的管理理论和管理模式,其中包括20世纪80年代出现的企业文化管理理论。直至今日，这一核心仍然是企业文化管理的主题。

二是将公司治理仅作为与企业文化有联系的独立部分。有的认为，企业文化是一种"无形制度"，存在于员工思想意识之中，要充分发挥企业文化的作用，需要与"有形制度"的公司治理相结合。显然，这里的企业文化是从狭义方面理解的，专指企业员工"为人处世的习惯"，即固有的思维方式和行为方式。也就是说，当公司治理与"这种"企业文化一致时，对权力制约监督的强化效果就会更有效，反之则效果不佳。我们认为，公司治理是否完善和有效，既与管理体制、法治环境有关，又与企业股权结构、公司治理结构、价值理念、企业伦理有关，这些在整体上反映出一个企业的文化状态。一个具有良好公司治理结构和机制的企业，能够有效规避"败德"行为，其文化也必然是优秀的；当一个企业的高层滥用权力或权力不受制约，其公司治理结构和机制一定是不健全的，因而企业文化一定不是优秀的。从这个意义上说，将企业文化与公司治理作为两个有联系但彼此独立的方面对待是错误的。诚然，企业文化与公司治理是一个事物的两个方面，二者互为表里，不可分离，前者是后者的灵魂，后者是前者的载体。

三是提出建设公司治理文化的概念。有的人提出建设公司治理文化，并且将这一文化也分为精神文化层、制度文化层和物质文化层。众所周知，在推进企业文化的实践中，很多企业根据所在行业特点，结合自身实际，提出了易于"落地生根"的子文化。比如，金融企业的服务文化、风险文化、合规文化等，生产制造企业的安全文化、质量文化、创新文化等，航空企业的安全文化、服务文化、责任文化等。公司治理作为企业制度的一部分，不适合单独作为子文化提出来，因为企业制度是一个系统的整体概念，包括公司治理结构、机制及各项经营管理体制、制度、流程、机制、规范等，与企业价值理念相互支撑，是一个有机的统一体。

二、公司治理与企业文化管理相互支撑、相得益彰

公司是以盈利为目的依法设立的具有民事权利能力和行为能力，以自有资产独立承担民事责任的企业法人。我国《公司法》将公司类型划分为有限责任公司和股份有限公司。所有的不同类型公司都涉及公司治理问题，不过由于各个国家在社会制度、法治环境、经济制度、文化传统等方面的不同，其公司治理模式也不相同。比如，由证券市场控制主导的英美公司治理模式、由银行实质性参与的德日公司治理模式、由家族成员控制主导的韩国和东南亚国家公司治理模式，还有东欧国家以及俄罗斯、中国等转型国家在公司治理模式。这些不同模式，各有其治理优势和缺陷。这都是与本国文化传统、企业文化密切相关的，良好的文化影响着公司治理的设计和制度安排。表层上看是一系列制度，其深层则是由不同的价值观支配和决定的。

首先，良好的公司治理与优秀的文化管理是"形""魂"统一、相互支撑的有机体。"法律是道德的权力支柱，道德则是法律的精神支柱"，二者相互依存，相互补充，互为表里，都是引导人们正确处理人与人、人与社会、人与自然关系的行为规范。这种关系也就是"公司治理"与"道德文化"的关系。可以确定的是没有优秀文化这个"灵魂"的支撑，公司治理是不可能有效的，而没有良好公司治理这个硬约束的支撑，企业文化也一定不是优秀文化。企业文化不是空洞的，而是具体的，并且是可以转化的。它通过高管层选择与秉持的价值理念，深深嵌入一系列制度机制的制定、完善、调整和实施过程之中，又通过制度安排、机制设计和实施推动，从而分配、调整、整合与公司相关的不同群体的利益关系。有什么样的文化价值理念就有什么样的制度安排和机制设计；反之，如果公司治

理的制度安排和机制设计存在某些缺陷，不能有效制衡股东会、董事会、监事会和经理层之间权力的合理分配、责任承担和有效运行，那么优秀的文化价值理念也就难以体现和"落地"，其先进性也就得打一个大问号。

其次，企业文化"元素"是公司治理的本质内涵。无论是国内外的哪一类公司，都是依据本国《公司法》设立、变更和终止的；同时，也依据本国的《公司法》进行经营管理活动。因此，依法经营、诚信经营、合规经营则是企业文化的基本元素。一方面，作为公司治理根本制度的《公司章程》，其制定、修改都必须严格遵守《公司法》的规定，任何条款都不得违反《公司法》的规定。另一方面，《公司章程》是确定公司权利、义务关系的基本法律文件，也是公司对外进行经营活动的基本法律依据，为股东、债权人、客户、员工和社会公众等利益相关者提供了法律保护。与之相适应的则是董事会制度、监事会制度、高管层激励制度、员工参与制度、公司外部约束制度，以及信息披露制度、投资者权益保护制度、防止内部人控制制度、禁止内幕交易制度等，这些都是公司治理的有机构成。这些公司治理制度的核心价值观就是依法、诚信、公正、责任，没有这个核心价值观的支撑和落实，各项制度就会形同虚设，变成一纸空文。多年来，我国证券市场上发生的大量无良公司做假账、披露虚假信息、坑害投资者的事件就是明证。

最后，企业文化管理需要公司治理的"硬约束"作支撑。文化管理的本质是最大限度地张扬人性之"善"，最大限度地抑制人性之"恶"。诚信不欺、依法合规、勇于创新、勤奋学习、团结协作、廉洁敬业、勤俭节约、乐于助人、甘于奉献、忠诚企业、保护环境、爱护动物等都是人性之"善"。要将这些"善"内化为员工的健康人格和高尚道德的构成元素，除了思想教育、价值引领、道德教化、自我修养、榜样示范等传导机制之外，重要的是必须要有外部强制规范，即"硬约束"。根据德国心理学家勒温的研究，一个人的行为是一种"场"的机能。这种"场"就是由各种条件和力量交织而形成的环境。也就是说，有什么样的环境就会有什么样的行为。可见，企业价值观、企业精神、企业道德、社会责任、法律意识等要内化为员工的职业道德、职业行为，缺少制度强制约束这个外在条件是不行的，而公司治理的一系列制度就是外在"硬约束"的重要组成部分。

三、国有企业在公司治理和企业文化良性互动方面的难点与探索

我们先考察一下世界发达国家的公司治理情况。世界上各国的公司治理结构存在着一定的差异，影响这种差异的因素很多，主要是经济制度、政治环境、传统商业文化、法律制度、所有制关系、技术水平、全球经济发展等。但是，为何选择这样的公司治理而不是那样的公司治理，其目标都是相同的，这就是能够有效处理所有者、管理者和雇员之间的社会冲突（实质上也是利益冲突），从而稳定企业运行，持续获得企业自身的和社会的经济效益——实现企业核心价值目标。

美国哈佛大学法学院马克·罗伊教授在其著作《公司治理的政治维度：政治环境与公司影响》中强调，社会冲突的化解方式将影响公司所有权形成和权力的分配，而政治环境有时候要求董事会和所有权结构遵循某种模式。他特别关注公司治理的两方面差异：第一是所有权和控制权分离的程度——这是一个最关键的变量，第二是劳工影响的程度。他还对各国企业所有权分散与集中的情况进行了考察。美国大公司的所有权呈分散化状态，分散的股东拥有最大的公司，但是美国公司的雇员却很少进入公司治理高层的核心机构，

而且很少直接拥有具有决定意义的股份，甚至很少参与董事会事宜；由于股权高度分散，公司实质上成为公众企业，加之劳动力市场是流动的，雇佣形式灵活，所以很少发生劳资冲突。在欧洲大陆国家，最大的公司的所有权结构都是集中的，通常是私人持有的，许多公司从未被公众所有。在德国，绝大多数大公司都有一个来自某个家族的控股性股东，还有一些公司的控股性股东来自银行、保险公司或其他公司；但是，德国规定大公司里必须有半数的董事会成员来自雇员，这是雇员直接参与核心公司治理的一个有效机制，减少了社会冲突（即劳资冲突）。在法国和意大利，大公司很多是家族企业，很少有完全意义上的公众企业，每一个中等规模的公司都有一个持有20%股份的大股东；而公司治理结构又不得不与具有强大政治力量的劳工要求相适应，以减少社会冲突（如集体罢工、集体游行等），从而导致了公司趋向小型化或私有化。在日本，终身雇佣制是所有大公司的一项基本制度，公司治理结构必须与之相适应，公司主要由已被公司终身雇佣的董事会高层来经营管理，银行也成为公司的股东。以上所有这些不同国家的不同公司治理都隐含着一个共同的基本前提，即不管所有权和控制权分离程度如何，都必须实现健全有效的权力相互制衡。

在中国，尽管十年前国有企业普遍实行了现代企业制度改革，建立了公司治理结构，但是由于特殊的国情和所有制结构，在国有及国有控股公司中国家处于绝对控股地位，董事长由中央或政府职能部门直接考察并任命，代表国家通过股东大会（最高权力机构）的常设机构董事会行使公司最高权力；高管层由董事会任命，实际上仍由中央组织部门或政府职能部门考察决定其任职，监事长也是由中央组织部门或政府职能部门考察并任命，并受国家委派对国有资本行使监督权。从实质上说，"三权"统一于中央政府，其权力行使者都是国有资产和国家利益的代表，不存在基于利益主体不同而形成的权力相互制约关系。特别是国有和国有控股公司董事长大都兼任党委书记，重大决策事实上党委具有优先和最终决定权，而公司治理中的最高权力机构股东大会及其常设机构董事会并不能完全真正行使最高或最终的决策权。因此，这就出现了理论界和企业界长期争论、困惑和探讨而又一直得不到解决的"难点"问题，即"新三会"和"老三会"的权力关系问题。

所谓"新三会"，是指现代公司治理机构中的股东大会、董事会和监事会，"老三会"则是指我国传统企业组织制度中的党委会、职代会和工会。"新三会"是公司制企业治理机构的主体框架，是确保公司规范管理、常态运行的核心制度机制，也是公司核心价值观的最高体现；"老三会"是我国传统企业制度中的精髓，是我国政治制度在国民经济企业组织中的具体体现，在公司化改革中也不可废弃。因此，如何根据"新三会"的权力结构、职能行使和有效制衡的特点，创造性地发挥企业党组织和职工代表大会、工会的职能作用，将是我国公司治理结构建设的关键所在、特色所在和难点所在。目前，各个股份制国有企业都对这一难点问题进行了思考和探索。有的从理论上探索企业党组织的"政治核心"作用和股东大会（董事会）的"权力中心"作用的关系问题，即如何处理"核心"与"中心"在实际的经营管理活动中的相互协调与配合问题。有的学者给"政治核心"作用进行定位，即为确保、监督党和国家方针政策在企业内部的贯彻执行，围绕企业生产经营中心开展工作，把"政治核心"作用有机地融合、渗透到企业的决策层、监督层和执行层之中，而不是脱离企业经营管理的"政治中心"，也不是另一个独立的"权力中心"。企业党组织对企业的经营管理重大问题提出建议，提供全方位、多层次的服务与支持，解决政治工作与经营管理"两张皮"的问题。企业党组织关键是要做好人的工作，通过做人的工作来促进财的工作、物的工作。党组织要从政治角度进入企业的人力资源管理，抓好"四支"队伍，即党员队伍、党员领导干部队伍、人才队伍、职工队伍的建设，用先进的政治文化推进企业文化建设，提高员工的综合素质。有的国有控股企业则从组织机构、职务担任上探索新模式。按照"双向进入，交叉任职"的原则和"集体研究、分别体现、双向反映、科学民主"的要求，探索建立适应公司法人治理结构要求的领导体制。国有控股公司的党委委员，可以通过法定程序分别进入董事会、监事会和经理班子；董事会、监事会和经理班子中的党员，可以依照"党章"及有关规定和程序进入党委会。根据公司治理的实际，党委书记和董事长可由一人担任，董事长与总经理原则上分设；党委书记与董事长、总经理分设的，可以实行党委书记兼任副总经理，董事长或总经理具备条件的兼任党委副书记的交叉任职模式。

上述权力结构模式或制度安排是否形成有效的权力制衡，以有效避免重大决策失误或有效克服"一把手说了算"的弊端，关键还是看具体决策管理中的实际效果。理论上能自圆其说或看似正确的机制、模式、流程，由于受传统文化、潜规则、制度环境及个人素质的影响，往往与预期相差甚远，甚至适得其反。截至目前，"新三会"与"老三会"权力关系的难题仍然没有完全破解，现实中，国有及国有控股企业在经营管理中不断暴露出各种问题，而且有的企业腐败窝案触目惊心，说明该企业的公司治理处于无效状态，因而为大量专家学者和社会公众所诟病。可以肯定地说，上述难题，只有靠深化全面改革，加快制度创新，特别是深化国有及国有控股企业体制、制度、机制改革与创新，才能寻求新的突破，获得新的解决途径和方法。

另外，至于"老三会"中的其他"两会"（职代会、工会），在权力结构中，与党委会相比处于次要地位，属于次要矛盾。因此，解决好了党委会与"新三会"的权力关系，解决这"两会"与"新三会"的权力关系就相对容易得多。比如，可以在《公司法》中明确规定股东大会和职代会各自的权限、终审权归属、最终表决权比例，以及职工代表进入董事会、监事会等。至于有些理论文章探讨解决党组织参与经营管理决策的方式不规范、参与决策的方法难掌握、参与决策的责任不明确等问题，都属于技术问题，不是根本问题，也不是关键问题。根本问题和关键问题解决了，这些技术问题或许就能迎刃而解。

欧美企业核心价值观的构建及其启示

20世纪80年代初诞生的企业文化是继经验管理、科学管理之后的一种最新企业管理理论和方法。它弥补了泰勒科学管理"只见物不见人"的缺陷,将人作为企业全部经营管理活动的核心,把制度化的刚性管理与人性化的柔性管理有机地结合起来,使企业管理跃上一个新的历史阶段。

20世纪90年代中期,企业文化管理理论传入我国企业界,随着市场经济发展和现代企业制度的建立,企业文化建设呈现出如火如荼的良好发展态势,并取得了一些成果,如海尔文化、宝钢文化、联想文化等。但是,我国企业管理的整体水平还比较低,实施文化管理的企业还是少数,且处于探索阶段。若从全球企业文化发展的现状及趋势来看,欧美及日本企业仍然处于领先地位,成功的经验和模式不断涌现。因此,了解现代国际化背景下的企业文化建设,对于提升我国企业管理水平具有重要的现实意义。

一、欧美及日本企业核心价值观及其要义

核心价值观是企业文化的核心。它指导着经营战略的制定和实施,而经营战略又是实现愿景、使命的基本途径,三者相辅相成。

世界著名企业都有明确的核心价值观。这里仅列举具有代表性的企业核心价值观作概括分析。

GE(通用电气):恪守诚信、注重业绩、渴望变革,对客户充

满热忱、褒奖德才兼备、培养精英人才、珍视每个员工、不懈追求更快更好。

辉瑞：诚信创新、以人为本、客户至上、团队合作、关注社区。

IBM：尊重个人，尊重企业中每一个人的尊严和权利；为顾客服务，对顾客给予世界上最好的服务；卓越的工作，在各项工作中卓越地完成目标。

英特尔：以客户为导向，以结果为导向，注重品质，勇于冒险。

花旗银行：以人为本，客户至上，寻求创新。

诺基亚：用户第一；科技，以人为本。

爱立信：专业进取、尊爱至诚、锲而不舍。

德意志银行：诚信、业绩、创新、客户至上、团队合作。

松下：顾客至上、集思广益，造就人才先于制造产品。

三菱银行：以信任和可靠为基本原则，提供广泛的金融服务，为国内外客户带来繁荣昌盛，创造社会和经济价值。

三星：人才第一、追求一流、引领变革、正道经营、共存共赢。

综合分析上述企业的核心价值观，除"诚信"这一立商之本外，还包含了以下共同的核心价值理念。

（一）以人为本

欧美及日本企业文化主要表现在以下方面：一是尊重人的价值。强调维护人的尊严和崇尚人的价值，注重维护员工具有创造性工作并作出贡献的权利，以及享受良好的职业培训并实现自我价值的权利。IBM总裁小托马斯·沃森说："IBM的基本哲学有三条，我看最重要的一条就是对人的尊重。"二是对员工平等、公正和信任。把公正、平等作为处理和协调各种利益关系的准则，也是对待每个员工享受职业培训、晋升、薪酬、奖励等权利的准则。同时，对员工给予充分的信任。美国玛丽·凯化妆品公司老板玛丽·凯·阿什在

《经理成功之路》中论述了对人尊重、信任的人本思想。她强调把这一思想有机地融合到追求公司的目标中去。玛丽·凯化妆品公司遵循的"金科玉律"就是"您愿意别人怎样待你,你也要怎样待别人"。三是重视人才培养。通过竞争机制和放手大胆实践来发现和培养人才。松下公司放手让员工在公司管理和市场营销中大显身手,鼓励创造性地工作,从而发现和培育卓越人才。同时,根据人才成长规律和企业发展需要,以员工综合职业素质和履岗能力提升为目标,强化职业培训。丰田公司建立了科学完善的人才培训体系,根据不同类别和不同岗位实施差别化培训,使受教育者分阶段学习,并依次升级,接受更高的教育,把每个员工培养成为具有独立工作本领的人。四是为员工创造均等的发展机会。欧美及日本企业都非常重视员工自我价值的实现,它们根据每个员工的资质、业绩、潜能和个性特征(包括人格、心理、习性等)设计职业发展计划并加以实施。花旗银行承诺为每个员工提供同等的就业、培训和发展机会,并奉行多元化的用人原则,使每个员工都能人尽其才,无论何种肤色、国籍、性别或宗教,都有平等的晋升机会。

(二)以客户为中心

现代管理学大师德鲁克说:"企业的目的只有一个正确的定义,那就是创造客户"(即全球知名的"德鲁克格言")。"以客户为中心"是现代企业经营的核心理念。这是由市场决定的。当市场商品和服务充分竞争,呈现买方市场,客户就成为企业生存与发展的决定者,因而客户营销就变得极端重要。"以客户为中心"的核心经营理念的重要性在于:一方面,把客户作为上帝、为客户创造价值的口号容易赢得客户的认同和共鸣,其营销策略高明;另一方面,能够把客户需求及其对服务、产品的"不满意"变成推动企业不断改进产品和服务的外部压力。美林集团将"客户第一"作为经营理念,提出为客户提供最广阔和最优质的产品和服务,通过听取客户的反馈意见,不断改进产品和服务,以发展和保持与客户的长期关系。IBM总裁老托马斯·沃森提出"顾客至上",要求IBM的一举一动都要以满足顾客需要为前提。公司规定无论顾客有任何问题,一定要在24小时之内解决,如果不能立即解决,也会给予一个圆满的答复。

(三) 重视制度与量化管理

这是欧美企业文化核心价值元素之一。它源于欧美国家公民对于法治精神的崇拜与对法律制度的遵循。这一民族历史文化传统投射到企业管理中,在宏观层面上,就是高度重视旨在建立和完善"三权分立"相互制约的公司治理结构,最大限度地规避和防范重大经营决策程序不规范或监督机制不完善而导致的风险;体现在微观层面上,则是对于任何经营管理过程,都强调流程的量化和精细化。这一价值理念主要受20世纪初泰勒科学管理的深刻影响。科学管理的主要做法是将具体岗位、合理的日工作时间与差别计件工资制结合起来进行量化管理,从而提高生产效率。重视制度化管理无论在今天还是未来,都是企业管理的基础,也是优秀企业文化的要义。如果没有这个基础,实施人性化管理就会走向歧途。欧美企业有一种制度化偏好,即无论做什么事,一定要先建立好制度及标准化的作业流程,一旦有问题,总是先考虑是否制度有弊端。诚然,忽视人的能动因素也有着其负面影响。在经营管理上,它们强调标准化、数量化、精细化,丁是丁、卯是卯;同时,重视运用科学工具和模型,持续改进和优化服务、产品流程等。

(四) 勇于创新

崇尚竞争与勇于创新是欧美企业文化的重要内涵。竞争和创新不仅是实现个人价值的途径和方式,而且成为一种社会机制和价值工具,所以世界500强中的欧美企业无一不是创新基地,成为观念创新、体制创新、技术创新、管理创新的探索者和引领者。无论是20世纪初期发明电灯、电话的"贝尔公司",还是20世纪中期的"波音公司"以及后起的微软公司、戴尔公司、思科公司,无不是创新的结果。

（五）追求卓越

欧美及日本企业对于技术、产品、服务、管理的质量追求可以说是精益求精。它们把"质量第一,利润第二"、"质量是企业的生命"、"追求服务与产品完美无缺"等作为员工的职业理念,加以强化教育,并把生产100%的高质量产品作为追求的目标。为实现这一目标,多数企业引入并实施全面质量管理。其主要内容是PDCA循环工作法:（1）计划（Plan）——找出质量问题,找出主要原因,制订解决对策。（2）实施（Do）——按制订的解决对策认真付诸实施。（3）检查（Check）——调查分析对策在执行中的效果。（4）处理（Action）——总结执行对策中成功的经验,并整理为标准;执行对策中不成功或遗留的问题转下一个PDCA循环解决。PDCA每循环一次,质量提高一步,不断循环则质量持续提高。另外,很多欧美及日本企业还广泛引入和应用六西格玛管理工具,对服务和产品的质量实施全面控制和持续改进。

（六）重视学习型组织与团队建设

美国麻省理工学院教授彼得·圣吉（Peter Senge）在《第五项修炼》中提出创建学习型组织,即企业组织要持续不断地学习。他认为,企业是一个有机而完整的系统,就像一个完整的人,其内部结构、思维方式和自身素质都将影响到企业对外在变化的反应,而企业组织对外在变化适应能力的提高跟个人综合能力的提高一样,必须通过学习才能达到。为此,他提出五个方面,即锻炼系统思考能力、追求自我超越、建立共同愿景、改善心智模式和开展团队学习。该理论一诞生就在欧美企业引起了强烈反响,并被引入企业战略管理之中,它提出"工作学习化,学习工作化"、"终身学习,团队学习"等价值理念,并且强调通过职业培训、岗位技能训练、团队学习机制推动学习型组织建设。由此,更加重视团队建设,倡导建立企业命运共同体,以此团结和凝聚员工,形成优秀的企业团队。日韩企业特别强调培养员工对企业、团队的忠诚,把国家、企业和个人的目标融为一体,以此作为发挥个人聪明才智、勤勉敬业的根本前提。

(七)履行社会责任

欧美及日本企业秉持"来自于社会,回归于社会"的价值理念,自觉承担和履行企业的社会责任。社会责任主要包括作为企业法人应遵守法律法规,及时向社会公布企业信息,保证经营活动的公开和透明;作为经营主体应提高经营效益,为社会公众提供最好的商品和服务,实现股东、客户和员工的利益;作为企业公民应承担关注民生、保护环境,以及社会公益事业等方面的责任。2002年10月由花旗银行等牵头制定的"赤道原则",把保护自然环境和妇女儿童健康作为贷款的门槛,体现了社会责任感。比尔·盖茨说:"财富是一种责任。我有责任让自己的财富变成别人的幸福,为更多的人消除饥饿、贫穷和疾病。"……2008年,他已宣布退休,并将580亿美元的个人财产全部捐赠给了其名下的慈善基金会。比尔·盖茨仅仅是欧美企业家履行社会责任的一个代表。

二、将价值观转化为企业和员工行为的传导机制

在经营管理实践中,企业领导会不断提出新的理念,如何将其

转变为公司和员工的实际行动则是关键。只有实现了这一转变，价值理念才真正升华为"内化于心、固化于制、见之于行"的企业文化。欧美及日本企业价值观形成的机制大致有几个方面。

（一）企业领导的大力倡导与积极推动

有学者说，企业文化是企业家的文化。这句话有一定的道理，因为企业领导在价值理念的提出、倡导和实施过程中，处于核心位置，起着关键作用。企业领导的行为包括决策、经营、管理和创造。这些行为直接影响着企业的思想观念、价值取向、思维方式、经营风格的形成和发展。因此，任何一个企业的文化建设都必须由企业领导亲自倡导、率先垂范和带头推动。通用电气（GE）总裁杰克·韦尔奇在引入并推行六西格玛管理方法之初，遇到了一些抵触情绪，一些经理不愿意实施"文化变革"。杰克·韦尔奇针对这种自满情绪，从树立不满足现状、勇于进取的文化观念入手，向全体员工亲自宣传、灌输新的六西格玛质量理念，亲自推广、传播六西格玛的理念和语言；并积极倡导培养六西格玛的人才，组织成立实施六西格玛的专业顾问公司，由其制订项目人员的招募、培训、推广计划。在他的直接推动下，通用电气实施了六西格玛的界定、度量、分析、改进和控制等全程工作，直至取得辉煌的成功。

（二）建立健全保证价值理念"落地"的制度机制

文化价值理念的"落地"需要建立健全与之匹配的制度机制，将刚性管理与柔性管理融为一体。价值理念是制度规范的精神支柱，制度规范则是价值理念的权力支柱，二者相辅相成，相得益彰。花旗银行确定"业绩能力优先，公正用人"的价值理念，为此建立了一套科学完整的人才使用制度与机制。员工晋升主要考核两项内容：一是工作业绩表现，二是有无违规行为。前者反映综合素质和能力，后者反映职业道德操守。分别由该岗位上级主管部门和上级审计部门负责考核。这两项考核内容明确、量化,其他任何可能影响公正的带有主观臆断和情感色彩的意见均不作为取舍的依据。所以员工都全身心地投入工作,只追求创造业绩,而不会将大量精力和心思用到处理人际关系上,致使企业内部人事关系十分简单,工作效率很高,形成了进取、快乐、和谐的文化氛围。

(三)实施体现价值导向的多元化激励

一是口头和书面表扬。欧美、日韩企业的领导都非常重视对员工的口头或书面表扬,对于员工的合理化建议、创新性的点子、工作中的优异表现等都及时予以表扬,并给予适当的物质奖励,以激发员工的工作热情。二是物质激励。日韩企业管理都极其严格,但公司对员工的薪酬分配、物质奖励比较丰厚,并做到公平公正、赏罚分明、一视同仁。三是树立表彰"企业英雄"。美国管理学家迪尔和肯尼迪在《公司文化》中,把"企业英雄"人物作为企业文化五大构成要素之一,认为典型模范人物或团队往往是实践企业价值理念的先行者和代表者,具有示范、引路、传播作用。因此,欧美、日韩企业领导都非常重视树立"企业英雄",并大张旗鼓地予以宣传、表彰和奖励。

(四)强化价值目标与职业技能有机统一的教育培训

加强专业技能培训,不断提高企业员工基本素质,是建设企业文化的基础保证。日本松下公司对每一个走上工作岗位的人,都要求必须首先接受职业道德、经营思想、集体意识、自我修养的集训,进行语言、待人接物的礼节教育,考试合格后才被录用。

(五)企业领导重视与员工沟通交流

欧美、日韩企业领导都非常重视深入一线、深入员工、深入现场，不拘形式地跟员工交流和沟通，了解真情，沟通感情，听取员工的想法和建议。欧美企业高层领导还常深入员工家里，了解衣、食、住、行；遇有重大节日、庆功会、新闻发布会、优秀员工奖励会等，企业领导都会邀请员工家属一起参加并联欢。

三、对我国企业构建核心价值观的几点启示

（一）实施文化管理是提升管理水平和价值创造力的必由之路

大量中外企业发展的历史证明，没有文化的企业行之不远，越是大型企业，就越需要文化管理。因为基于制度规范之上的价值理念的管理是最高境界的管理，也是企业管理发展的必然阶段。企业文化管理的核心是以人为本，把员工作为企业最重要的资本和资源，一切经营管理活动紧紧围绕提高员工队伍素质来思考、规划和实施；有了素质高、能力强和奋力干的员工队伍，在市场竞争中就会永远立于不败之地。从长期来看，从人性出发，将刚性的制度管理和柔性的文化管理有机结合起来，是实现凝聚人的意志、激活人的思想、挖掘人的潜能、形成核心竞争力的重要途径。正如《财富》杂志评论员文章所指出的，世界500强企业胜出其他企业的根本原因，就在于这些企业有着充满活力的企业文化。美国哈佛大学的约翰·科特教授和詹姆斯·赫斯克特教授对企业文化与企业长期经营业绩之间的相关性进行了长期跟踪研究。他们在《企业文化与经营业绩》中指出："企业文化对企业长期经营业绩有着重大的作用。我们发现具有重视所有关键管理要素（消费者要素、股东要素、企业员工要素）、重视各级管理人员领导艺术特征的公司，其经营业绩远远胜于那些没有这些企业文化特征的公司。在11年的考察期中，前者总收入平均增长682%，后者则仅达166%；前者公司股票价格增长为

901%，而后者为74%；前者公司净收入增长为756%，而后者仅为1%。"

（二）吸收中外文化精华、剔除传统文化糟粕是构建优秀企业文化的成功之道

企业文化作为管理理论与实践是一个开放的系统，需要对外开放和交流。只有以理性的眼光，剔除糟粕，吸取精华，不断吸收先进的管理思想、模式、方法和工具，并且加以改造与融合，才能构建优秀的企业文化。我国现代企业制度的建立和完善还有许多工作要做，高度统一的强势企业文化尚未形成。由于受根深蒂固的传统文化影响非常深，市场观念的转变、经理人角色的认同、市场化经营机制及良好职业习惯的养成等都需要做艰苦的努力。内地很多知名企业在香港或纽约证券交易所上市，进入国际资本市场而成为国际化的企业，在参与全球经济金融竞争的同时，应注重学习和吸收世界著名企业的优秀文化，彻底摒弃传统历史文化中的糟粕，包括消除"官本位文化"价值观念对员工思维方式和行为方式的影响，树立市场观念、增强竞争意识，真正向经理人角色转变；消除"潜规则"落后文化观念和不良习惯，强化遵纪守法意识，维护规章制度的信用与刚性，确保价值理念的落实不走样；消除"大概、差不多"的传统习惯意识的不良影响，培养一丝不苟、精确精细的工作作风；消除"地方文化"中的落后东西，改变"地方文化"的强势现象，建设高度统一的有激励约束力的企业文化等。

（三）增强企业管理人员的文化自觉是建设优秀企业文化的关键环节

实践表明，在企业领导的倡导和推动下，价值理念的转化工作需要各级管理人员具体落实。因此，各级管理人员的认同和实践就

成为关键环节。美国通用公司推行六西格玛管理、日本松下公司推行全面质量管理的经验告诉我们，转变经理人的思想观念，强化思想认同，增强其实施文化管理的自觉意识是首要问题。只有解决了这个问题，才能顺利实施推进。从目前来看，由于欧美及日本企业经过近30年的探索和实践，以人为本的文化管理已经形成了一套比较完整的理论和方法，科学工具的运用也比较成熟，积累了许多成功的经验和案例。国内一些企业文化搞出特色的名牌企业，也有很多现成的经验和做法可以学习借鉴。这些素材完全可以"拿来"作为教育培训的重要内容，能够为个体化探索实践或全面组织实施奠定基础。

（四）建立企业文化工作考核奖惩机制是构建优秀企业文化的制度保障

目前，从国内外企业的实践来看，企业文化工作并非是虚而无形的，当其转化为公司经营行为和员工职业行为时，则既看得见，也摸得着。世界500强企业中很多企业使用平衡记分卡财务管理的理论与模式，其中员工学习、职业发展、领导管理、团队建设等就充分体现了"文化管理"指标。国内外文化管理学者们研究出很多企业文化测评模型工具，如沙因文化测评模型、丹尼森组织文化模型、盖洛普员工满意度模型、能力素质评估模型、企业文化力度指数模型等，都在实践中得到了应用。从现阶段国内企业管理的实际来看，企业绩效考核与奖惩是企业经营价值导向的指挥棒，凡是没有纳入考核与奖惩的工作或业务，即使对于企业未来的发展很重要，也难以引起所属部门、单位的重视，因为考核指标的眼前利益更现实、更重要。因此，为深化我国企业文化建设，面向国际化竞争，着眼未来可持续发展，应积极探索建立企业文化工作的评估、考核与奖惩机制。

（五）企业变革与战略转型是企业文化创新和提升的重大历史契机

国内外企业界和管理学界公认，企业变革（包括股改上市、国内兼并重组、跨国并购等）是进行企业文化变革、再造和提升的最佳历史契机，而优秀企业文化的构建则是确保新的发展战略、经营战略顺利实施的根本动力。创新是一个民族的灵魂，也是企业发展的不竭动力。只有持续创新，企业才能充满朝气和活力，实现永续发展。只有不断进行观念、体制、机制、组织、流程、产品等的全面创新，才能塑造优秀企业文化，提升文化力。国内不少企业在改革发展的关键阶段和重大变革时期，能够坚持业务发展与文化建设"两手抓"，积极构建新的价值理念体系，给员工以职业理想信念和职业目标追求，给新的体制、制度、机制注入灵魂，提高了企业组织化程度和运行效率。这充分体现了这些企业领导具有远大的战略目光和文化视野。与此对照，国内还有一些大中型企业，在股改上市或兼并重组过程中，对企业文化的变革与再造并未能给予应有的重视。这在其管理思想的深层上反映了这些企业的管理人员还缺乏全面的战略视野和深刻的文化自觉。因此，对于我国企业界来说，提高企业领导对企业文化建设重要性和必要性的认识，仍然是当前一项首要而艰巨的任务。

企业核心价值观的选择、认同与确立

一、企业价值观

(一)什么是企业价值观

价值观是指一个人对客观事物(包括人、事、物)的意义、重要性及好坏的评价和看法;对诸多事物的看法和评价在心目中形成主次、轻重、好坏的排列次序,就是价值观体系;价值观决定着人的行为方式、手段和目的的选择。企业的价值观就是企业决策者对企业性质、战略目标、价值理念、经营机制的取向所作出的选择,是为全体员工所接受的共同价值观念。

企业价值观的基本特征:一是企业价值观是企业所有员工共同认同和秉持的,而不是一两个人所拥有的;二是企业价值观是支配员工思想、精神和行为的主要价值观念;三是企业价值观是在企业长期经营管理过程中逐步积淀的产物,而不是突然产生的;四是企业价值观是企业管理者倡导和培育的结果,而不是自发产生的。

企业价值观的具体内涵如下。

怎样才能履行公司的使命和实现公司的愿景?什么对公司最重要?领导人员和普通员工应该选择和遵循什么价值观念?公司处理与客户、员工、股东、社会关系的原则是什么?员工应该如何看待和对待自己的工作？员工如何对待客户、同事和上级？企业如何做才能让员工有成就感和自我价值实现感？公司如何做才能使员工满意和忠诚？公司奖励什么样的人？各级领导和普通员工要注意规范哪些行为？……

确立企业价值观的意义：在企业实施股份制改革，走向资本市场以后，按照现代公司要求，确立适应市场经济需要的价值观，有利于确定面向世界、面向客户，形成竞争优势的经营战略；使全体员工"上下同欲"，凝心聚力，激发员工的积极性和创造性；能够以文化为纽带，在员工心里形成一种"心理契约"，增强员工的承受力和理解力，降低管理成本；有利于正确处理各种利益关系，创造和谐的企业人际关系，形成企业自身的特色；有利于增强员工市场意识、竞争意识、服务意识、风险意识与合规意识，实现业务发展目标；有利于企业兼并扩张和多元化发展中的跨文化管理等。

（二）企业价值观类型

从人的个体来讲，价值观是多种多样的。1926年，美国心理学家佩里（Perry）将价值观区分为6类，即认知的、道德的、经济的、政治的、审美的和宗教的；1928年，德国哲学家斯普兰格（Spranger）将价值观分为经济的、理论的、审美的、社会的、政治的和宗教的6类。1994年，我国心理学教授黄希庭等人将价值观分为政治的、道德的、审美的、宗教的、职业的、人际的、婚恋的、自我的、人生的和幸福的10种类型。

当然，理论上的划分还有很多观点。这些不同类型的价值观反映到企业员工中，具有个性化，但是个性化的价值观要服从企业主流意识形态（即核心价值观）。企业要根据行业特征、现实要求及自身历史，通过学习教育、制度规范、机制激励约束和领导倡导等，对个体员工的个性化价值观进行整合，使企业群体价值观（即共同价值观）超越个体价值观而成为主体，这样才能形成凝聚力和竞争力。

对于企业价值观的类型，也有多种分类。此处列举常见的两种分类：一种是将企业价值观分为目标类、伦理类、人本类、创新类、规则类、个性类6种类型。每种类型包括若干个小项，其中创新类包括学习成长、科技领先、灵活适应、创新等，目标类包括协作共赢、战略意识、经营效益、优质服务、多元发展、市场竞争、品牌意识、高效等，规则类包括令行禁止、严谨规范、职业素养、安全意识等，人本类包括有效沟通、自豪感、以人为本、和谐、归属感等，个性类包括艰苦奋斗、追求卓越、开放包容、拼搏进取等，伦理类包括成就个人、社会责任、诚信、环保意识、尊重等。另一种是按照内向、外向、混合分类。其中内向型体现为以人为本的管理，重视员工全面发展；外向型体现为"以客户为中心"，客户至上；混合型体现为不断创新、追求卓越，建立百年老店，实现基业长青等。

需要特别指出的是，企业价值观并非是单一的，更多的是多元的集合。根据经营管理的不同需求，尤其是不同条线价值取向，有所侧重。比如，金融企业一线突出强调"以客户为中心"，风险条线则更多地强调"审慎稳健"，人力资源管理则强调以人为本，员工是最宝贵的财富等。

（三）确立企业价值观的原则

（1）坚持企业价值观的共享性。企业价值观属于群体（全体员工）共同拥有的价值观，即共识共享；全体员工都要自觉认同和践行，否则还不是共同价值观。企业价值观高于个体价值观，在企业里，员工个体价值观必须要服从企业价值观；最佳状态是员工个体价值观与企业群体价值观高度一致，即员工职业理想信念就是企业的愿景和使命。企业价值观要在一定的时期内保持相对稳定，只有具有稳定性，才能凝聚人心、激励斗志；如果频繁变动，员工将无所适从，难以凝聚人心、激励进取。同时，企业价值观具有规范性和约束性，能在员工内心形成道德自律机制，在职业行为上哪些能做而哪些不能做，员工将自觉做出选择。

（2）以对人的价值关怀为目标。现代企业的核心价值观必须体现人本理念和人文关怀，关注员工的全面发展。这是文化管理的核心，是区别于泰勒科学管理的根本标志。人本理念和人文关怀体现在多个方面，对内是员工，对外是客户和社会公众。重视员工全面发展不仅是企业的责任和义务，更是企业生存发展的根本。没有员工对企业的关心热爱，哪里会有企业的可持续发展；没有员工的积极性和创造性，哪里有企业的竞争力和价值创造力。重视客户服务，坚持客户至上，不仅是市场竞争策略，也是企业生存发展的必然选择，更是企业的社会责任，所以坚持企业利益与社会责任相统一，是企业价值观的题中之义。

（3）体现传统价值与现代价值的统一。价值观是企业文化的核心。企业文化是民族文化的一部分，任何割断文化血脉的想法和做法，既是错误的，也是办不到的。任何一个企业都必须既要继承民族的文化精华和本企业的优良文化传统，又要面向世界、面向未来、面向市场，吸收创新现代企业的价值理念。因此，做到传统价值与现代价值的统一，是科学提炼和确立企业价值观的正确选择。

（四）金融企业价值观例析

中国建设银行的核心价值观是"诚实、公正、稳健、创造"，中国工商银行的核心价值观是"工于至诚，行以致远"，中国农业银行的核心价值观是"诚信立业，稳健行远"，中国银行的核心价值观是"追求卓越"，招商银行的核心价值是"创新、服务、稳健"，花旗银行的核心价值观是"以人为本，注重对人才的培养与使用；客户至上，把以客户为中心和优质服务作为长期战略；寻求创新，从发展战略到客户服务的创新永无止境"，德意志银行的核心价值观是"诚信、业绩、创新、客户至上、团队合作"，汇丰银行的核心价值观是"长期的、符合职业道德的客户关系，通过团队合作提高生产力，充满信心、雄心勃勃的优秀意识，在前景展望和性质上更为国际化，审慎，富有创造力并加强营销"，美国银行的核心价值观是"为所应为——每个人都有自由、权利和责任为客户、顾客和社区，以及自己做正确的事情"。

从金融企业的行业特点来看，首先是诚信，这是传统的普世价值观，诚信是金融企业的生命，没有诚信就没有金融企业；其次是服务，客户是银行生存的土壤，服务客户就是直接地创造价值，服务的优劣决定了竞争力的强弱；再次是风险，因为金融企业经营货币，每项业务都有损失的可能性，风险与业务相伴而生，因而控制风险也是一个重要特点；最后是创新，竞争是金融创新的内在动力，金融创新是与客户服务需求、市场经济发展相适应的，过度创新将会引发金融危机。上述中资银行的核心价值观集中体现了这几个特点，特别是中国建设银行的"公正"价值观，既体现了人类普世价值，又反映了建设和谐企业、社会的现实诉求，立意高远，站位前沿。而外资银行的价值观体现"以客户为中心"的价值理念比较集中，反映了其强烈的市场意识和服务意识。

二、企业价值观与企业战略的关系

有些关于企业文化建设和企业战略管理的著述，将企业战略与企业文化作为有着一定联系的两个不同的管理内容分割开来，这是一个误区。事实上，企业战略也是企业文化的一部分。为什么这样说？因为企业战略，必须在企业愿景、使命、价值观及其理念的指导下进行观察思考、分析论证和推进实施，可以说企业价值理念是"道"，而企业战略只是"术"，"道"统御"术"，"术"支撑"道"，"道""术"合一，才是一等的企业战略。否则，企业战略缺乏灵魂和目标定位，实施起来就会与企业价值理念相分离或冲突，其效果可想而知。加拿大著名管理思想家亨利·明茨伯格（Henry Mintzberg）把企业战略管理理论分为十大学派，其中一个学派就是文化学派。他指出企业文化深刻影响企业的战略选择和战略决策。因此，企业制定和实施战略必须以价值理念为引领，从而取得全体员工的认同和践行，推动企业战略的执行和落实。

（一）价值观是战略制定的基础

企业在制定中长期战略和阶段性战略时，要在价值观指导下，对影响企业发展的宏观经济、政治、文化环境，以及行业生态环境、同业竞争形势、内部资源优势与劣势等进行观察分析并作出判断。由于企业的价值观不同可能对待外部环境的认识和态度也不同，因而会作出不同的战略选择。比如，2008年国际金融危机席卷全球，国内经济形势极其艰难和复杂，金融企业面临严峻挑战。但是，同在这种形势下，不同金融企业制定的战略、策略有着明显区别。有的金融企业将防控风险放在首位，结果影响了客户服务、业务拓展和经营绩效；然而也有些金融企业，仍然牢固坚持"以客户为中心"的经营理念，在积极服务客户的同时，高度重视风险的防范和化解，把握好了客户营销、业务拓展和风险控制的平衡，结果使"危机"变成了"机遇"，业务取得了跨越式发展。近年来，我国几家大型商业银行都在实施战略转型，但是又各有侧重。有的由以批发业务为主向批发零售并重转型，有的立足国内业务积极向海外拓展，有的由以网点、网络服务为主向网点、网络和电子银行、手机银行等虚拟网络服务并重转型等。这些战略转型都体现了企业价值观的取向。

(二) 价值观是战略实施过程控制的关键

当一个企业确定了中长期战略目标和阶段目标之后,如何控制实施过程,不使具体措施出现偏颇或冲突非常重要。这一阶段的主要工作包括战略学习、战略分解以及战略实施、反馈、控制和评估等。2008年世界金融危机爆发以来,国内外形势复杂多变,我国金融企业在实施既定战略过程中对于战略控制的难度进一步增加,要求也进一步提高。企业制定发展战略后,不能只停留在企业高层管理者和战略研究人员层面上,而应该让执行战略的所有人员都能了解企业的整个战略意图和主要内容,并使全体员工认同企业的发展战略,建立共同价值观、职业信念、行为规范等。这将激励员工自觉行动,实现自我控制和自我协调。这样不仅增强了落实战略的执行力,确保战略不走样,而且将会大大降低管理成本,提高运行效率。

(三) 价值观是维持战略优势的重要基础

企业文化作为企业的核心竞争力对于维持战略优势具有重要作用。基本原理就是共同价值观作为一种强大的思想力量,凝聚并推动着全体员工向着同一目标同心同德、努力拼搏。而企业的核心价值观往往是一个企业特有的不容易被模仿的文化特质。企业共同价值观作为企业文化的核心,既是长期的企业历史的积累,又是当期经营管理实践的凝练。它是相对稳定的,不容易被短期行为所改变。如果一个企业的中长期战略与核心价值观相互匹配,那么在思想上、观念上和价值追求上就会保证与战略价值取向的一致性。由此可见,良好的企业文化——核心价值观将有助于发挥并保持战略优势。

(四) 战略实施是企业价值观落地的保证

企业战略与价值观是相辅相成的,价值观指导着战略的选择,而战略又推动了价值观的落地。企业价值观要变为凝聚力、竞争力和价值创造力,必须通过制度机制和一系列的措施,其中包括战略的有效实施。战略实施的过程,也是价值理念"物化"的过程。例如,践行"以客户为中心"的价值理念,就需要实施中长期客户战略,每一项战略之下有若干具体措施,包括制度、机制、流程、产品、服务及考核奖惩措施等。在战略实施过程中,要注意二者的协调一致。特别是随着经营规模的扩大、客户市场的变化、同业竞争策略的调整,以及市场新成员的加入等,原有战略都可能做一些调整。由此,原有一些价值观念可能与新的战略有所冲突。在这种情况下,企业就要以核心价值观为基础,对这些不再适应新型战略的价值观念进行完善或改进,以期不断相互适应,化阻力为动力。

三、企业价值观的基本类型

从战略变化与价值观关联性以及核心价值观所占地位和作用来看,企业价值观可以分为三种不同的类型。

一是战略互助型价值观。即价值观导向、职业信念、行为准则与战略目标相互匹配型。在这种情况下,企业的愿景、使命、核心价值观及其理念与战略相辅相成,合为一体。企业文化为战略实施提供了良好的思想观念保障,发挥着导向、凝聚、激励、约束作用,企业内部有一个良好的文化氛围,积极促进企业发展。

二是战略制约型价值观。即价值观与企业新的战略相抵触,成为企业战略转变和实施的羁绊乃至发展的桎梏。当企业施行一项新的战略时,必然要求价值理念、组织结构、制度机制、业务流程等发生相应的变革,而企业员工的一些非主流价值观念(个体化价值观念),可能会成为新战略实施的制约因素。在这种情况下,如果企业的核心价值观能够发挥主导作用,正确引导这些落后的价值观念积极转变，企业价值观就是战略互助型价值观。否则，那些落后的价值观念就会与企业战略的实现产生负面效应，就形成了战略制约型价值观。因此，改革的关键在于是否能坚持核心价值观的主导地位，能否充分发挥核心价值观的指导和校正作用，改善不再适应企业发展的价值观念，塑造出一种崭新的与企业发展相适应的价值观念。

三是战略相关型价值观。即企业价值观与企业战略仅相关而对其无明显的主导性影响。其主要原因在于：企业尚未形成主导型企业文化；制定的战略体现愿景、使命、核心价值观不够充分；企业缺乏宣导传媒和倾诉员工心声的交流平台，进而无法形成一种主流思想观念等。在此情况下，企业要按照企业实际情况提炼出一种符合社会道德规范，适应市场经济需要，与企业的使命、愿景相一致的核心价值观。并且要通过一系列举措将这种价值观念在全体员工范围内宣传、普及，最后达成一种"一致认同的价值观"，以此作为主导思想观念，推动战略的顺利实施。

需要指出的是，这三种价值观是可以相互转化的。当企业战略调整时，企业价值观既可能向战略互助型，又可能向战略制约型方向发展，这取决于核心价值观的培育力度以及员工的认同度。因此，要保持战略互助型的核心价值观，就必须高度重视企业文化建设，运用各种手段持续地培育和倡导全体员工共同信奉的核心价值观、行为准则、企业精神，达到"内化于心、固化于制、外化于行"。

四、影响企业价值观的因素

核心价值观是企业文化的核心，其地位和作用十分重要。因此，提炼和确立核心价值观则是一项重大而慎重的工作，需要深入调研，全面分析，科学论证。由于企业价值观的"全员共享性"、"全员认同性"和"全员实践性",因此,确立价值观需要集中全员的智慧,群策群力,共同完成这项重要工作。坚决避免由少数领导人员自行确定,或由几个专家讨论研究确定。提炼和确定企业价值观需要考虑以下因素。

(一)民族传统文化因素

美国著名社会学家弗洛姆说:"人是特定民族历史文化的产物"。每个人身上都必然流淌着本民族文化的血液,其思维方式、行为方式、伦理道德、文化心理、审美偏好、语言习惯等有着特定民族文化的烙印。我国有着5000年的文明史,由此积淀造就了博大精深的中华传统文化,"仁、义、礼、智、信"、"天人合一"、"和谐中庸"、"无为而治"等基本元素,影响着一代又一代中华儿女。企业员工都是社会人,从小受到家庭、学校、社会的教育熏陶,这为最初基本价值观和人生观的形成奠定了基础;而这些基本的价值观将被带进企业,因而就会出现员工个体价值观与企业价值观相近、同一、或冲突、摩擦等各种现象,而企业价值观就要约束规范着员工——形成全体员工认同的价值观,否则,员工就会与企业离心离德,久而久之,就会被企业淘汰。事实上,企业价值观之本就扎根在民族文化的土壤里,而正是特定的民族文化才使企业具有民族属性与特色。从根本上说,构建企业价值观不能也不可能离开民族传统文化。关键是如何继承和发扬传统民族文化基因中的精华,培育出优秀的具有个性的企业文化。

(二)行业文化因素

民族文化是基因,具有普遍性。在这个基础上,不同行业,因要素、特质、形态的不同,呈现出不同的文化特征。例如,交通运输、石油化工、建筑、航空、电力、矿业、医疗、教育、金融等,在文化表现上都具有各自的特点，即一个行业的文化共性。比如，金融行业，共同的文化特征是重视服务质量、风险控制、合规管理、持续创新、社会责任等，但是具体到每个金融企业，则是在这一行业文化特征下，又具有自身的个性特点。因此，构建企业价值观也不可能脱离行业文化属性，或者说，一个企业的价值观将不同程度地体现出行业文化特征。

（三）地域文化因素

在统一的中华文化基础上，我国又形成了各具特色的地域文化，分为不同的文化板块。例如，燕赵文化（北京、河北）、秦文化（陕西）、中原文化（河南）、三晋文化（山西）、齐鲁文化（山东）、关东文化（东北三省）、楚文化（湖北、湖南、安徽、江西）、吴越文化（苏南、浙北）、闽文化（福建）、岭南文化（珠江流域）、巴蜀文化（四川、重庆）、潮汕文化（潮州、汕头地区）、云贵文化（云南、贵州）等。这些地域文化各自具有明显的特征，在不同地域文化生长出来的企业及企业家也各具特色。例如，历史上的晋商、浙商、徽商各具特色，文化上也各具优势。因此，那些分支机构遍布全国的国有及国家控股的大型企业，其企业文化必然受到地域文化的影响和渗透，在企业统一价值观的统领下，不同区域的分支机构一定会体现出地域文化特点。

（四）外来文化因素

在全球化、互联网、信息化时代，瞬息万变的巨量信息无时无处不在流动传播，互动共享，其影响的广度和深度是无法估量的。企业作为大量信息的载体，也无时无刻不受到外来文化的浸染和影响。虽然说企业文化不能移植、嫁接，但是可以通过相互渗透、浸染、影响而发生相互吸收、整合或融合。改革开放30多年来的实践充分证明，国外企业管理理论、经营机制、营销模式、创新理念、市场意识、客户意识、竞争意识等广泛而深刻地影响、推动和深化了中国企业的改革发展，特别是促进了经营管理水平和综合竞争力的提升。从这个角度来看，构建企业价值观，不仅需要认真学习借鉴西方优秀的企业文化，而且更重要的是要与中华民族优秀传统文化有机融合，从而形成企业文化优势，实现企业可持续发展。

五、确立企业核心价值观需要注意的问题

提炼和确立企业价值观是企业文化建设的核心环节。重要的是构建企业价值观的过程。这个过程就是企业全体员工思考、选择、认知、认同的过程，也是企业价值理念的普及与深化的过程。选择自上而下或自下而上的工作路径均可行，但是需要注意以下方面。

（一）全体员工参与企业价值观提炼

所谓企业价值观的重要性，在于它是企业全体员工的"共同价值观"，是企业上下的"同欲"。这是企业凝聚力和竞争力形成的根本前提和基础。只有全体员工积极参与，在参与中思考、分析、碰撞、选择、认知、认同，才能使企业价值观具有群体基础，才能是员工自觉自愿的"目标与追求"，而不是强加给员工的，被动缺乏工作动力，主动产生工作激情。只有全体员工参与确立的企业价值观，才会有生命力，才能将其转化为员工职业理想信念、职业思维方式和职业行为方式，才能落地生根。

（二）企业价值观与制度机制有机统一

企业价值观既是制定发展战略的目标导向，也是企业规章制度、运行机制的灵魂。也就是说，企业制度机制为什么要这样，而不能

那样，其决定因素是企业的价值观。因此，二者相互支撑，相得益彰，不可或缺。正如西方一位哲人所说："思想道德是法律制度的精神支柱，法律制度则是思想道德的权力支柱。"价值观属于思想道德范畴，是无形的，是为"道"，其作用是引导和保证制度机制与企业发展目标的一致；制度机制规范约束人的行为，属于物质技术范畴，是有形的，是为"术"，其作用是规范约束和保证企业价值观的执行与落实。"道"是"术"的灵魂，"术"是"道"的载体，只有二者有机统一，才能真正发挥价值观的引领、凝聚、激励与约束作用。

（三）企业价值观要注重体现创新和变革

价值观的一个重要特点是具有相对稳定性。正因为这一稳定性，才使企业价值观具有强大的引领、凝聚、激励和约束功能，才使企业文化具有历史积淀性和传承性，才使优秀的企业文化无法移植嫁接和模仿照搬。但是，稳定性并不排斥企业核心价值观的创新和发展，而正是企业经营管理的不断创新和发展，才使企业具有旺盛的生命力，适应不断发展变化的市场环境和宏观经济环境。适应企业变革、创新和发展的价值观，一定是普世价值观，是开放的价值观。这种价值观的最大特点，就是可以引领、适应发展变化、创新创造的新形势。随着社会发展和形势变化，企业价值观的内涵也要不断创新、丰富和发展，在动态中体现稳定性；否则，企业价值观就会脱离经营管理实际而失去生机与活力。

（四）企业价值观要兼顾各利益相关者

企业价值观的确立，根本目的就是要凝聚员工、提升竞争力、实现企业发展的战略愿景。其中凝聚力和竞争力的形成，需要内外部各种因素的和谐统一。企业经营目标涉及的相关利益者包括客户、员工、股东、公众、社区、监管机构、供应商、新闻媒体、行业组织、自然环境等。企业价值取向与经营目标是一致的，如何兼顾各相关利益者？所谓兼顾，并非要求企业把各方利益都写进企业价值观体系里，而是要求企业价值观不能同其中的任何一方发生利益冲突，必须做到公平公正、和谐统一。

（五）企业价值观应该是具象的和"可见可做"的

目前，从大量企业价值观来看，绝大多数价值观是用句子或词语表述，具有概括抽象性，缺乏具象性。但是，从价值观形成的过程和特点来看，只有通过"可见可做"的具象，才能将价值观转化成员工具体的行动。例如，我们教育孩子，从小要尊长辈，爱父母，就是要"孝敬"长辈。如果只讲"孝敬"则是空洞的，孩子根本不知道怎么做，但是如果给孩子讲解"二十四孝图"，有人物、有故事，具象生动，孩子就会感知什么是"孝敬"。具象往往又是通俗易懂的，越是通俗易懂，越有利于价值观的认知、认同和实践。价值观的抽象和空洞，缺乏具象化，是目前企业价值观管理中普遍存在的现象，也是价值观培育和实践的主要误区之一。

培育和践行企业核心价值观的实证分析

——以建设银行价值观管理实践为例

企业核心价值观是全体员工在经营管理过程中所坚持的价值取向和处理内外各种关系的准则，是企业制定发展战略、凝聚员工队伍、履行企业使命、提升核心竞争力、实现战略愿景的前提和基础，它具有强大的导向、凝聚、激励、约束和协调作用，是企业最具价值的无形资产。因此，抓住了价值观管理，就抓住了人本管理之魂，也就掌握了经营管理之道。

一、建设银行核心价值观及其文化要义

建设银行核心价值观是"诚实、公正、稳健、创造"。这是建行文化的核心，从不同的价值向度，反映了以人为本的文化特质，充分体现了科学发展的基本要义和现代化、全球化视野，具有鲜明的建行文化个性与特色。

"诚实"既是建设银行基业长青的根基，也是最基本的道德责任。"诚实"既是中华民族传统文化的精髓，也是世界文明的共同价值取向，现代企业制度的确立和运转离不开诚实，诚实对商业银行更是至关重要。每个员工都要牢固树立"诚实守信"的职业操守，忠于职守，遵纪守法，合规操作，对自己所做的每一项工作、为客户

办理的每一项业务、向社会公开的每一项承诺，都要说到做到，取信于人。每个分支机构都要坚持对客户、股东、员工、社会负责，依法合规经营，诚信经营，不搞任何虚假行为，要把建设银行办成信用最高、声誉最好的银行。

"公正"是人类文明进步的核心元素。"公正"就是待人处事要公平、公正，合法、合情、合理。建设银行将"公正"作为为人处世的准则，体现了对先进的和科学的价值观的追求。坚持公平正义原则，公平正当竞争；正确处理客户、股东、员工、社会之间的利益关系，实现各个利益相关者之间的和谐共赢；正确处理企业内部不同区域、不同单位、不同部门员工之间的利益关系，即在职务晋升、薪酬分配、职业培训、考核评价、激励奖惩等方面做到公正。一名优秀的领导者、管理者要力求全面、历史、客观地看问题、待同事，处理好各种关系，要坚持秉公办事，不搞小圈子，不搞个人恩怨，善于公正公平地处理各种复杂问题，这是构建和谐企业的重要保证。

"稳健"是建设银行追求的经营风格和风险偏好，其关键是要讲究风险与收益的平衡，这充分体现了金融企业的行业特性。建设银行员工要树立审慎严谨的经营作风，科学决策，依法经营，有效防范和化解各类风险；同时要做到经营决策不僵硬，积极主动应对风险，平衡风险与回报，创造最大化价值。

"创造"是一个金融机构持续发展、永远保持旺盛的不竭动力。"创造"是从无到有，是创新的前提和基础；创新则是创造的升华。全行员工要保持开放进取的心态，不断学习新思想、新知识、新经验，积极尝试管理机制、经营模式、服务产品的创新，并容忍失败；着力培养创造型人才群体，为他们的成长和实践创造机会和平台，不断提升创造与创新的能力。

建设银行核心价值观的这四个方面有机统一，在协调和处理企业内外部关系，制定和实施发展战略，促进又好又快发展的过程中，相辅相成，相得益彰，缺一不可。

二、培育企业核心价值观的难点与重点

近年来，建设银行持续开展愿景、使命、核心价值观等价值理念的学习教育和实践活动，取得了一定成效，但是从牢固树立和践行核心价值观的广度、深度来看，特别是在将核心价值观转化为全行员工的职业理想信念、思维方式和职业行为习惯方面，做得还不够，工作上还存在许多不足。由于核心价值观的形成具有复杂性、冲突性和多样性，因此培育核心价值观具有一定的难度，需要把握规律，找准难点，抓住关键。

难点与重点之一：如何提高核心价值观学习、宣传与教育效果，解决全员认知认同不足的问题。认知认同是实践的前提和基础。为此，建设银行在文化要素出台后，广泛开展了专题培训、知识竞赛、网上答题及多种形式的宣传教育活动。但是，从多次基层调研和问卷抽查结果来看，还没有达到全员认知认同，仍然有一些员工未做到熟记在心和理解到位；甚至有的员工违规操作，且屡次违规；有的员工为完成任务或提高业绩，弄虚作假；有的机构负责人为自身或团体私利，在经营中搞短期行为，等等。这些都反映出了核心价值观尚未完全"落地生根"。因此，认知认同这个环节是培育核心价值观的基础，其中"认同"又是难点，它要求员工自身的成长需求与建设银行的发展需求在价值原则、价值规范和价值理想上形成共鸣并达成统一——企业愿景即员工职业理想，企业价值观即员工价值追求。

难点与重点之二：如何使各级领导以身作则、率先垂范，解决一些领导人员示范带头作用不够的问题。各级领导既是建设银行的

中坚力量，更是全体员工"言"与"行"的表率与标杆。他们是否自觉认同建设银行的价值理念，并在经营管理中自觉遵守和贯彻"诚实、公正、稳健、创造"的价值取向，直接影响着普通员工的职业信念和实际行动。现实中，有的领导人员在自觉践行价值理念、员工行为规范和职业操守方面，还没有真正起到表率作用，甚至有的言行不一，私欲膨胀，干一些违法犯罪的勾当，不仅玷污了建设银行的声誉和形象，而且给员工的职业理想追求和核心价值观的培养造成恶劣影响。所以在培育和践行核心价值观方面，严格激励和约束各级领导人员是关键环节，真正发挥其示范表率作用则是首要任务。

难点与重点之三：如何发挥核心价值观的导向、凝聚、激励与约束作用，解决价值理念与经营管理机制有机融合不够的问题。任何经营管理行为的选择，即为何这样做，而不那样做，其机理在于价值观的选择与认同。但是，目前有的领导人员仍然对企业文化管理存在着片面认识，没有将价值理念作为经营管理与业务发展的灵魂去思考、去实践，只是将价值理念作为对外宣传、营销的口号，或仅停留在编书、写文章、搞文娱活动等表层上，忽视了在制度、机制、流程、行为等深层上探索和构建统一的价值理念及行为准则，因而常常出现价值理念与经营管理、业务发展"两张皮"现象，而没有使二者有机统一、融为一体、相互支撑、相得益彰。

难点与重点之四：如何深化改革和完善制度，解决职业价值理想与现实工作实际存在差距的问题。"诚实、公正、稳健、创造"作为价值取向和职业理想，是企业与员工共同追求的具体目标，也是构筑员工职业精神家园的核心元素。但是，由于一些制度、机制、流程还不够完善，有的干部员工职业素质不高，因此，实际工作中存在着一些问题和不足。比如，有的单位由于缺乏支持公正的制度机制，或受潜规则左右，因而在职务晋升、岗位交流、职称评定、荣誉激励和考核奖惩中，存在着这样或那样的不公正现象，从而导致一些核心人才或骨干员工流失。又如，有的单位领导，由于受自身利益、团体利益影响，在业务经营或客户服务中，弄虚作假，甚至违纪违规，与建设银行的风险理念和审慎严谨的态度格格不入。所有这些不良现象常常发生在员工身边，因而对员工树立和坚信核心价值观将会产生严重的不良影响。因此，要保证核心价值观落地，使理想与现实最大限度地接近，必须深化改革，通过建立完善有效的激励约束机制——依靠科学的和严格的制度机制实现"公正"与"稳健"。

难点与重点之五：如何创新宣传教育模式和方式方法，解决核心价值观培育效果不佳的问题。目前，对于价值理念的宣传教育，大多是传统的自上而下的单向性说教和"灌输—灌输—再灌输"的填鸭方式，与社会转型时期的当代年轻人更偏好交流沟通和自我认知的方式不相适应。根据心理学原理，虽然单纯的"主客"灌输教育模式也能给受教育者提供道德认知，但是它们在受教育者头脑中却往往以知识的形态存在，难以内化为受教育者精神思想中的信念，况且当理想与现实存在反差时，反复进行机械式的强化，反而容易使受教育者产生逆反心理和极端情绪。事实上，员工既是教育的主体，又是教育的客体，在企业价值观培育的实践中，这两方面的属性是有机统一的。因此，要取得良好效果，必须改变传统的宣传教育模式，创新工作方法，实施内容丰富、形式多样的综合宣传教育；既要有一定的教育灌输、制度规范、正面典范的引导，又要强化平等参与、交流互动、主客换位、相互启迪，从而调动主客体双方的能动性，实现主客体共同的职业道德自觉。

三、培育企业核心价值观的工作思路与对策

培育企业核心价值观是一项复杂的系统工程，是一个具有很强

的理论和实践性的重要问题。近年来，企业培育价值观的实践表明，要使企业核心价值观为全行员工所认知、认同和践行，重要的是遵循企业价值观形成发展的基本规律，适应社会转型时期员工认知接受方式的变化，明确目标，全员参与，领导垂范，运用综合手段，强化学习宣传教育，完善制度流程，建立激励约束机制，实现典型引领示范等。

（一）要将价值观管理作为企业战略管理的一项重要内容，构建全体员工的"道德精神共同体"

一是认识道德精神的重要价值。古人云：以利相聚，利尽则人散。可见单纯的"物质利益"难以长期作为凝聚员工的纽带，仅建立起"物质利益共同体"的企业行之不远。现代企业组织应是一个物质利益与道德精神的统一体。只有建立起"道德精神共同体"这条无形的最高价值纽带，全员才能形成一个拳头，企业才能有强大的凝聚力，才能使丰厚体面的物质报酬发挥出最大化的激励作用，否则由于相互攀比、唯利是图和欲壑难填，反而容易产生人际关系摩擦和短视功利行为。二是将构建全员"道德精神共同体"纳入战略管理。企业价值观管理是全员"道德精神共同体"建设的核心。因此，建设银行在修订企业发展战略时，要将价值观管理作为一项重要内容，明确目标、任务和要求，并制定相应的落实措施。三是学习借鉴国际知名企业的成功经验。世界500强企业普遍重视价值观管理，如花旗银行、美国银行、松下、GE、IBM等都创造出了许多成功经验，我们应认真学习借鉴，吸取精华，为我所用。

（二）要强化企业核心价值观的学习、宣传和教育，提高全员认知认同度和自觉践行的文化自觉意识

一是建立全方位和立体化的传播渠道。传播渠道包括体现核心

价值观的经营管理制度文件的贯彻落实，网点、网络、报刊等传播媒体，中心组学习、各类会议、各种主题活动及业务营销活动，各种论坛、产品广告及公益性宣传等；同时，要充分利用互联网、手机等现代信息工具，进一步拓宽宣传载体和学习阵地。二是编写企业文化教材。要对全员进行培训，需要编制统一的教材，确定并规范学习内容，包括企业改革发展史、业务发展战略、价值理念体系、职业规范操守、经营及服务特色、产品品牌与服务典型、重要成绩荣誉等。三是实施全员学习培训，重点强化各级领导人员的培训。将社会主义核心价值观与企业核心价值观纳入全行员工教育培训计划，实施全员培训，尤其是强化对各级领导人员的培训，使他们深刻理解核心价值观的内涵、作用和意义，懂得如何实施价值观管理，提高责任意识和文化自觉意识。

（三）要发挥各级领导的示范带头作用，促进全员自觉认同和践行核心价值观

一是认识各级领导的关键作用。"言传身教"是社会心理学的一条基本规律。只有企业各级领导，特别是各级"一把手"率先垂范，亲自倡导和推动，给员工作出榜样，才能使企业价值理念真正落地，即"内化于心，固化于制，外化于行"。二是具有文化自觉意识。领导人员要想在自觉践行核心价值观方面为员工作出表率，除了严格要求自己之外，还需要具有一定的人文修养和人文情怀。因为价值观管理的本质是人本管理，若自己对人本思想，即自由、平等、公正、尊重、民主、法治、诚信、和谐等普世价值观认识不足或理解偏颇，那么就很难自觉地探索和把握价值观管理的内涵、规律和方法。因此，各级领导人员要加强人文理论的学习和实践，提高人文素养，培育文化自觉意识。三是学习中外企业成功的经验和做法。领导人员率先接受新的价值理念并积极行动是工作取得成功的关键

环节。美国通用公司推行六西格玛管理、日本松下公司推行全面质量管理、海尔集团推行人单合一管理等新的管理模式，首先都是从转变各单位、部门主要领导的思想观念，强化价值认同，增强文化自觉意识开始的；组织领导人员的专题培训，由CEO亲自"上课"，并运用组织人事、物质奖惩、组建团队、专家咨询等多种手段，强力推动实施。这些成功的经验和做法，应认真学习借鉴。

（四）要探索和建立践行企业核心价值观的激励约束机制，保证核心价值观的贯彻落实

一是认真落实员工行为规范和职业操守。2008年建设银行已出台职业道德准则。这是核心价值观的制度化，二者有机统一，相互支撑。因此，要结合岗位职责、风险内控制度和业务流程，采取各种有效措施，开展各种形式的活动，深入持久地抓好贯彻落实，使员工养成良好的职业行为习惯。二是探索建立平衡记分卡考核体系。目前，国有企业的经营绩效考核指标体系（KPI）虽然比较完善，但是体现人本管理思想不够，见"物"多而见"人"少。世界500强企业中有很多企业都运用平衡记分卡原理进行绩效考评，它从财务、客户、内部流程、学习与成长四个相互联系的方面来管理和考评公司的绩效。其中组织学习、员工成长、职业发展、领导能力、团队建设等就充分体现了"文化管理"指标，既见物，又见人，能够比较全面真实地反映企业综合经营与管理的状况，有利于企业的可持续发展。我国企业应学习借鉴国外企业的成功经验，积极探索应用平衡记分卡原理，创新绩效管理与考评指标体系，将价值理念贯穿并融入激励约束机制之中。三是建立企业文化工作评估奖惩机制。从目前国内外企业的实践来看，以价值观管理为核心的企业文化工作并非是虚而无形的，当其转化为公司经营行为和员工职业行为时，则既看得见，也摸得着。国内外企业管理学者研究出很多企业文化测评工具，如沙因文化测评模型、丹尼森组织文化模型、盖洛普能力素质评估模型、社科院企业文化力度指数模型等，这些都在实践中得到了成功应用。从现阶段国内企业管理的实际来看，企业绩效考核与奖惩是企业经营价值导向的指挥棒，凡是没有纳入考核与奖惩的工作，即使对于企业未来的发展很重要，也难以引起所属单位、部门领导的重视，因为考核指标的眼前利益更现实、更重要。因此，为深化建设银行企业文化建设，面向未来的可持续发展，着眼国际化竞争，应积极探索建立企业文化工作的评估、考核与奖惩机制。

（五）要高度重视青年员工核心价值观的培育，造就一支朝气蓬勃的高素质员工队伍

一是加强新员工价值观的培育。企业每年都招聘大量新员工，对于他们来说，首要的一课是认知认同企业文化。这是未来忠实履行职责、做好本职工作的前提和基础。目前，虽然各企业在培训新员工时都安排了企业文化课程，但是持续性的职业理想和价值观的培育工作没有跟上。要制定新员工培养教育计划，比如让优秀员工"传、帮、带"，定期汇报思想、学习、工作感受，组织学习团队助力成长等，促进企业价值观的培育和养成。二是重视新任年轻干部价值观的培育。对于新走上领导岗位的年轻干部，工作重点和岗位职责都发生了变化。要抓住这一关键环节，通过学习培训、谈心教育和明确责任，让他们懂得以身作则、自觉树立和践行企业核心价值观对带好队伍、履行好管理职责的重要意义。三是创新教育青年员工的方式方法。现代青年思想活跃，自主意识、平等意识和参与意识强，传统的自上而下的单向性说教对于他们来说效果不佳。因此，对他们的宣传教育，要注意参与性、互动性、感受性和思考性，比如领导与员工平等交流、沟通互动，或围绕一些社会现象和焦点问题开展研讨、辩论，从而释放情绪，辨明是非。另外，还可以通过讲身边故事的形式，让建设银行价值理念潜移默化地渗透和影响青年员工的价值判断、道德情操、文化心理和人格成长，全面提升职业素养，培养一支优秀的青年员工队伍。

（六）要重视培养先进典型和打造服务品牌，推动核心价值观的践行与传播

一是继续发挥老典型的示范作用。先进典型是企业核心价值观的忠实实践者。建设银行股改上市以来，先后打造出了李向党与"向党工作站"、王红梅与"红梅理财中心"、何晓与"何晓工作法"等一批行内乃至金融业知名的先进典型和服务品牌，他们在践行建设银行价值理念方面发挥了很好的示范引领作用。面对新的形势和任务，老典型要与时俱进，不断创新，以更优的服务质量和管理水平，焕发新的生机与活力。二是培育新的先进典型群体。要结合业务发展，立足岗位，着力培育、总结和宣传各级各类先进典型集体和个人，包括文明单位、青年文明号、五一劳动奖章及奖状获得者、先进党组织及优秀党员、各类业务能手等，形成先进典型群体。通过他们的事迹和行动，带动、引领全行员工忠于企业，勤奋工作，开拓创新，促进企业科学发展。三是着力打造服务品牌。服务品牌是推动企业核心价值观转化为生产力、价值创造力和形象传播力的有效载体。各级分支机构都要树立服务品牌意识，在各类先进典型的基础上，进一步培育、总结和打造服务品牌。四是宣传、提炼与推广。企业要注意总结服务品牌的工作理念、服务流程和管理机制，运用标杆管理的方法，做好复制推广工作，以个体带动群体，促进整体提高，不断提升建设银行的市场竞争力和价值创造力。

核心价值观"人企合一"的转化机制

企业文化作为一种先进的管理理论和手段,其核心是把企业经营目标、发展战略和决策意图升华为企业价值观和经营理念,再经过伦理道德内省、思想教育、物质激励和规章制度约束与激励的传导,转变为员工的职业行为。这一转化是企业文化在经营管理中发挥作用的关键环节,也是实现企业人格化的重要过程,即企业价值观、经营目标、发展战略和员工价值观、职业理想、职业目标取向"同一化"的过程。这一"转化"的实现,标志着"人企合一"的真正形成。

一、伦理道德内省

伦理道德本身具有内在的自我调节机制。伦理主要调节企业与企业、企业与社会、企业与自然之间的关系,道德主要调节个人之间、个人与企业、个人与社会、个人与自然的关系。企业是由人经营的,企业的价值观和经营理念直接体现了企业管理决策者的价值观取向;员工职业行为的总和在本质上反映了企业行为,也是企业价值观和经营理念的具体体现。现代经济学的奠基人亚当·斯密在《道德情操论》和《国富论》中,从人性的自私自利心、追求利润或效用最大化以及具有慎思、同情心、道德同感、利他等两面性出发,提出了"经济人"和"道德人"假说。企业员工,不管是管理者,还是经营者,作为职业人进入市场,就会努力追求效用或利润的最大化,其职业行为就不再仅仅是个人行为,而是构成市场主体

（企业）行为的一部分。市场具有"两面性"。一方面，因为利益的驱动，人首先作为"经济人"将竭尽全力，调动和挖掘自身的智慧和潜能，利用一切可以利用的资源、信息、技术、机会、手段，去获取自身的利益，这个过程使得人性得以张扬；另一方面，人的理性要求自身还必须作为"道德人"，限制和约束人性的过度张扬，自觉遵守法律制度，以及诚信公平、互惠互利的原则，甚至奉献社会、回报公众。因此，任何一种经营管理行为本质上都反映着市场伦理道德关系。如果一个企业经营管理者自觉遵守市场规则，诚信无欺，那么人的所有行为在无意识之中会受其伦理道德价值观的支配。实际上，这是一种道德自律。在这里，市场伦理道德发挥了自动调节职业行为的重要作用，正是这种调节作用维护着市场交易秩序的正常运转。

企业员工作为职业人，其行为无疑也要受自身的伦理道德的支配和约束，并且任何人都有人性"善"的因子，都有一套内在的伦理道德机制，即"良心"。如何使员工自觉发挥这套机制的引导和制约作用，是把企业价值观、经营理念转化为职业行为的重要路径。企业文化管理的核心是"以人为本"，而人的需求是多方面、多层次的。马斯洛关于人的"需求层次理论"揭示了人性内在的欲望发生的机理以及满足这些需求对于一个人的生存和发展的重要性。企业要想不断增强竞争力，实现可持续生存与发展，必须重视员工的全面发展，给予员工人文关怀，在物质和精神两个层面注重尊重人、关心人、培养人，偏重物质奖励或偏重精神鼓励都难以达到预期目标。要启动员工伦理道德内省，除了需要营造良好的企业环境外，更重要的是需要建立良好的制度和机制，这是不可忽视的外在推动力。在市场经济条件下，特别是要建立和运用竞争机制，以能力、创新、业绩为价值导向，在岗位交流、职务晋升、物质奖励、企业英模评比、专业学习培训等方面给予一定倾斜，使那些在能力、创新、业绩方面突出的员工有着自我价值实现的自豪感和荣誉感，更为重要的是，在这个价值追求与实现的过程中，全体员工能够自觉地实践企业价值观和理念，从而使企业精神文化得以转化为行为物质文化。

二、思想教育

思想教育对于中国企业管理来说，具有独特的人文内涵和传统优势，是企业文化管理过程中不可缺少的工具之一。目前，对思想教育的认识存在很多误区，有些人常常把它跟教条式说教、"唱高调"、"假大空"等联系在一起，以致一提起思想教育就会引起人的反感。之所以出现这种认识偏差，其根源是许多思想教育本身存在缺陷，有的缺乏科学真理的力量，有的离开物质基础人为地拔高，有的思想教育主体缺乏人格说服力，有的思想教育途径过于模式化等。其实"思想教育"是一种生活现象，普遍存在于社会生活之中，存在于人与人的相互关系之中；只要人是社会的人，只要人的道德情操、思想境界、知识修养、人格魅力、生活方式和需求欲望存在差别，只要人的思想、道德、心智是健康和健全的，那么他在工作、学习、生活的过程中就会不断将其优秀的方面向他人施加影响并接受他人的影响，而这种相互学习、相互影响的过程，本质上就是思想教育的互动过程。

在一个企业中，企业英模是先进企业文化的忠实践行者和优秀代表，他们的思想、道德、人格是高尚的，这对于企业来说是一笔重要的、珍贵的精神财富。企业管理者如果通过先进的理念、制度、机制，培育和树立起企业模范人物群体，并且使其成为企业塑造和展示形象的优秀品牌，那么这个群体的培养、塑造、表彰、宣传、认同的过程，也就是企业对员工进行思想教育的过程。这种思想教育真实、亲切、可敬、可学，而且内涵丰富深刻，体现了爱国主义精神，因为企业的发展会更多地创造社会财富，多缴利税，促进国家建设，本身就是最具体、最可信的爱国利民的表现。当然，思想教育的内涵是多方面的，其中还包括时事政治、理想信念、艰苦奋斗、勤俭节约、遵纪守法、保护环境、热爱和平等，但是作为企业，应主要围绕培育和践行企业价值理念来进行。企业思想教育旨在启发和唤起员工自觉向善、向上、向高的欲望和动力，最终通过自我实践来提高达到这种境界的能力。思想教育的途径和方法是多种多样的，除了模范人物的导向、示范、影响之外，可以从反向入手，运用各种反面典型案例，通过解剖、对比、思考，达到正面的启发和教育；还可以通过开展有益的技术竞赛、文娱、公益等活动，在浓厚的企业文化氛围中细雨润物、潜移默化地陶冶情操、升华思想境界，从而使员工立足岗位，自觉践行企业价值理念。

三、物质激励

美国管理学家贝雷尔森（Berelson）和斯坦尼尔（Steiner）给"激励"下的定义是"一切内心要争取的条件、希望、愿望、动力等都构成了对人的激励。它是人类活动的一种内心状态"。英国功利主义哲学家杰利米·边沁认为，人是有需要的动物，人的一切行为都是由趋乐避苦的利己动机引起的。动机是一种心理活动，也是一种精神状态，它对人的行为起着激发、诱导、激活、推动作用，这就是激励。

"激励"一般分为物质激励和精神激励。精神激励包括人格赞扬、荣誉称号嘉奖、声誉传播等。一般来说，精神激励的作用如果伴随物质激励，其作用则与数量呈正相关；从长期来看，如果仅仅是单一的精神激励，其作用要比将二者结合逊色得多，所以激励的基础是物质。实践证明，物质激励作为调动员工积极性和创造性的有效手段之一，在企业文化管理中是不可或缺的。在一般情况下，物质决定意识。物质形态价值的实现是人的自我价值实现的基本尺度之一。如果一个企业效益好，员工年薪较高，包括培训、医疗、保险等福利较多，对于吸引人才、留住人才、调动人才积极性具有重要作用，有利于增加员工对企业的忠诚度，因为较高的物质形态价值的实现意味着进一步增加了员工跳槽选择其他行业或单位的机会成本。马克思主义关于物质与精神关系的理论、马斯洛"需求层次理论"等都十分重视物质对于人的生存的基础作用和对于人的精神的决定作用。人性中天生就有追求物质享受的本能，科学、合理、适度地开发人的这种本能是挖掘人的智慧潜能、发挥其创造力的有效途径，也是管理科学应该关照的内涵之一。这种本能在一定的价值观引导下，在规章制度的有效约束下，在科学先进的机制推动下，对于培养员工良好的职业行为具有很强的能动作用。

然而，企业也不能完全陷入唯物质激励的误区。物质激励的长期有效性并不完全取决于激励数额的不断增加，完全、单一、过度地依赖激励数量的多少会把人的"物欲"吊起来，从而使物质激励变成了"可卡因"，最终导致员工的心理依赖和逆向选择，以致会出现在较高薪水报酬水平上的消极懒惰。因此，有效的物质激励必须以先进的企业价值理念为导向，使物质激励仅仅作为激励员工积极性和创造性、努力实现企业发展目标的有效手段，而不是作为目标本身。这样的"物质激励"才富有灵魂，才有生机，因而才能达到预期目的。此外，物质激励必须纳入科学的考核机制，规范操作，避免随意性、无序化，真正起到奖勤罚懒、奖优罚劣的作用。

四、规章制度约束

规章制度的约束是把企业观念文化转化为行为文化最重要的环

节,也是最重要的传导机制。与企业经营管理相关的制度,包括国家制定的各项法律法规以及企业内部的规章、规则、规程、规范。规章制度具有刚性特征,对员工职业行为是一个硬约束,因而作为企业文化管理由观念到行为的传导机制所发挥的核心作用是上述几种传导机制无法相比的。现代企业管理讲究"刚柔并济"。所谓刚,就是制度管理;所谓柔,就是人性化的文化管理。可以说,刚是柔的权力支柱,柔是刚的精神支柱,二者相互支撑,相得益彰,缺一不可。一个企业的规章制度除了先进、科学、合理、严密之外,必须与该企业的经营管理价值理念相适应,也就是说,规章制度规范要体现、反映该企业价值理念,要支持、保证该企业价值理念的实现,否则,企业价值理念就无法贯穿于企业经营管理的全过程。

企业规章制度是规范、约束员工职业行为的尺度和标准,不管在哪个岗位、从事哪道工序、服务哪些人,都有其标准的岗位职责、规范和纪律,这是一个员工应该具备的职业操守和职业行为的底线。这个底线不得突破,谁突破了,谁就要受到严惩。规章制度的权威在于员工违规的成本大大高于在企业所得的收益。舍此,规章制度就会失去严肃性,其"刚性"则变为"弹性",一些员工的道德底线也就守不住,最终会形成法不责众的涣散局面,制度传导机制必然失灵,企业要提高凝聚力、创新力和竞争力就会成为一句空话。

规章制度除了具有约束作用以外,还有着激励作用。美国心理学家、管理学家 V. 弗鲁姆(Victor Vroom)的"期望理论"认为,只有当人预期到某一行为能够给个人带来有吸引力的结果时,个人才会采取这一特定行动。这里包含了"努力工作"、"德能勤绩"、"物质奖赏"三个相互联系的要素。企业的规章制度中规定:根据德能勤绩,"奖优罚劣",这一规定蕴涵着人的预期或者给人以预期,即员工努力工作在未来会实现自己的预期价值和目标。企业树立了"这个目标",实现目标的标准是"德能勤绩",那么对于员工来说,要实现这个预期目标的唯一路径就是努力工作。

严格的、科学的制度管理是企业健康运营和可持续发展的基石。世界500强企业的成功经验各有其特色，但是最核心、最基本的经验则是严格科学的制度管理。企业在"人本"管理过程中，只有把每个员工的责、权、利统一起来，奖惩有矩，奖罚分明，才能真正抓住人性的"善"与"恶"两个方面，做到以制度为杠杆，激励与约束兼得，扬其"善"——刻苦学习、创新拼搏、勤奋敬业、吃苦耐劳、诚实守信等，抑其"恶"——自私自利、贪婪懒惰、得过且过、不思进取、不守信用、不负责任、违规犯法等。企业管理是人的管理，制度的灵魂是人类的思想折射。因此，离开"人性"去寻找所谓管理策略、管理方法、管理经验无异于缘木求鱼。

规章制度的落实必须要有科学有效的机制运行作保证。一是检查监督机制，二是奖惩机制。没有严格的监督检查，单靠内省、自觉、自律是不行的，思想道德自律只能管一部分人，并且只是优秀的少数人；对于大多数人，必须靠规章制度来规范和约束。因为"趋乐避苦"——享受、懒惰、放纵、自私、无节制等是人性缺陷的一部分，只不过道德高尚、修养深厚的人能够自觉克制、规范自己而已。人们接受并信仰法治的根据就是基于人性的透视。法治的权威在于硬性设定人的行为的底线，违者必惩，以致大多数人因怕付出高昂的成本而"不敢"违背。同时，必须清楚，制度规范只有跟个人利益的损益挂钩，才能引起主体的"重视"，才能显示出制度的"威力"。因此，只有严格的制度规范约束，才能使员工逐步养成良好的职业行为习惯，从而提高员工队伍素质，把企业"理念力"变成"行动力"，进而形成"文化力"，提高"竞争力"。

企业文化是企业生存之本与发展之源

一、我国金融企业文化的历史考察

企业作为一种社会组织,在其本质上是人类历史文化发展的产物,因而企业的发展与一定历史时期、一定社会政治经济制度和一定民族历史文化相联系。

任何一个企业都有着自己的企业文化,不过,有着优劣之分、先进与落后之别。在市场经济中,企业文化成为企业生存与发展的底蕴,对经营管理起着决定性作用,因而被称为"企业之魂"。西方企业文化从20世纪初以制度管理为基本内容的"泰勒制"起,就开始了企业文化管理的探索,这个时期,还产生了韦伯的行政组织理论、法约尔的管理要素与职能理论等,统称为古典管理理论。随着资本主义经济的发展,从20世纪20年代起,企业管理由"以物为本"发展到"以人为本",进入行为科学理论时代,产生了社会人假说、需要层次理论、激励理论、群体理论等。到20世纪中期以后,"以人为本"的管理理论进入了"管理理论丛林"时代,产生了社会系统学派、系统管理学派、权变理论学派、人际关系学派等许多理论学派。每个发展阶段,企业管理理论的内涵及其反映到管理过程中的方法、手段都不断得到创新,特别是从20世纪80年代开始,企业管理从经济、技术层面上升到人本文化层面,成为管理思想的一场革命。"以人为本"的企业文化建设,使企业管理达到了新的境界，以致在市场竞争激烈、经济全球化和知识经济步伐加快的今天，成为了企业制胜的"法宝"。

诚然，我国提出与构建企业文化，至多也只是开始于20世纪80年代中期，改革开放以前，我国实行高度集权的计划经济，企业不是独立法人，不能自主经营，产、供、销都是被计划好了的，不计盈亏。在这种情况下，企业的价值观就是政府的价值观，企业的"精神"就是政府的"方针政策"，经营管理上不需要也不可能有新的探索和突破。因此，企业文化建设还不能成为企业生存发展的本质要求。

我国商业银行转轨步伐始于1995年《商业银行法》的颁布。市场经济发展促使银行强化经营管理，并开始意识到构建企业文化的必要。从20世纪80年代中期开始到《商业银行法》的颁布，国有独资银行经历了机构网点、金融业务、金融产品、人员队伍等的扩张性发展阶段。这个发展阶段有成绩，但是也出现了许多问题，可概括如下：一是分支机构管理失控，各自为政，撇开主业，搞房地产，经营宾馆、商贸等，削弱了企业统一法人的组织化程度，弱化了金融服务职能；二是信贷失控，违规贷款和超规模、绕规模贷款大量增加，导致了泡沫经济，形成巨额不良资产，加剧了银行的系统性风险；三是违法、违规、违纪现象严重，犯罪案件居高不下，给国家资产造成巨大损失，严重腐蚀了员工队伍，降低了银行信用。分析导致这些现象的原因可能是多方面的，但若从企业自身方面探索成因，最根本的则是企业缺乏"灵魂"———企业价值观和企业精神。因为缺乏"灵魂"，所以行为缺乏理性。在从"政府机构"向金融企业过渡时期，在政府给地方、企业"放权搞活"的环境下，出现放任自流、无序趋利、短视功利、违规违纪的状况就不足为奇了。这一时期是我国金融企业大发展的时期，也是有太多的教训需要总结汲取的时期，更是为以后自觉构建企业文化、为强化管理寻求文化支撑作历史铺垫的时期。

从1995年开始,一系列金融法规出台,政府对金融业着力进行整顿,这既为两年后避免卷入东南亚金融危机中奠定了基础,又使国有银行真正向商业银行转轨迈出实质性步伐。随着我国市场经济的发展,金融体制改革不断深化,目前的国有商业银行基本上已成为"真正的金融企业"——实施了产权制度改革,初步建立了现代企业制度。值得注意的是,随着改革开放的不断深化,许多跨国公司来华投资,它们不仅带来了先进的技术设备,更重要的是带来了先进的管理经验和管理文化。国内金融企业在激烈的市场竞争中,不断吸收外国企业的管理精华,开始从企业生存发展的核心层面思考并寻求文化支撑。这时期,构建先进企业文化才成为自觉行为,才上升到管理层的决策日程。各家商业银行都积极寻求企业文化建设的载体或契机,有的从服务文化入手,有的从信贷文化入手,还有的从制度文化入手。建设银行则从1996年开始,借鉴外国企业先进管理经验,率先导入企业识别系统(CIS),借更改行名、行徽之机,统一了价值理念和视觉系统,这是我国金融企业自觉建设企业文化的最早尝试。

二、企业文化在现代商业银行经营管理中的功能与效用

(一)吸收现代企业管理精华,促进银行管理科学化

无论是产权论者还是超产权论者,都特别强调企业生存发展最为关键的是科学管理。现代企业文化吸收"以制度为本"的刚性管理的精华部分,并把人本主义、民主思想引入企业管理,发展了"以人为本"的企业文化管理。这使管理思想发生了深刻变化,使管理决策建立在民主化程序基础上,确保决策的科学化,使决策者的

"善断"以广大员工的"多谋"为基础,决策过程成为对各种市场信息分析筛选的过程,从而提高战略决策和战术决策的质量,更富于实践指导性和发展的前瞻性。

(二)调动人的智慧潜能,推动银行不断创新

"以人为本"的企业文化尊重人的独立人格、个人价值和个人创造力,因而使人享有实现个人价值的空间。对于银行员工,实现个人价值最重要的路径就是在经营管理中,在金融产品的科技开发中,在市场营销的服务客户中,在防范和化解金融风险中,最大限度地发挥聪明智慧,努力工作,不断进行创新和创造,而"竞争、学习、创新"正是现代商业银行在激烈的金融市场竞争中所必须保持的生存状态。同时,企业对于人的肯定和尊重,使企业员工产生向心力、凝聚力和归属感,这无疑成为这种价值追求的推动力。现代世界著名企业,包括著名金融企业,无一不是成功运用先进企业文化管理的典范。

(三)提高企业人格化程度,增强企业组织化运行效能

先进的企业文化能把握世界发展潮流和社会进步的脉搏,从现实的市场人文环境中概括、提炼和凝结现代企业生存与发展的文化精华,作为企业文化的灵魂——价值观和精神,以此来引导、教育、激励和约束员工的思想、意识、心理及行为,统一全体员工的价值、目标和追求,企业的价值观就是全体员工所具有的价值观,企业的精神就是全体员工所具有的精神。这使企业的制度管理与文化管理有机结合起来,克服了"制度"管人的手脚却管不了"心"的缺陷,使统一法人下的企业组织管理在制度规则取向和思想认识取向上达到统一,从而提高企业组织的运行效率。企业组织化程度的提高,对于企业内部资源配置,特别是集中优势资源进行定位发展、

科技攻关、产品营销、业务拓展和风险防范,具有无可替代的优势。

(四)协调企业人际关系,拓展良好的企业心理环境

先进企业文化价值取向的基本目标是企业提高核心竞争能力,实现可持续发展。围绕这一目标的所有战略决策和制度创新,都能被员工所认同。企业根据人的不同优势和特点,通过建立激励约束机制,使各自的价值充分实现,在不同的岗位上,不断涌现出不同类型的企业核心人物、骨干人物和英雄人物,并且以他们体现、展示并代表企业的精神和价值追求。这样使学习先进、尊重模范、争当"精英"成为处理人际关系的主流,从而净化企业心理环境。这样,就会完全克服"干的不如看的"、"干好干坏一个样"以及互相掣肘、摩擦、扯皮、推诿、嫉妒等导致企业能量出现内耗的行为。

(五)提高企业社会信誉,塑造企业良好形象

先进企业文化通过企业在市场竞争中具有的前瞻性的战略决策、不断创新的能力、领先于同行业的核心技术及核心产品、优质服务、良好信誉等,不断向社会、客户渗透和传播,有利于提升企业声誉和形象,它成为企业宝贵的无形资产。这些集中反映了先进企业文化对企业各种无形资产的整合、塑造功能。

三、构建企业文化在认识和实践上存在的误区

认识误区之一:轻视企业文化在其管理中的地位和作用。一些人认为构建企业文化太抽象、太宽泛,无法操作,并列举一些在家长式管理下一时"红火"起来的私营企业或国有企业来质疑企业文化在经营管理中的作用。更有甚者,有些企业管理者把科学管理等同于用制度"管、卡、压",把民主管理、以人为本的柔性管理看作

是不懂管理，缺乏管理权威。其实，有些一时发达了的新兴企业是与特定的市场环境和特定的社会经济体制相联系的。在市场发育尚不完善、经济体制处在过渡时期、法制环境尚未确立、竞争无序状态下的一时"成功"还不能说明它们是真正的市场竞争的优胜者，更不能证明构建优秀企业文化无用。恰恰相反，这种怀疑、否定先进企业文化在企业生存发展中的效用本身已经证明了这类企业缺乏先进企业文化，因而它们才往往成为市场规则的侵蚀者和破坏者，同时也从反面说明在建立市场经济的同时，作为市场主体的企业多么需要构建先进企业文化。

认识误区之二：国有商业银行难以构建先进企业文化。持这一观点的人认为，构建先进的企业文化的基本前提是企业具备完善的现代企业制度和公司治理机制条件。国有和国有控股商业银行在一定程度上，还未摆脱行政色彩，特别是对于高层管理人员的任免，企业自主权有限，这样的企业要构建现代先进企业文化是不可能的。这种观点反映出无所作为的悲观情绪。应该看到，随着改革深化，建立健全现代企业制度是完全能够实现的。在全球化和互联网迅速发展的条件下，金融业必然要在管理体制、经营转型、风险控制、运行规则上与"国际惯例"接轨，否则，就不可能参与国际竞争，就不可能持续发展。更应该看到，积极构建现代企业文化对于深化改革、改进和完善内部经营管理机制具有推动作用。我们应该坚持在改革中加快建设先进企业文化，在积极建设先进企业文化中不断深化改革，推进创新。

认识误区之三：构建先进企业文化只有学习西方。这种构建企业文化的"全盘西化论"正是我们缺乏深厚企业文化积淀的反映。就其文化本质而论是不能完全嫁接的，只能相互渗透、吸收和融合。外国企业在其经营管理、制度创新以及企业文化积累上都远远走在前面，有许多东西值得我们学习借鉴。事实上我们也正在这样做。

但是东西方文化及民族文化心理的差异,决定了我们在企业文化管理方面绝不能照搬,否则,我们就会舍弃自己的文化之本,而拿来的却又"水土不服"。东西方文化反映到企业文化中,各有其特点和优势,如欧美国家的企业文化崇尚个人价值、崇尚个人奋斗,因而在管理中比较强调"理性"管理、民主管理、创新制度和契约等。东方文化圈的企业比较强调和谐关系、团队精神、忠诚合作等。构建企业文化应当立足自己的民族文化,积极"拿来",取其精华,兼收并蓄,构建具有自己特色的企业文化。

实践误区之一:重"形"轻"实"。企业文化的核心、灵魂是企业精神和企业价值观。而企业制度、行为、物质等文化都是其表现形式,有什么样的企业精神和价值观就有什么样的物质形态文化,前者是第一位的,后者是第二位的。但在实践中,有的企业忽视企业精神的构建,拟几句口号,挂几幅标语,甚至打几句广告语,就以为树立了企业价值观和企业精神,而把更多的精力、财力放到企业硬件环境、职工文娱活动上,重"形"轻"实",使企业文化的"形"与"实"相分离,收不到预期效果。

实践误区之二:统一法人下各行其是。对于统一法人的企业,无论有多少分支机构,也无论有多少员工,企业价值观和企业精神必须是统一。各分支机构都必须按企业最高决策机构精心策划或经过民主讨论、认同而确定的价值取向,来教育、引导、规范员工的理念和行为,不能各行其是。但是,在实践中常常见到有的分支机构另起炉灶,甚至连核心价值观、经营理念、企业精神等也自搞一套。这样的企业文化建设不是在强化统一法人制度和精神、凝聚企业力量,而是在弱化统一法人理念和组织化程度,涣散企业凝聚力,损害统一的企业形象,是十分有害的。

实践误区之三:过多模仿,缺乏特色。先进企业文化的本质是创新,创新也是先进业文化的内生机制。只有创新,企业文化才有自己的特色，才能不丧失自我。构建先进企业文化绝不是闭门造车，必须开放性地大胆吸收与借鉴国内外先进企业文化内涵，但这并不意味着完全模仿、照搬。要根据本企业的环境、特点和具体实际，从解决问题、增强企业竞争能力、实现可持续发展出发，创造性地吸收与借鉴。

实践误区之四：单个部门唱"独角戏"。构建企业文化是系统的、综合的管理工程，企业内部各个组织层次和各个业务、行政、保障部门都承担着相应的职能和任务。各个部门要在企业最高决策机构统一领导部署下，相互配合，共同工作。然而，有的单位在具体操作时，却将共同任务当成了政工部门的事。

四、构建先进企业文化的政策取向和路径选择

（一）深化改革，加快现代企业制度创新

面对经济、金融全球化发展潮流，我国金融企业在激烈的世界市场竞争中，能够生存并实现可持续发展，不被外资银行兼并、淘汰，就必须深化现代企业制度改革，让国有和国有控股商业银行成为真正的现代商业银行，成为真正独立的市场主体。从世界金融业发展趋势看，金融企业集团化、网络电子化、服务全能化以及通过资本运营进行兼并重组是未来的必然选择。从现在起，应着眼世界和未来，抓住我国金融体制深化改革的每一个机遇，或积极创造改革机遇，按现代企业制度要求，深化国有商业银行产权制度改革和管理体制改革，建立并完善公司治理结构和适应市场要求的经营机制。这是其他各项改革、各项制度创新发挥应有效用的根本前提，也是构建并充分发挥现代企业文化在经营管理中的作用所必需的制度条件。

(二) 加强人力资源管理与开发，造就企业"精英"群体

1. 树立"能力与业绩"本位

互联网和信息化时代，企业树立这种人才理念极为重要。这是当代世界上所有著名企业赖以吸纳和集聚人才的"法宝"。在我国，企业要营造崇尚创新能力、追求成就、淡化"官念"的企业文化心理环境，必须从制度安排和教育引导两个方面入手，引导员工把全部的智慧潜能用在管理、科研、工作的创新上，用在展示自我能力和业绩上，而不是用在搞人际关系上。让员工的能力和成就充分实现自我价值，特别是利益价值，使员工充满成就感。

2. 探索实施企业人才开放政策

企业人才开放政策是企业吸纳国内外优秀人才的重要措施，硅谷的崛起便是明证。人才的流动和更新使企业永远富有活力。封闭的企业人力资源制度，既不能有效利用外部广阔市场中的优秀人才，也不利于内部人才的成长与开发。目前，国有大型商业银行由于受客观环境制约，普遍面临这种情况：一些业务骨干不断被外资银行、股份制银行、新兴银行挖走，但是国有大型商业银行却不能从社会上"挖"进优秀人才，只能补充新毕业生。一名业务骨干，没有 3~5 年时间是培养不出来的。特别是一级分行以上管理职能部门的人员，他们负责对全系统工作的部署、检查和指导、没有几年的基层工作经历、没有几年的实践锻炼是难以胜任的。国外银行对各组织层级管理职能部门的人员选用，特别注重其实践经历和能力实绩考核，这有利于节省管理成本，提高管理质量和效率。我国金融企业应积极创造条件，在拔尖人才、业务骨干的流动上，先行打破陈规，在"进得来"上进行人事制度创新，发挥"先行"优势，吸引社会、同业人才，提高参与国际竞争的能力。

3. 企业内部引入竞争机制

建设先进企业文化，造就经营管理、业务拓展、科技开发、市场营销等各类先进人物、精英人物、核心人物尤其重要。他们是银行全体员工最优秀代表，是银行价值观和精神的集中体现者，是银行生存和发展的中坚力量。造就这些企业"精英"必须靠建立"赛马"机制，克服伯乐"相马"的弊端，让"千里马"在公平赛跑中产生。也就是要通过制度创新，建立科学的管理人员选拔、考核、淘汰、更新制度，通过竞争，在德、能、勤、绩等方面优胜劣汰。竞争永远是一个动态过程，某个时期的优胜者时时处在危机之中，稍有懈怠、疏忽，就会被后面的人赶超过去；某个时期的劣败者，面对均等的成功机遇，不甘失败，会加倍努力，以期超过前面的人。因此，处在"这个"岗位上的任何一个人，都会时刻自警、自励，发奋工作。有了这样的人才"开放—竞争"机制，也就有了吸引优秀人才、造就一流人才的土壤。

4. 建立并完善激励约束机制

市场经济讲竞争、效率和利益原则。实践证明，离开与知识、能力和贡献相匹配的物质利益分配，就很难持久地调动人才的积极性，挖掘其智慧潜能。须知，物质利益是人释放潜能的最原始动力之一。目前，国有大型商业银行已经出现了不少优秀人才"跳槽"的情况，究其原因，除了相关银行的用人机制灵活、更看中能力与业绩之外，优厚的物质待遇则是重要因素。激励和约束是相辅相成的，缺乏有效的物质激励，而对其行为进行约束，控制其道德风险的力度就会降低，刚性就会软化。激励必须体现差别化，差别是一种价值尺度，是一个人价值大小的社会评判，体现着一个人的能力和效率。否则，即使平均的物质利益很高，也不会充分调动起人才的积极性，只会鼓励懒惰，满足庸人。

5. 加强高级管理人员的教育培训

全球化信息时代知识更新周期缩短，通过学习更新知识，变得越来越重要,管理决策一刻也离不开来自国内外的大量信息,信息已成为企业重要的管理资源。教育培训要着眼世界金融发展,面向现代商业银行经营管理,实现高起点、高层次。有条件的可以在国外建立教育培训基地,把国际金融理论教育学习和国外商业银行经营管理实践结合起来,以熟悉国际金融各类业务的经营管理,熟悉国际金融各种游戏规则的操作运用,熟悉现代金融工具的开发应用,从而为参与国际金融竞争打下基础,积累实力。特别是通过教育培训,要树立现代金融观念和经营管理理念,这对于构建优秀企业文化、把银行办成真正的现代商业银行具有特别重要的意义。

(三)实施科技兴行发展战略,加快金融服务功能创新

1. 加快信息管理系统开发与创新

先进的信息管理系统是现代商业银行竞争的重要手段,对于提高经营管理水平、提高金融服务质量、防范和化解金融风险都具有十分重要的作用。我国大型商业银行在业务处理信息系统开发和应用方面取得了长足发展,但是,银行信息管理系统,包括办公自动化管理系统、资产负债管理系统和决策支持系统,还不能很好地满足市场竞争和新兴业务发展的需要。比如,贷款业务信息管理手段落后,缺乏系统性、动态性和科学性,市场信息、客户信息、环境信息、交易信息等滞后,且来源不广、不深,常常出现信息不对称,降低了信贷管理质量。应加大人才和科技投入,瞄准国际发达国家计算机技术和网络通信技术,加大技术引进和开发、应用力度,加快实现金融服务网络化、业务处理自动化和经营管理决策科学化的目标。

2. 加快金融业务创新

改革、学习、创新、优化是现代企业发展的根本动力。金融业务创新要坚持两点:一是适应市场和客户需求,二是控制风险。本

着方便、高效、安全原则,既要对传统负债业务、资产业务进行创新,又要着力进行中间业务创新,特别是对信托业务、租赁业务、代理业务、咨询业务、公司理财业务、项目融资业务、银团贷款业务等领域的创新,同时,要不断拓展业务领域,如资本运营、风险投资等,不断扩大服务功能,为客户提供全面的综合化金融服务。

(四)加强组织领导,坚持理论研究、专家指导和全员参与相结合

1. 建立领导机构,负责协调各单位、各部门工作

企业文化建设涉及企业经营管理的各个层面,既有精神的,也有物质的,是一个综合的系统工程。因此,需要在企业法人统一领导下,认真组织、规划和实施。企业精神的确立,要从员工中来,到员工中去,需要开展多种活动;规章制度、行为规范、视觉系统的认知强化,更需要对员工进行教育和培训;对外信息宣传、形象展示等也需要统一组织和规范。

2. 加强发展战略研究和理论指导

在世界政治多元化和经济全球化不断形成和发展时期,现代商业银行必须重视发展战略研究,这是深化改革、进行制度创新和发展定位的重要依据。发展战略研究包括未来发展目标定位、宏观经济金融发展前景预测、未来全球金融市场发展趋势判断、金融市场业务拓展目标与策略、未来银行组织管理结构演变、金融业务创新取向以及人力资源管理与开发的前瞻性决策等。与此同时,要加强企业文化管理理论研究与实践,在理论指导下实践,在实践中进行理论知识普及,这是构建先进企业文化的基本条件,头脑清楚了,眼光放远了,路子才正确,步子才坚实。

3. 专家指导和全员参与相结合

应从著名企业聘请一些企业文化建设方面的资深专家做顾问,

进行工作指导。这是国外企业的常见做法。企业文化建设需要人人参与。广大员工既是企业文化建设的主体,也是客体,因为企业价值取向和企业精神的提炼与总结来自广大员工,同时,它的展示和体现也要依靠广大员工。因此,发挥和调动广大员工的积极性和创造性,是构建先进企业文化的重要保证。

国有企业内在文化冲突分析及其对策

2005年国资委制定并下发了《关于加强中央企业企业文化建设的指导意见》，强调了企业文化建设的重要性，明确了企业文化建设的指导思想、总体目标和基本内容，提出了加强企业文化建设的组织实施和基本要求。这对于转变国有企业经营管理理念，提高管理水平和综合竞争能力将发挥重要的作用。

目前，国有企业的企业文化建设呈现良好的发展势头，并取得了一些可喜的成果。但是，从总体上说，国有企业的企业文化建设还处于起步、探索阶段，虽然不少企业聘请专业管理咨询公司制订了"文化手册"，推出了价值理念体系，但是那还不是真正的文化，只是一些"要素"、"口号"、"文件"而已。我们注意到，有不少企业文化口号叫得很响的国有企业，一夜之间却"丑闻"曝光，企业信用大厦轰然坍塌，企业破产倒闭。从根本上说，不管那些国有企业破产倒闭的直接诱因是什么，但究其根源一定是企业文化出现了问题。因此，从这个意义上说，探究企业文化根源不失为诊断和治疗国有企业疾患的一条重要途径。

国有企业具有哪些重要的区别性特征？哪些积淀性的要素阻滞着先进企业文化的构建？哪些固有的文化要素是形成先进企业文化的传统优势？如何突破国有企业先进文化建设的困境？等等。笔者以为，国有企业在建设先进企业文化的过程中，需要密切关注、思考和研究几个问题。

（一）"官本位"意识与市场理念之间的冲突

"官本位"作为一种独特而持久的文化现象是中国传统文化的一个重要特色，具有深厚的历史文化根基。在长达2000多年的封建社会发展过程中，儒家文化价值观要求人们积极"入世"有为，追求所谓的"修身、齐家、治国、平天下"，以此作为个人价值判断的重要标准；同时，在"官本位"价值主导下，不断强化人们的社会等级意识。由于封建社会传统文化的深刻影响，即使中国进入了21世纪的现代社会，"官本位"价值观和思想意识根深蒂固，仍然主导着很多人的思维方式和行为方式。许多民营企业老板，在改革开放中最先获得并积累了大量个人财富，已成为亿万富豪，但是他们仍然千方百计地寻求机会，谋取"人大代表"和"政协委员"的位子，以显示其社会地位。在国有企业科层制组织管理体系中，从董事长、总经理到处长、科长，有着一套完整的不是行政的"行政"级别序列，通过具有领导职务的个体自我价值实现的"成就感"引导所有不同岗位人员将领导职务作为实现自我价值的重要目标，从而不断强化"官本位"意识。这种意识的最大危害是将人的智慧、精力和能力聚焦到搞好人际关系、取得领导信任、维护个人声誉、寻找提拔机会等方面，并由此导致员工怕承担责任、明哲保身、唯长官意志是从、缺乏独立思考和大胆创新的精神。当一个企业的所有人都以此作为职业价值目标时，企业必然会缺乏创新精神，缺乏生机活力，缺乏竞争优势。

目前，市场营销普遍存在着这样的现象：企业与客户打交道时，常常强调行政级别的对等化，即客户是什么级别，企业就得要相应级别的人接谈，否则会增加"成交"难度。可见，"官场规则"与"市场规则"在很多方面是相互冲突的、不相容的。法治化的成熟市场只讲究信用、竞争、效率和风险，只讲究智慧、信息、决策和应变，只讲优胜劣汰。它是不管你什么出身、什么背景、什么行政级别的。这种"官本位"意识与市场法则的冲突导致许多国有企业管理人员自觉不自觉地缺乏竞争意识、效率意识、风险意识和责任意识，而竞争、效率、风险和责任理念正是先进企业文化的重要内涵。

（二）产权及治理结构的不完善与权力相互制约之间的冲突

经济学理论和大量企业运营的事实已经证明，公有产权下的委托—代理关系存在着一定的道德风险。产权所有人的虚化进一步弱化了对于经营人员的有效监督和制约的激励，甚至上级主管部门派出的监管人员与经营人员串谋，共同谋取个人利益。其实这没有丝毫的奇怪，因为人性有自私的一面，对自己财产的负责与对他人或公家财产的负责，内在的积极性是完全不同的，因而单靠某个人的思想觉悟和道德人格是十分危险的，事实上也是靠不住的。

一些国有企业虽然进行了产权改革，建立了公司治理结构，但是距离建立和完善具有真正意义上的企业内部权力相互制约机制还很遥远。国有企业的权力在激励、监督与制约方面呈现如下情况：一方面，由于企业是国家绝对控股，高管人员都由上级组织部门委派或任命，因而中小股东的监督制约作用实际上已被弱化或虚化。另一方面，在国有企业董事会、监事会和总经理班子之上设置党委班子，并行使企业干部（管理人员）的管理、选拔和任免的权力，因而在强调企业"三权"相互制约的同时，又事实上把企业的权力与意志统一在党委会之下。这就是一直困扰着理论界和企业界的"新三会"和"老三会"之间的关系难题。中央组织部、国务院国资委制定《关于加强和改进中央企业党建工作的意见》，对建立企业党委书记、董事长、总经理权力运行的科学机制进行了探索，特别是在任职上作出"双向进入，交叉任职"的制度安排，在企业经营管理、决策规划、财务预决算、资产重组、资本运作、人事管理等方面，在防止内部人控制、有效抑制国有资产流失、防范和规避重大经营决策风险等方面都发挥了积极作用，但是，从某些大型国有或国有控股企业的公司治理机制的实际运行来看，仍然存在着许多不完善、不健全，暴露出了大量的问题，也出现了一些触目惊心的违法违纪案件。

尽管如此，按照现代企业制度的要求，建立、健全和完善权力治理结构，仍然是企业化解和防范经营风险的核心机制，也是先进企业文化的要义。虽然这一制度并非完美无缺，但是中外企业改革和发展的历史与实践反复证明，舍此制度设计，任何其他制度性设计和非制度性设计，都会存在着更多的难以克服的致命缺陷。

（三）国有企业高管人员官员角色与市场"老板"角色之间的冲突

目前，我国尚未形成市场化的经理市场，经理人员的定价机制、流动机制及其相关的配套制度都还是空白。这里有着深层原因，除了市场建设不成熟、运行机制不完善等因素外，还有一个"经理市场"问题。本质上看，国有企业高管人员特别是国有大中企业高管人员跟成熟的民营企业高管人员相比，还不是完全意义上的公司"老板"。一是生存环境条件不同。前者是由上级主管部门任免，甚至干好干坏也不是决定其去留的唯一因素。因此，他们在应对市场变化和加强内部管理的同时，还必须花费一定的精力协调好企业与上级主管部门、各级政府机构之间的关系，以保证自己任职相对稳定。后者则可以很少顾虑，他们只看公司最高主宰——股东的"脸色"，因为他们要保住自己的位子，出路只有一条，那就是一心一意地追求最大化利润。二是注意力有一定差别。前者更多的是注重了解、把握和贯彻国家的方针政策和重大决策部署，积极履行多元化的社会责任，在协调好各种复杂关系的同时创造良好业绩。后者则更多的是注重捕捉市场机会，保持企业稳定发展，将全部精力用于市场营销、产品创新和获取最大化利润。三是主体认知也有所区别。前者因上级行政主管部门确定其"去留"，并非完全由企业兴衰而决定。后者高度认同自己的市场"经理身份"，因而将自己的命运与企业兴衰紧紧捆绑在一起，有着巨大的内在压力与动力。四是服务意识也有差别。任何企业都是一个为社会经济、人民生活提供服务的组织。前者由于依靠国家信誉，或享受政策保护，或享有资源倾斜，或处于行业垄断地位等，占有着民营企业所不具备的非对称优势，因此缺乏民营企业那样的生存压力，难以真正做到"客户至上"，这也是那些带有垄断性质的国有企业服务质量较差这一"顽疾"的根源。后者则具有高度重视服务质量和内部管理的生存压力，所以在理念、制度、流程、产品上最大限度地以客户为中心，真心把客户作为"上帝"来对待，因为"没有了客户"就意味着他们的失业，以及企业的衰退和死亡。

（四）传统文化的"潜规则"与现代企业人力资本的科学配置机制之间的冲突

在中国从古至今，"潜规则"现象延绵不绝，几乎渗透到社会生活的各个领域和各个层面，即使在封建社会统治者最为残酷的时期，仍然有着极强的生命力。吴思先生在《潜规则》一书中引用了大量的历史事实来深刻剖析这一独特的文化现象。"潜规则"的盛行具有深刻的历史文化背景，即跟中国人治社会和"人情关系"社会息息相关。"潜规则"对于作为"显规则"的法律规章制度具有极大的腐蚀和破坏作用，不仅严重损害法律制度信用、损害社会公平和政府公信力，而且进一步增加了社会整体运行成本，降低了社会资源的配置效率，甚至影响社会经济稳定健康、和谐发展。"潜规则"的最大危害，就在于瓦解"显规则"，使任何组织机构所倡导的思想、理念和价值目标失去与之匹配的制度保证而落空——使言与行出现"两张皮",导致信用危机。

在国有企业,"潜规则"反映到用人问题上,则表现为上司注重提拔使用自己身边的人和跟自己关系亲近的人。下属为了升迁则千方百计地密切与领导的关系,把本来能干好工作的智慧和精力用于搞好人事关系上。于是企业用人将出现"帕金森定律"效应,即逆向选择,庸才得到使用,良才遭遇淘汰。这将严重影响人才资源的潜能挖掘和配置效率,久而久之,企业难以留住核心人才,企业必然缺乏生机活力,这将动摇企业生存和发展之根基。本来,人才是一种具有无限潜能的稀缺资源,科学的人才配置会使企业生机勃勃,而科学配置则需要先进理念和制度机制的有机统一。如果一个企业提出"公平用人,公正选人"的人才理念,就必须制定与之相匹配的制度规定,并且严格执行。在实践过程中,如果由于少数德才平庸的人或业绩平平的人成功运用了"潜规则",并且得到提拔和重用,那么这个企业的人才理念就会落空,理念、制度与行为不能相互匹配和贯通,员工也就不会再相信和认同这个理念。其价值导向将变成"密切联系领导"和"千方百计找关系",而不是一心一意追求"能力提升和业绩创造"。

人力资源是企业发展的第一资本,更是以人为本的企业文化的核心。如果不能建立起科学公正的人才资源培养、使用、评价、激励、约束的长效机制,奢谈建设先进企业文化则无异于缘木求鱼。

(五)地域文化强势与企业文化弱势之间的冲突

许多大中型国有企业是由行政部门进行公司化改革后建立起来的,其机构网点的分布依照行政区域化序列"翻牌"而成,一般情况下,这些分支机构网点的人员、地区和级别都未发生实质性的变化,如石油、化工、煤炭、电力、铁路、通信企业,以及国有银行等。在这些企业里,普遍存在地域文化强势与企业文化弱势之间冲突的问题。主要表现如下:一是企业统一法人的发展战略、核心价值观及其经营管理理念不能高度统一,即自觉认同并执行,致使企业统一法人形神分离,削弱了企业凝聚力、执行力和竞争力。二是企业经营管理不同程度地受地方行政干预,如经营计划、网点设置、干部任免、员工招聘等。由于受地方领导的私人关系干扰和地方利益牵涉,分支机构负责人往往搞"上有政策,下有对策",阳奉阴违。这就影响了企业运行管理的组织化程度、资源配置效率和经营管理效率。三是当地文化影响员工的价值理念、思维方式和行为方式,特别是一些落后的思想观念、风俗习惯和地域文化影响了企业内部统一价值观念和行为规则的贯彻落实,如南部沿海个别地区"为了赚钱,不择手段、不讲信用"的思想意识,北部个别地区"只讲哥们义气,不讲制度规则"的思想意识,西部个别地区"等、靠、要"的落后观念,等等。这就加大了企业经营风险,特别是这些地区的国有商业银行,多少年来各种案件连续不断,有的涉案金额高达几个亿,甚至几十个亿,这些地区成为金融案件高发区和金融经营的高风险区。

当然,任何企业文化的积淀和发展都会不同程度地受民族文化及地域文化的影响,但是对于一个具有健康优良文化的企业来说,企业文化只能是扎根这块肥沃文化土壤,吸取营养,以有利于企业自身特色文化的形成和发展,而不是完全受其左右,以至于失去自身文化的内涵与特色。

(六). 企业"内部营销"与企业凝聚力、执行力之间的冲突

"内部营销"既是国有企业内部一个特殊的现象,更是一个极其敏感的问题。虽然很少有人公开提及,但大家心照不宣,深知其中

的奥秘。从揭露出来的国有企业腐败案件中可窥见一斑。一般地说，私营企业，无论规模大小，均不存在"内部营销"问题，因为都是老板自己的，无须自己跟自己搞关系。"内部营销"给企业带来的腐蚀和危害是多方面的，其主要危害是弱化企业"显规则"的刚性，影响企业资源配置效率，导致遵守"显规则"者吃亏，使企业整体执行力降低，涣散企业组织的凝聚力，导致各管理部门之间利益分配失衡，直接影响员工士气和精神状态，也使企业内部人际关系复杂化和功利化，甚至导致企业内部形成多种利益团体或帮派，出现内耗或催生腐败等。

"内部营销"现象是恶质企业文化的典型表现，是国有企业提高经营管理水平的一个巨大的隐性障碍和陷阱，也是导致许多国有企业陷入经营困境，一些国有企业出现贪腐窝案的重要文化根源。可以说，不根除"内部营销"现象，要建设先进企业文化是根本不可能的。这里需要指出的是，民营企业虽然内部营销现象较少，但是对外营销却存在大量腐败现象。根据《法人》月刊一项长期跟踪调查统计，2009年国有企业高管与民营企业高管犯罪的比例为35:49，但是到了2013年，这一比例竟攀升至87:270。主要犯罪是通过行贿"买市场"，拿项目、土地、材料、工程等。民营企业的犯罪比例以及国内外资企业为推销产品服务或拿项目、工程而行贿的大量案例，都说明了我国市场经济不健全、不健康，市场缺乏法治环境，缺乏公平公正的竞争规则。由于民营企业的公司治理不规范、不完善，整体实力和产品服务在市场竞争中处于劣势，因此只有靠行贿、托人情、搞关系等"潜规则"，才能生存和发展。这里，再次印证了著名经济学家吴敬琏先生呼吁建设"好的市场经济"的极端重要性。

（七）企业诚信诉求与市场信用环境之间的冲突

诚信是一个企业生存和发展的根基。在成熟健康的市场环境下，企业讲求诚信与其价值增值呈正相关，但是在市场信用环境较差、竞争秩序混乱的情况下，企业讲究诚信在某种程度上和某个阶段里反而吃亏，如一些信用品牌的市场被假冒伪劣产品所挤压或取代，即伪劣产品驱逐优良产品。任何企业都有一个"生存场"，这个"场"里有与之交易的客户，有竞争的同业，也有政府管理部门。市场规则是诚信守法、公平竞争、优胜劣汰。但是由于目前我国市场法律法规不够健全、诚信缺失，所以企业之间的竞争规则被严重扭曲，出现运用"潜规则"竞争、人情关系竞争甚至"厚黑学"竞争的现象。比如，竞争比较激烈的金融企业，从生存机理来看，是最应该讲究诚信的，但是由于金融市场信用环境差，缺乏规范秩序，"利益杠杆"、"关系杠杆"扭曲了诚信、公平、守法竞争规则，导致谁遵守正当竞争规则谁就拿不到优质客户、拉不到存款，处于被动，受到挤压，甚至出现"逆向淘汰"的现象。因此，各家商业银行的一些基层分支机构"明知故犯"，暗地里被迫采取一些非正当的竞争手段。这就使企业诚信文化遭遇到现实利益困局的严峻挑战。

如何有效地解决上述国有企业文化深层问题，其基本途径或措施是什么？在此加以简要论述。

（1）深化产权制度改革，建立真正的现代企业制度，健全内部治理结构。继续深化国有企业改革，内容包括股权多元化改革、积极发展混合所有制经济；健全完善公司法人治理结构，建立市场化的经营机制；建立职业经理人制度，完善企业薪酬激励约束机制；加强产权保护和资产监管，完善国有资产管理体制机制等。人类社会发展的实践证明，制度是最重要的生产力。好的制度可以解放生产力，推动科技创新，促进社会进步；坏的制度破坏生产力，阻碍科技创新，影响社会进步。先进的企业文化则是以先进的现代企业制度为基础的，没有先进的企业制度是不可能培育出先进文化的。当然，企业文化是社会文化在企业中的投射和反映，因为人是社会关系的总和，企业员工首先是社会的人，因此社会的不良风气必然带进企业中来。从这个意义上说，建设先进的企业文化离不开社会的文明进步，企业承担促进社会文明进步的责任是义不容辞的。

（2）深化市场经济体制改革，促进市场发育，使政府最大限度地退出市场，让企业真正成为"四自"主体。目前，市场信用制度尚未建立起来，经营环境虽然有些改善，但仍然普遍存在着恶意竞争、价格欺诈、假冒伪劣、违法乱纪等行为，在一些地区、行业，诚实信用的企业遭到逆向淘汰。其实，谁都清楚，根源在于地方保护主义作祟，或者说地方利益集团的腐败行为所致。市场发育、成熟、完善必须要有健全完善的法治环境和公平有效的游戏规则，政府必须最大限度地退出市场，因为政府部门手里有权，以"审批"配置资源，既降低资源使用效率，又容易产生腐败。因此，要通过深化改革，让市场"看不见的手"决定资源配置，而政府最重要的目标和责任是制定市场交易规则，完善市场法治建设，依法维护市场规范运行，保证市场配置效率，提高国民整体福利。政府应尽快退出市场，形成小政府、大市场，让企业在市场上大有作为。只有让企业成为真正的市场主体，建设先进的企业文化才能成为企业生存和发展的必需，企业也才能真正建设先进的企业文化。

（3）加快企业内部管理体制、制度和机制的改革，建立健全资源配置效率机制及其监督考核机制。要以效率为核心，按照统一的价值目标，对企业组织机构、人力资源管理、财务资源管理、风险控制与管理、信息资源管理、服务流程管理等进行整合、改造、优化，使每个经营管理的环节都能实现责权利统一、激励与约束统一、严格程序与高效运行统一、协调合作与相互制约统一。尤其是要优化企业资源配置机制和监督考核机制，使任何权力的使用都处于规范和监督之中，防止"潜规则"的有效运用，维护"显规则"的常态运行，从而使企业健康运行、可持续发展。

（4）加快民主政治改革，建设法治社会，从而建立社会信用制度。市场是企业生存的唯一土壤，信用制度是市场生存发展的根基。没有健全的良好的市场信用制度，要培育出世界500强企业那样的高素质企业是非常困难的。也许一定时期内，会出现一些规模上类似于世界500强的大企业，但是如果这样的所谓大企业是靠市场垄断或国家扶持发展起来的，大而不强，大而不优，要实现基业长青是不可能的。要建立良好的市场信用制度，需要产权、道德、法治、信仰等多种要素，但是法治则是最重要的要素。没有法治，就没有信用生存发展的保证；而没有信用环境，企业的健康发展就是一句空话。否则，企业就失去发展的土壤，要想发展，就必须运用"潜规则"，走我国千百年来始终普遍存在的"官商勾结"、"官商一体"、"官商互惠"的邪路——非市场公平竞争之路。要真正建立法治社会，就必须张扬现代民主法治理念，深入推进民主政治改革。

第二部分 构建人本文化与服务文化的实践探索

推进人本文化建设的实践与思考

一、人本文化

所谓人本文化,就是在企业管理中坚持以人为中心,按照人性的特点、需求和规律实施柔性管理,从而激发员工的智慧潜能,调动员工的积极性和创造性,约束和规范员工的不道德行为,培育员工对企业的忠诚,提高员工队伍凝聚力和企业竞争力。这种以人为本的管理理念、制度、行为的综合即为人本文化。

人本文化建设是以人本管理为基础的。人本管理理论被表述为"3P"理论,即企业是由人组成的(of the people),企业是依靠人开展活动的(by the people),企业是为人而存在的(for the people)。人本管理是企业管理最新的发展阶段。众所周知,从18世纪60年代末现代意义企业的诞生开始,至今已有240多年的历史,企业管理模式大致经过了经验管理、科学管理和文化管理三个历史阶段。特别是1911年泰勒《科学管理原理》的出版,标志着企业管理理论的诞生。之后，管理学者和企业家们不断探索和实践，在科学管理基础上先后进入"行为科学"管理阶段及管理学派群起的"管理丛林"阶段，直至当代的"文化管理"，其发展过程有一个重要的演变，就是从只见物不见人，到逐渐重视人，再到以人为核心，最终确立了人在企业经营管理活动中的核心地位和主体作用。

人本文化的要义包括以下方面：

第一，人是企业一切活动的主体。企业生产经营管理活动是一个综合配置各种要素并连续有机运行的过程，也是一个完整的价值创造的链条。在早期经验管理和科学管理阶段，以资本为本或以技术为本，将人与资本、技术、设备等物质要素同等看待，完全忽视了人的能动性和创造性，从而扼杀了人性，抑制了人的智慧潜能。人本管理确立了人在生产经营管理中的核心地位，其他一切物质要素都从属于人；人是产品、利润和价值的创造者，一个企业的成败主要取决于人拥有的知识、智慧、才能和技术。

第二，尊重和平等对待每一个人。这是现代企业的根本宗旨。给人以尊重，对生命以敬畏，平等对待每一个人，爱护大自然的所有生物，是现代文明人的基本价值观念。企业员工，无论是领导者，还是普通员工，都具有独立人格，都有做人的尊严及其基本权利。尊重和维护人格尊严和基本权利是尊重和维护人的企业主体地位，构建和谐企业的必要条件。只有当企业员工懂得并且自觉尊重和维护人的尊严和基本权利时，这个企业才能真正承担社会责任——尊重客户、维护信用、讲究公德、奉献爱心、保护自然等，从而提升企业的社会价值。因此，企业的重要任务之一就是要创造人与人之间相互尊重、平等、和谐、共赢的人际关系，为员工价值提升创造一个独立、宽松的物理环境和人文环境。

第三，对人的激励和约束。关于人性的善与恶，是几千年来东西方哲学讨论的重要题目，各自都有"性善论"和"性恶论"的主张，可以肯定，这个古老的题目还会持续争论下去。但是，从"社会人"的角度来看，人性则是善与恶的对立统一。人本管理就是要研究人性的本质特点，根据人性的需求（马斯洛"需求层次理论"已做了科学解析），通过建立完善制度机制、物质奖惩、道德奖惩等有效措施，对"善性"加以激励和张扬，对"恶性"加以约束和规范，并且把这一激励约束机制由个体扩展至群体，从而提升员工队伍管理水平，培育和打造高素质的、有创造力和竞争力的员工队伍。

第四，促进人的全面发展。这是企业管理与发展的终极目标，是企业最高价值的体现。对于企业来说，既要重视企业员工的全面发展，也要重视客户、公众的全面发展。特别是要重视员工的职业生涯设计、职业道德与能力提升、身心健康保护、自我价值实现，以及社会责任承担等。通过建立和完善与以人为本的价值理念相匹配的系统化的制度机制，从而保证人的全面发展目标的实现。

二、当前对人本文化存在的认识与实践误区

目前，我国企业的管理水平总体上还比较落后，管理基础薄弱，理论创新和实践不足，但是大中型企业的管理人员对于人本管理理论和实践大多能够认同。一方面，随着现代社会的发展，平等、尊重、自由、民主、公正等人本思想已深入人心，成为企业员工自身权利的诉求；另一方面，新的企业管理理论强调以人为本，突出了人的核心地位和重要作用，已成为企业管理的发展趋势和潮流。然而，在我国企业管理中，对于人本管理仍然存在着诸多的认识与实践误区。

首先，把人本管理误解为对员工单纯的约束规范。由于我国企业体制改革，特别是现代企业制度的普遍建立比较晚，新的企业管

理论的应用不过 10 多年的时间。总体上看，企业管理基础比较薄弱，科学管理中的制度化管理阶段还没有跨越过去，甚至仍未进入成熟阶段，尤其是懂得现代化企业管理的职业经理人还比较少，对于综合素质与能力要求较高的人本管理来说，就很容易出现偏差和误区。主要表现为：只强调对员工的严格规范和约束，给予激励与较少；对员工只重视岗位监督、任务考核、物质奖惩，缺少心理疏导、道德荣誉激励；只重视员工完成业务指标，不重视员工的职业发展，缺乏人文关怀等。

其次，将人本管理误同于人力资源管理。"人力资源"这一概念最早是 1954 年由彼德·德鲁克在《管理的实践》中提出来的。人力资源管理就是通过计划、招聘、培训、考核、激励等形式的有效运用，满足组织当前及未来发展的需要，实现最优组织绩效与成员发展的全过程。人力资源管理虽然也涉及对人的价值、使用价值的认识，但是从其定义中可以清楚地看到，人力资源管理把人的价值看作"人力资本"，并更多的是着眼于有效开发、配置、管理和使用，从而更好地实现组织目标。这与人本管理中对人自身价值的尊重、挖掘人的潜能、调动人的积极性，从而实现人的全面发展有着本质的区别。主要表现为：关注员工群体共性比较多，关注员工个性发展比较少；注重组织任务、目标的实现较多，对员工个体目标、价值的实现重视较弱；强调员工个人服从组织决定、听从领导安排比较多，给予员工展示才智、大胆创新、自我发展的机会和空间比较少等。

再次，实施人本管理只关注或突出少数人。人本管理要求尊重每一个人，平等地对待每一个人，让每个人充分享有应有的权利和承担应尽的责任。但是在一些企业管理中出现了只关注或突出少数人的不良倾向。一是过分突出领导人员的个人作用，以我为本，甚至"一言堂"，个人说了算，缺乏健全完善的科学民主的决策管理机制，缺乏有效的公司治理所要求的各种权力的相互制约，从而加大了决策管理的风险。二是过分强调个人能力，忽视人的全面综合素质。面对激烈的市场竞争，企业引入竞争机制配置各种资源，以获得最大绩效无疑是正确的，也是科学管理的题中之义。但是，当把个人能力作为教育培训、职务晋升、物质奖励、荣誉激励等资源配置的唯一标准时，人本管理就异化为以少数人为本，其负面影响就会显现出来——忽视道德人格、社会责任、全局观念以及爱心、合作、平等、尊重意识等方面的综合考量，从而不利于每个员工的全面发展。过分突出部分所谓的能人，其更大的负面影响则是不利于团队建设和员工队伍素质能力的整体提高，更不利于和谐企业的构建。

最后，实施人本管理却放纵人情关系。单纯强调规范和约束，这是另一个极端。一些企业制度刚性被弱化，人情关系盛行，导致管理混乱，效率低下，甚至案件频发。人本管理需要对员工实施人文关怀，尊重、关心、爱护员工，但是并非不要严格的制度约束。严格的制度约束是企业管理的基础和前提，只有将制度化的硬性管理与情感化的柔性管理有机结合起来，才能取得最大绩效。我国社会是一个人情社会，关系文化渗透到社会的各个层面和各个角落，由此使潜规则十分盛行。潜规则得以使用的基本前提是人情与利益关系，它能销蚀和瓦解制度化的明规则，破坏平等与公正的原则，不利于协调企业内部关系，不利于优化资源配置，更不利于企业实现科学管理。

三、人本文化建设的主要任务

对于一个国有企业或大中型国有企业所属分支机构，明确了人本管理文化的基本内涵后，如何抓好落实，即将人本管理的价值理念贯彻到实际工作中去则是关键步骤。早在2003年，建设银行就创建了企业文化建设示范点，其主要任务之一就是探索人本管理文化建设，总结积累许多好的经验和做法。下面就结合一些示范点的典型做法，对人本管理文化建设工作简要论述。

（一）全员树立诚信、平等、公正、责任的价值理念

这些价值理念是健康人格的基本取向。每个企业都有自己的价值理念体系，大多具有行业特色，比如金融企业更突出"服务"、"合规"，工矿企业更重视"安全"、"环保"等，但是"诚信"、"平等"、"公正"、"责任"却是共同的价值取向。这些是提升员工职业素养的基本前提，是良好人格培育和职业行为养成的基础，必须采取多种手段加以强化，使每个员工都牢固树立这些价值理念，并将其转化为思维方式和行为方式。具体措施是将这些价值理念纳入规章制度、中心组学习、脱产或在岗学习培训、岗位绩效考核、主题活动、评先奖优教育，以及利用各种宣传载体广泛传播等。

（二）加强员工队伍素质能力建设

这是企业可持续发展之本，必须作为实施战略管理的重点。要建立新型的人力资源管理体系，实现人力资源的开发、使用和管理的科学化。主要包括：一是科学规划人力资源的开发与管理。这是一个涉及多种资源要素配置，平衡协调企业内外部利益关系的过程，既涉及企业人力、物质、财务、技术、信息等各种资源的有效配置，又需要协调企业中人与人、人与物、人与事、个人与组织等多种利益关系。最重要的是它必须与企业总体发展战略相匹配，使人力资源有力地服务和支持发展战略的实现。二是提高员工队伍的素质能力。开发人力资源是一个促进企业和个人发展的系统工程，重点是

提高人的素质能力，核心是开发人的潜能。其中开发和利用各种学习教育资源，持续加强企业价值理念教育、员工职业道德教育、社会责任教育和业务技能培育、理论综合知识培训、学历职称培训等，则是提升员工队伍综合素质和履职能力的重要途径。具体操作可以按照不同管理层级、业务条线、岗位需求等，设置培训内容，配置培训师资，选择培训形式，以求实效。三是与员工共同规划职业生涯。这是人本管理的一项重要内容，也是尊重、公正、责任理念的重要体现。企业应根据每个员工的职业愿景、价值取向、素质能力、进取心、责任感及其个性特点，本着可行性、适应性与务实性原则，与员工充分沟通，使其结合自身综合情况和影响职业发展的各种环境因素进行客观的自我评估，以便正确地把握自己的职业发展方向和机会。四是建立完善的激励约束机制。这是一个挖掘每个员工潜能的重要杠杆。这一机制主要体现在建立和完善科学系统的绩效考评和薪酬激励体系上。这一体系应根据不同岗位的职能、责任、风险、贡献等要素，设置不同的指标和权重，设计科学的考评方法和工具，做到量化、细化、差别化、科学化，达到与企业核心价值理念匹配、与企业发展战略匹配、与全年业务发展目标匹配。

（三）建立公平竞争机制

这是一个科学配置人力资源和促进员工职业发展的有效机制，也是企业有效规避潜规则，为每个员工提供公平发展机会的集中体现。这一竞争机制，用海尔集团的话说，就是"赛马不相马"。它能够激活每个员工积极进取的动力和潜力，同时实现人力资源的最优化配置，提高企业组织运行效率。这一机制要覆盖职务晋升、职称评定、岗位选择等范围。但是要注意避免一种不良倾向，即只关注在竞争中的优胜者。这是有悖人本管理的平等原则的。每个员工都有自己的特点和长处，虽然其在这个职级、岗位竞争中没有获胜，但其可能胜任另一个职级或岗位。只要人力资源开发与管理工作到位,以科学有效的机制使用人力资源,那么每个员工都会各得其职、胜任其岗、发挥所长。

(四) 实施民主决策与管理

这是先进企业文化的重要体现,它是一个现代企业的公司治理理念是否确立、权力制约机制是否有效、企业领导人是否具有现代意识的集中体现。建立和执行企业重大决策事项的民主管理程序,能够有效防止个人专断、暗箱操作,从而能够最大限度地防范和化解决策风险。最近一些大型国企领导者贪腐案件的发生,其根源就在于缺乏或不落实民主决策管理制度,个人专断,为所欲为,凌驾于领导班子和职工代表大会之上。目前,由于体制原因,国有企业尚不能真正落实公司治理的"三权分立"制度。在此种情况下,落实职工代表大会制度就显得非常重要,也非常有效。重大事项除了由领导班子集体决策之外,最重要的是须经职工代表大会充分讨论、表决通过后再实施。职工代表大会制度能够增强员工的主人意识和责任感,有利于营造一个团结、民主、和谐的内部环境。

(五) 重视人文关怀

一是正确处理客户、股东、员工、企业之间的关系,维护员工合法权益,建立相互信任、和谐向上的人际关系。二是关心员工学习、工作和生活。注意解决员工实际困难,改善工作学习环境;注意做好员工的思想工作,解疑释惑,缓解员工压力,保障员工身心健康。三是开展形式多样、内容丰富的文化活动。注重创建和利用内部网、内刊、文化长廊、荣誉室等载体,营造良好的文化氛围,陶冶员工情操,提高职业修养。

（六）创建学习型企业

在知识经济时代，学习新知识、新技术、新理论和新方法，不仅成为企业管理和技术创新的基本前提，而且也是企业提升管理水平和竞争能力的必由之路。美国管理学家彼得·圣吉在《第五项修炼》中提出了建立学习型组织的五项要素，即建立共同愿景、实施团队学习、改变心智模式、实现自我超越、进行系统思考，这为学习型组织建设提供了清晰的思路。每个企业都要树立"学习工作化、工作学习化"的理念，从自身实际出发，结合企业战略和业务发展，搭建学习平台，建立学习团队，策划学习活动，深化团队学习成果，培育企业组织系统思考的思维习惯和思维模式，不断增强企业创新发展的生机与活力。

四、对人本文化建设成效的评价

为了检验实施人本管理文化建设的实际效果，应引入和应用一定的科学工具进行测评。其中"员工满意度"则是一种有效的测评工具。它可直接反映企业员工对劳动、职位、薪资、氛围、管理、环境等要素的满意度评价，对于持续改进和优化人本管理，提升员工满意度和忠诚度，促进企业可持续发展具有重要作用。目前，世界500强企业都很重视这项工作。近年来，中国移动、海尔集团、建设银行、平安保险公司等也已尝试开展了"员工满意度"测评工作，并且取得了很好的效果，增强了改进人本管理的针对性和实效性。这里介绍一下全球著名管理咨询公司——盖洛普的"员工满意度Q12"的基本做法。

（一）"盖洛普Q12"的提出

盖洛普在调查中发现：员工敬业度与企业绩效呈正相关，即员工敬业度高的公司比员工敬业度低的公司,生产效率高15%,客户满意度高54%,公司利润率高40%多。为此,盖洛普通过对12个不同行业的24家公司的2 500多个经营部门进行跟踪调查和数据收集,然后对这些公司的105 000名员工所回答的问题进行归纳分析,发现其中的12个问题使用频率最高、最集中。这12个关键问题就是著名的"盖洛普Q12"。

(二)"盖洛普Q12"测评的内容

国内外大量的实践证明,"盖洛普Q12"是测评一个企业人本管理成效的最简单和最精确的方法,也是测量一个企业人本管理的12个维度。它包括12个问题:

(1)我知道对我的工作要求吗?
(2)我有做好我的工作所需要的材料和设备吗?
(3)在工作中我每天都有机会做我最擅长做的事吗?
(4)在过去的六天里,我因工作出色而受到表扬吗?
(5)我觉得我的主管或同事关心我的个人情况吗?
(6)工作单位有人鼓励我的发展吗?
(7)在工作中我觉得我的意见受到重视吗?
(8)公司的使命目标使我觉得我的工作重要吗?
(9)我的同事们致力于高质量的工作吗?
(10)我在工作单位有一个最要好的朋友吗?
(11)在过去的六个月内,工作单位有人和我谈及我的进步吗?
(12)过去一年里,我在工作中有机会学习和成长吗?

(三)"盖洛普Q12"测评的特点

"盖洛普Q12"测评具有以下特点:一是问题设计科学,普遍性和针对性强,集中反映人本管理的实质和关键。这些问题是通过大量实践数据，进行科学归纳而总结提炼出来的，具有普遍的共性，以此测评员工，可以确保调查的信度和效度。二是问题简明扼要，容易真实回答，且重点突出，易于操作。这些问题都是每个员工随时随地遇到的，是常见问题，也是最能反映员工内心诉求和自身感受的具体问题。三是能够面向基层，实现全员参与。盖洛普认为，人本管理文化建设的关键在于一线管理人员。如果基层管理不得力，则企业高层管理思想、战略意图和重要决策就难以得到贯彻落实。因此，Q12调查常以部门/网点/班组为单位，重在评测基层工作环境，其所涉及的主要问题均在基层管理者和员工操控之下，易于改进和优化。四是与企业经营绩效挂钩。Q12问卷虽然简短，但涵盖评测工作环境和企业文化的主要维度，并能通过元分析等高级统计分析工具，与员工保留率、客户满意度、生产效率、经营利润率等企业经营业绩指标相联系。五是能够与国内外公司进行比较。盖洛普拥有全球最庞大的数据库，能将企业"员工满意度"测评的结果与全球业内或业外的其他公司具体地对比分析，找出自身的优势和存在的差距，并能够提出针对性的改进措施。

实施人本管理的几个重要问题

一、企业文化管理的产生

自 1769 年诞生现代企业至今,企业管理大致经过了三个阶段,即经验管理(1769—1911 年)、科学管理(1911—1980 年)、文化管理(1980 年至今)

科学管理理论阶段,即所谓的"古典管理理论"时期,出现了很多探索人性管理的实验、理论著作等。这一理论包括:(1)美国的弗里德理克·温斯劳·泰勒(Frederick Winslow Tailor, 1856—1915)创立的"科学管理理论";(2)德国的马克斯·韦伯(Max Weber, 1864—1920)创立的"行政组织理论"(著有《社会组织与经济组织原理》一书);(3)法国的亨利·法约尔(Henri Fayol, 1836—1925)创立的"管理要素理论"(著有《工业管理和一般管理》一书);(4)美国哈佛大学著名管理学家梅奥(Elton Mayor, 1880—1949)主持的霍桑实验,创造了"行为科学理论",该理论包括 X 理论 – Y 理论(美国学者麦格雷格)、激励理论(美国学者赫茨伯格)、期望理论(美国心理学家弗鲁姆)、公平理论(美国心理学家亚当斯)等。到 20 世纪 40 年代中期以后,还出现了决策理论学派(西蒙)、系统理论学派(理查德·约翰逊)、经济主义学派(彼得·德鲁克)、权变理论学派(弗雷德·卢山斯)等。

第二次世界大战后，日本经济迅速崛起，在电子科技、通讯信息、机械制造、汽车等赶上或超过美国，其根本原因是什么？经过美国企业家、管理学家深入研究发现，根本原因是日本企业实行人性化管理，凝聚人心，激发活力。1980—1981年诞生了四本企业文化管理著作，标志着这一管理理论的形成。这四本著作包括美国学者特雷斯·迪尔和阿伦·肯尼迪的《企业文化》、威廉·大内的《Z理论——美国企业界怎样迎接日本的挑战》、沃特曼和彼得斯的《成功之路》、帕斯卡尔和阿索斯的《日本企业管理艺术》。

文化管理的本质是人本管理围绕着人性实施管理，运用各种措施、手段、方法、工具，最大限度地张扬人性之善，抑制人性之恶，培育企业与员工同一的价值观，达到"知行合一"、"人企合一"，提高企业凝聚力、执行力和竞争力，实现企业基业长青。

二、实施人本管理应注意的几个问题

人本管理的根本目标是经营好人心，让员工愿意并且终生为企业工作，这是每个员工发挥积极性和创造性的基本前提。

（一）注意传统文化对人本管理的影响

美国人类学家、社会心理学家弗洛姆说："人是特定历史文化的产物。"不管是什么管理理论，离开中国传统文化土壤这一重要约束条件，都将大打折扣，甚至适得其反。民族传统文化影响着人的思维方式、价值取向、行为方式和行为习惯，更影响着国民性格。对中国儒释道禅传统文化下的国民性进行研究的学者很多，包括鲁迅、梁漱溟、林语堂、傅斯年、柏杨、许倬云、明恩溥（美）等，他们从文化深层上，揭示了"中国人性格"与"外国人性格"的根本区别及其形成的历史文化原因。

1. 集体本位

由于中国氏族起源与中原农业,商代以来,就有"邑"和"族"两种群体,长期的相处使家族、亲戚、姻缘、乡党邻里关系非常密切。在这个社群里,没有法律,只有约定熟成的习俗、规范和伦理道德,因而形成了君臣、父子、夫妇、长幼、朋友等人际、伦理关系的准则与规范,基于这样的人际关系网络和伦理道德,便形成了群体本位。到了孔子时代,他将忠、孝、节、义、礼等贵族道德价值观作为普世价值观推广到社会一般人群。此后经过两千多年的发展、融合、强化,形成了与小农经济、皇权制度、士精英阶层及其儒学治国相适应的一套完整的思想价值体系。

自古以来,这种群体价值本位超越个体价值,甚至忽略个体价值,所以在集体生活中,任何人都不能太重视个人利益,只有多想大家、集体利益,这样才符合伦理规范,能得人心、让人看得起、占领道德高地,掌握主动"话语权"。半个世纪以来,我们所树立的道德楷模和先进典型,几乎都是为"集体"、"国家"、"民族"利益作出巨大贡献的人。因此,基于这种"家—宗族—国"差序结构而形成的诚信、忠孝、礼义、尊卑、等级等伦理纲常,以及情感文化,正是中华民族文化绵延几千年的重要基因元素。这种文化导致华人世界产生大量家族企业,也容易产生大量的帮派团伙,如以同乡、同学、战友等为纽带而结成的团体帮派。但是集体(家庭、家族)本位又与个体独立的内在要求相冲突,以致在西方文化人格独立、自由、民主、人权等思想的冲击下,三四十年代那些"大家庭"、大家族便分崩离析。巴金所著的《家》就是社会变革时期的大家族裂变的真实写照。

在现代社会里,全球化和互联网使普世价值的传播、认知认同更加深入,改革开放后出生的所谓"80后"、"90后",对于自由、平等、独立、民主、法治等价值观更容易产生共鸣和认同,虽然能够认同集体价值高于个体价值，但是在一定条件下、一定的环境里，当集体利益和个人利益冲突时，有些青年人却会毫不犹豫地选择个体利益，从而引发了关于一些青年人自私自利的争论。

2. 爱面子

这表现为说话办事过分顾及自己的脸面，虚荣和自尊心强，但深层文化根源是人格自卑，也是等级社会的产物。林语堂说：面子是社会等级观念和等级内部平等观念所导致的一种社会规范，是"不变的中国法则"。爱面子是中国国民性的主要特征之一。陈独秀、鲁迅、林语堂、柏杨、洪恩溥、张宏杰、袁洪亮、俞祖华等许多中外学者都有专门的研究。爱面子的社会文化心理要求企业管理者对待员工要讲艺术，懂得员工心理，顾情面、给台阶、留余地，不能走极端，无所顾忌，当着同事的面训斥（除非紧急关头某人犯了严重错误或出现重大失误）、讽刺和挖苦，不顾他人的感受。要做到当面与背后有别，以合适的时间、合适的地点私下批评或做说服工作等，使受批评者感觉受到尊重，给面子，其效果事半功倍。

3. 崇尚公平

这是中国民族文化的一个重要传统。"不患寡而患不均"，是传承了几千年的共同民族文化心理。基于这种民族文化的高度认同，所以历代农民起义和近现代革命的发动者，都打起"公平"、"均贫富"的口号：陈胜、吴广起义提出"王侯将相宁有种乎？"，王小波起义主张"吾疾贫富不均，今为汝均之"，钟相、杨么起义主张"等贵贱、均贫富"，李自成起义主张"等贵贱、均田地"，太平天国起义主张"一律平均，无处不均匀，无人不饱暖"，孙中山民主主义主张"平分地权"，中国共产党提出"打土豪，分田地"等。这些口号即核心价值观，特别有凝聚力和号召力，根源在于民族文化心理。由于这种深厚的民族文化的价值取向，无论何种原因导致社会贫富差距过大，即社会公平正义出现问题，都会孕育出深刻的社会矛盾和社会危机。虽然其他国家和民族同样由于贫富不公而引发农民起义和社会革命，但是像中国社会这样历经几千年而始终不变地强烈追求"公平"则是绝无仅有的文化传统。因此，缩小社会贫困差距，维护社会公平正义，是社会稳定、基业长青的根本治国之策。

由此引申到企业管理也是如此。企业中管理人员和普通员工的薪酬或其他物质激励不宜过大，至少不能超过心理承受边界，否则薪酬或其他物质激励再多，也会造成部分员工的心理失落，形成负激励。当然，再不能走过去的绝对平均主义"大锅饭"的回头路，但是如果不同层级管理人员之间、管理人员与普通员工之间的薪酬激励差距过大，突破绝大多数员工的心理底线，同样是企业管理的"大忌"。

现代社会公平公正的根本内涵是社会机会均等，即美国著名学者罗尔斯《正义论》所揭示的社会公正的理论。罗尔斯认为，正义是社会制度的首要价值。作为公平的正义包括两个原则：第一个是平等自由原则，第二个是差别原则及公平机会原则。第一个原则涉及公民政治、良心、财产上的平等自由，第二个原则涉及收入和财富、权力地位和职务等分配方面。现代企业管理者首先要有公平正义的理念，这是承担建设公正和谐社会的责任和凝聚员工队伍的必备素质。若缺乏现代公平正义思想意识，仅凭借自己的好恶、权威、命令或制度的"管、卡、压"管理企业，这既与中国传统文化心理格格不入，也与现代普世价值理念相冲突，这也是企业管理的"大忌"。

因此，在员工晋升、职务聘任、职称评定、岗位交流、专业培训、薪酬待遇、荣誉激励、考核奖惩及涉及员工利益调整的所有方面，都要公开透明，程序要公开公正，先提交职工代表大会讨论酝酿，最大限度地让广大员工享有知情权、参与权和决策权，切忌由领导班子（少数人）开会决定，甚至在保密状态下由一两个人暗箱操作。现代社会，民主管理是企业高水平管理的核心要素，是形成企业凝聚力和竞争力的必要手段。

4. 正人先正己

中国传统文化是伦理文化，也是情感文化，"修身、齐家、治国、平天下"是所有读书人——仕者的价值追求，不能"修身"，无以"齐家"，不能"齐家"，无以"治国"，不能"治国"，何以"平天下"，在这个价值链上，"修身"是前提和基础，所以儒家一以贯之追求"内圣外王"、讲究"修身立德"、"修己安人"、注重"率先垂范"。

儒家提出"为己"和"成己"之说，就是强调道德上的自我完善，追求自我内在价值的实现。在儒家看来，无论是内在的道德修养，还是外在的道德实践，"自我"都起着主导作用。孔子强调"修己以安人"，就是说首先要"内圣"，以"仁、义、礼、智、信"内省修身，完善自我道德人格，具体步骤是"格物、致知、诚意、正心、修身"，然后，将自我道德人格由内及外、由近及远推广开来，以达到"治人"、"安人"，实现整个社会和谐、天下太平的"外王"目标。孔子说："其身正，不令则行；其身不正，虽令不从"。这里强调自我率先垂范、以身作则的重要性。明代《官箴》写道："吏不畏我严而畏我廉，民不服我能而服我公；公则民不敢欺，廉则吏不敢慢；公生明，廉生威。"讲的是"打铁须先自身硬"的基本道理。

5. 讲义气

儒家"仁、义、礼、智、信"中的"义"是核心价值观之一。它既包含"舍己为人"、仗义执言、挺身而出，也包含人格气节、值得托付、值得跟从、值得信赖。《三国演义》中"刘、关、张"不求同年同月同日生，但求同年同月同日死；《水浒传》里宋江智谋不如吴用,武艺不如武松、林冲、鲁智深,却做上梁山第一把交椅,凭借的就是一个"义"字。他自己有老婆,却不忘自己的光棍兄弟矮脚虎王英,他在责罚王英调戏女人的同时,苦口婆心地劝扈三娘嫁给他。这就是江湖豪侠得以在中国社会长期生存且为广大民众所称颂的文化土壤。现代社会的"讲义气",主要是指讲诚信,言必行,行必果,有担当,敢负责,而不是对员工轻诺寡信,推脱责任,不甘担当。后者是企业管理的禁忌。

6. 贵和尚中

"贵和谐,尚中道"是中国传统文化的基本价值取向之一。孔子说:"礼之用,和为贵。"在儒家看来,"和"是以"仁"、"孝"、"礼"消弭纷争、动荡和战乱,达到天下大治的最终目标。上和天地,天人合一;中和君臣、父子、夫妻;下和四时五声。《易传》积极提倡"和谐"思想,提出"太和"观念,"乾道变化,各正性命,保合太和,乃利贞"。"太和"是至高无上的和谐,也是最好的和谐社会境界。

"和"除了"和谐"、"和合"之外,还有互补、合作的意思。"和"是复杂事物的统一体,是矛盾对立统一的有机系统。"和实生物,同则不继"(《国语·郑语》),首次将"和"与"同"进行了内涵区分,说明古人已经认识到了事物的同一性和统一性之间的差别。孔子强调"和"的重要性,主张"礼之用,和为贵",但又强调"君子和而不同,小人同而不和"。以"和"与"同"作为区分君子和小人的标准,反映了孔子"重和去同"的思想主张。孟子提出"天时不如地利,地利不如人和"的思想,将"人和"置于其他两个成功要素之上,可见孟子将人与人之间的社会和谐关系放在了优先地位。

中国传统文化的"贵和"思想与"尚中"思想密切相关。"和"是社会人与人的关系、社会与自然的关系最好的秩序和状态,也是人类社会的理想境界。那么，如何才能实现"和"的境界和理想呢？儒家认为，根本途径在于保持"中"道，即持中、执中。"中"就是处理事物的"度"，不偏不倚，不左不右，"执两用中"，适当、适中、适合、适时、适度，也就是"中庸"。由此延伸出崇尚内敛、守拙、处下、贵雌等文化传统，切忌极端、张扬、忘乎所以、不可一世，即肯定一切、否定一切、唯我独尊、自以为是、目空一切、居功自傲、飞扬跋扈，等等。这种为人处世的态度和方式，与中庸之道、低调谦和内敛守拙完全相悖，为大多数人所不容，从而引发各种矛盾和问题，致使自身陷入被动或失败。基于这种传统文化心理，自古以来的民俗谚语都反映了此种思维方式和行为方式，譬如，"出头橡子先烂"、"枪打出头鸟"、"峣峣者易缺，皎皎者易污"、"木秀于林，风必摧之；堆出于岸，流必湍之；行高于人，众必非之"等。电视剧《雍正王朝》里，雍正元年（1723年）十月，青海和硕特部蒙古贵族首领罗布藏丹津叛乱，再燃战火。随即，雍正皇帝任命川陕总督年羹尧为抚远大将军，坐镇西宁指挥平叛。平叛成功令雍正皇帝喜出望外，遂破格封赏年羹尧。但是年羹尧在回朝廷接受雍正皇帝嘉奖时，他面对文武百官，居功自傲，不可一世，尤其是在众多皇子面前，居然不下马，自恃功高、傲慢无礼，引起谏官愤怒和雍正的不快，后来发展到不听圣命、骄横僭越、恣意妄为，终于招来杀身之祸。

企业管理的最高境界也是"和谐"。只有各部门、单位之间配合协作"和谐"，领导班子成员之间相互信任、支持、配合"和谐"，各生产资源要素、管理要素和市场要素之间配置"和谐"，企业与各利益相关者之间"和谐"，企业才能实现可持续发展。同时，企业管理也需要"执中"，在战略定位和重大决策方面绝不能出现极"左"或极"右"的情况，否则企业将偏离正确的发展方向和战略目标，导致企业失败。这是致命的战略决策失误，大量企业失败的沉痛案例充分证明,科学决策、正确决策的根本前提则是准确把握"度",不偏不倚,"执中"而恰到好处。

7. 官本位意识

这是中国传统文化中的糟粕,属于"恶质文化",它的形成有以下根源:一是社会根源。从春秋战国到秦汉时期,正是我国封建社会由分封制向郡县制转变的大变迁时期。在这一社会变迁中,门阀制度式微,而士人阶层崛起,士人意识产生并逐渐得到强化。自秦朝统一社会形成以后,以一家一户为基本单位的小农经济成为实施郡县制的经济基础。传统中国是一个小农社会(乡土社会),依靠宗法血缘、道德礼仪、地方长老维护运行,封闭自足,安闲自得。小农社会自然会产生对官员和权力的敬畏意识,同时也对神灵产生崇拜,借此化解内心恐惧,报复仇恨,将刚正不阿、廉洁爱民、执法如山的官员视为救命恩人、青天大老爷,也进一步强化了官本位意识。二是制度根源。秦统一后,从中央到郡县的官员都实行选任,到两汉时期,普遍推行乡举里选之制,彻底打破了贵族世袭制度,确立了平民可以入仕的官僚制。为了保证官员选任的质量,使天下德贤才优者尽入"吾彀中",隋唐实行科举制度,人们通过读书、考试进入上层社会,迈入统治阶层。对于平民子弟,只要读好了书,就可能发生"朝为田舍郎,暮登天子堂"的命运巨变。毫无疑问,科举制度是对世卿世禄制度的革命,是我国古代选人用人制度的重大创新和巨大进步,但是这一制度则使官本位意识更加强化,更加深入人心。三是文化根源。作为封建社会主流意识形态的儒家文化,主张"内圣外王"、"学而优则仕",追求"修身、齐家、治国、平天下",将"入世出仕"作为实现人生价值、社会理想和政治抱负的唯一途径。因此,儒家思想和科举制相结合,使读书、科举、致仕成为施展"爱民"、"养民"和"救民"的政治抱负和人生理想的必然路径。但是,随着每一个封建王朝中后期的日益腐朽与堕落,原来一些深受儒家思想浸染的官员在官场现实中不断发生异化和堕落，不再"为天地立心，为生民立命，为万世开天平"，转而蝇营狗苟，追求富贵享受，鱼肉百姓，搜刮民脂民膏，儒家精神沦丧，为官本位文化的异化和堕落积淀了恶质基因。

在企业管理中，管理者固然要屏弃"官本位"意识，倡导员工树立"能力与业绩"本位，但是由于传统文化影响根深蒂固，员工总是特别看中自己的职务晋升。因此，企业管理者一定要高度重视员工的职业生涯规划，建立健全公正的职业晋升规则和机制。须知，越是优秀的员工，越是看重自我价值的实现，他们往往将职务晋升作为人生追求的第一价值目标，一旦企业忽视员工职业发展，或不能公正对待员工职业发展，那么这些优秀人才就会跳槽流失，企业发展就会人才短缺，缺乏潜力。

8."潜规则"

这也是中国传统文化中的糟粕，属于"恶质文化"，古今一脉，处处存在，尤其是我国这样的情感文化、人治社会，"潜规则"一代一代深入骨髓。它既是一种根深蒂固的历史现象，也是一种流行的社会现象。可以说，所有权钱、权色、权名交易的规则都是"潜规则"，它瓦解和销蚀着"显规则"——法律法规，除了体制制度弊端之外，这是腐败得以产生并且经久不衰的文化土壤和文化根源。在企业内部绝对不能搞"潜规则"，否则企业会自断臂膀，自毁前程。有的研究文章正面分析论述管理"潜规则"，认为在企业管理中适当运用"潜规则"是有益的，可以缓冲矛盾对立，还可以调节人际关系。实际上，在企业管理的范围内，只要有"显规则"存在的地方，无论以何种方式运用"潜规则"，都是对"显规则"的破坏和扭曲，除非那里没有"显规则"。随着形势发展变化，一些"显规则"已不适应内部管理和业务经营要求，需要调整、充实和修订，但是绝不能表面"显规则"、实际"潜规则"，这是培育先进文化的"大忌"。

9. 等级意识

由于我国几千年来"家国同构"的社会结构以及与此相适应的儒家血亲等级观念的深刻影响,已形成稳定的社会文化心理认同,"家国一体"的等级规范和思想观念渗透于社会生活的各个方面,"君君臣臣、父父子子"的等级意识沉淀为潜意识,在心理上认同理所当然。从社会伦理道德上讲,维护这种血亲等级观念的传统文化"礼"的规范仍然遗留至今。例如,对家长、师长、上级领导、贵宾等的礼貌尊敬,成为反映一个人道德礼仪修养的尺度和标准,也成为个人声誉形象和人际关系定位的重要关节点。

这种源于"家国同构"和"血亲等级"的传统观念和思维方式,与西方源于社会契约关系所形成的"自由平等"的思想观念和思维方式是完全不同的,在社会文化心理上,前者使很多普通人——自认为家庭出身"低贱"、社会地位"卑微"的人——缺乏健康人格,自感低人一头;同样,那些家庭出身较好和社会地位较高的人,自然而然会产生优越感。因此,先天的自然禀赋的不平等和后天拥有资源的不平等,导致整个社会不断强化"社会等级"认同,并且将这种认同作为小学生、中学生、大学生的人生理想目标加以激励、张扬,其严重的负面影响将烙印在每个学生的人格形成过程中,即所有在追求"成功"的同时,却又在灵魂深处下意识地排斥"自由平等"。在西方文化基因里,"自由平等"就像人性一样,属于天然的属性,所有人认同是自然的,如果有人不认同则是令人奇怪的。诚然,"自由平等"既是一种先天人格,也是一种后天能力。如果我们所有的人,既无"自由平等"的人格认同,也无"自由平等"的能力提升,那么,要想建设一个完整的现代化社会是根本不可能的——物质现代化与道德精神现代化是构成现代化社会不可或缺的两个核心元素。

实践证明,在企业管理中,等级意识是企业僵化、官僚、封闭、呆滞、衰败的孪生兄弟，也是企业创新、应变、开放、竞争的天敌。等级意识驯化员工"老实听话"，从而失去创新的追求，压抑聪明才智；员工追求"唯上是从"，从而失去市场先机，降低个人智能和群体应变能力；按照等级实施薪酬激励，引导全员集中精力和智慧谋求"官职"，从而弱化专注市场的内在动力。企业管理中的有效激励是薪酬与个体创造价值的对等，而不是简单地与官阶的对等。前者旨在激发市场主体的竞争活力，后者旨在强化科层制行政系统的稳定性。

（二）注意中国人思维方式的特点

关于中国人的思维方式，如果跟西方人作比较，就会发现明显的差别，可以说，这种差别表现在方方面面。美籍台湾著名历史学家许倬云教授将中国人的思维方式概括为以下特点。

一是更多注重直观和体悟。汉语内涵丰富，描述和表达直观，但又意韵深远，富于联想，从中体悟神韵、内涵和审美，而不是像希腊文化那样理性严密、逻辑抽象，例如，唐诗、宋词、成语等。这里许倬云教授仅从汉语的语义表达上对思维方式进行分析。从企业管理实践来看，中国人对事物善于"定性"判断而忽视"定量"分析，全面质量管理、精益工作法、六西格玛、特鲁特方法等都是基于量化数据的管理，使管理流程精细化、管理成果细节化、管理激励事实化。这正是西方文化的科学理性和逻辑哲学在企业管理中的体现和反映。这也是我国企业管理落后于西方企业管理的文化根源。

二是重视事物的全部而非局部。中医理论讲究"气血"、"阴阳"和"经络"，不像西医"头疼医头，脚疼医脚"；中国绘画也是如此，画画和欣赏画作，讲究整体布局、整体设色、整体风格和整体意韵；书法也如此，讲究整体美感、和谐与生动，而不是一两个字写得好就是上乘作品。而西方医学、生理学、绘画、雕塑等都讲究个体、局部分析解剖，从而认识和把握事物整体特性；鼓励、突出和肯定个体的"与众不同"，赏识个人英雄主义和自由主义，反映在企业管理上也是这样。

三是习惯于"动态"观察事物。中国人对二十四节气变化特别敏感，对天地、日月、星辰、昼夜等的变化都有丰富的感受，这方面的成语、诗句很多。中国古代文化经典《周易》，讲的就是变化、变革、变动、变易。"仰观象于天，俯观法于地，观鸟兽之纹，与地之宜，近取诸身，远取诸物"；"一生二、二生三、三生万物"，通过八卦及由八卦推演出的六十四卦，来揭示和演绎宇宙万物变化的规律。《老子》更是通过万事万物的变化来体现哲学思辨，反映了否极泰来、物极必反等事物相互转化的规律。这与前述第一点是一脉相承的，善于动态辩证思考和直接体悟，缺乏基于事实、量化数据的系统思维和逻辑思维。

（三）注意个性化和差别化

人是有差别的，最具个性化，人性管理要研究每个员工的需求，既要从中找到"共同需求"，又要把握个性需求。

每个人自然禀赋不同，后天禀赋也不同；血型不同，性格也不同；智商不同，情商也不同；"80后"、"90后"员工跟50岁以上的员工思想心理、生活感受等都不同；同是"80后"、"90后"员工，由于上述差异，其思维方式和价值取向也不尽一样。因此，做员工思想教育工作，做说服理解工作，就要讲究艺术，即到什么山唱什么歌。"一刀切"、"切一刀"，或"一人得病全体吃药"、"上面得病下面吃药"等现象，是实施人本管理、人文关怀的大忌，而多样化、差别化、个性化是切合人性需求的有效手段。

三、将人本管理转化为凝聚力和竞争力

只要是理性人,文化价值理念就贯穿于人的思维、行为选择(即价值选择)的全过程。为什么面对同样的人、事物、环境及其问题、矛盾,不同的人会做出不同的思考和选择?这就是由价值取向决定的,而这个价值取向跟一个人的文化修养、思想观念、思维方式、价值判断、世界观、人生观、审美观、生活经历、社会背景等都有着非常密切的关系。比如,一个大学教授和一位饭店厨师去北京西单图书大厦买书,所选的图书内容会完全不同;经历过战争、饥饿、灾荒的农民与一个城里衣食无忧的富家子弟对于馒头与面包的情感则完全异样。正像鲁迅所说,贾宝玉和焦大对于美女林黛玉的审美判断会迥然有别,在焦大眼里,勤劳朴实,能生养一堆孩子,进得厨房,下得农田种粮,才是他的最爱,因为他的社会地位和生存方式,绝不需要无病呻吟、吟诗弄月、哭哭啼啼的女人。

如何将人本管理转化为生产力和竞争力,笔者认为,需要做到以下几点。

(一)通过学习实践,提高思维能力

一个人的素质和能力是综合性的,但是从价值排序来看,思维能力则应居于首位。任何一个正确的、高明的判断和决策,都是深思熟虑的结果,没有哪一个正确的策略和决策是连想也没想而随意做出的。因此,思维的深度决定人生的高度,思维的能力决定着行动策略的成败与高下,事业的成功可以说是思维能力的扩展和提升。

思维能力的提高,需要多个元素,是一个人综合素质的体现,包括知识视野、实践经验、智商和情商、技术能力、兴趣爱好、信息占有、思维模式等。思维能力除了反映思考问题的深度、广度、

速度之外，还体现在多元化思维能力方面。

1. 战略思维

战略思维是立足现实面向未来的决策，它要面对事物长期的问题，考虑的是几年甚至几十年的问题。战略思维从共时系统空间维度和过程时间维度两方面考虑，从大局、宏观和全局考虑问题。其特点是全局性、系统性、前瞻性。

例1：招商银行创新金融产品，领先同业推出"一卡通"。1995年7月，招商银行为满足客户需求，以统一的银行业务电子化处理系统为基础，推出了基于客户账户管理的，以真实姓名开户，集本外币、定活期、多储种、多币种和多功能于一体的个人综合理财工具——"一卡通"，具有安全、快捷、方便、灵活的特点。1996年6月，"一卡通"又领先于其他银行实现了全国储蓄通存通兑。1998年，又在全国首先推出了网上个人银行，实现了"一卡通"全国范围内的消费。"一卡通"凭借高科技优势，不断改进其功能，不断完善综合服务体系，创造了个人理财的新概念，成为著名的金融产品品牌。

启示：在电子产品"一卡通"开发应用方面，招商银行走在了同业前列。这是战略思维的具体体现。纵观现代金融业发展历程和科学技术的发展，就可以发现或预测到，金融网络化、电子化、数字化、综合化和全球化是其基本的发展趋势。谁先看到并且把握住了这个趋势，谁就能赢得竞争的先机。

例2：建设银行领先同业实施"网点转型"。这是零售网点功能由交易核算主导型向营销服务主导型的转变，是建设银行与美国银行的战略协助项目。2006年开始实施第一代转型，2007年9月开始实施VIP服务流程改进，即第二代转型。第一代转型的主要内容有6项32款，如角色清分、大厅制胜、网点精神、柜面业务流程与后台分离、测量与报告、营业环境改造。第二代转型的主要内容有6项

49款，如岗位设置与职责、客户经理销售流程、VIP客户服务流程、业务管理、业务工具与标准信函及语言脚本。

网点转型特点：一是总部直接管理。网点布设、撤并和装修改造直接由总部决策；计划和考核由总部负责，网点合规性检查直接由总部组织实施。二是后台高度集中。单证处理、现金管理、数据分析等集中在后台处理中心，简化了前台操作。三是前台操作简单。网点业务以支票为主，前台柜面操作界面简单，柜员输入要素和业务后续处理环节较少，柜员不使用印章。四是销售职能突出。设置与业务交易区相分离的产品销售区，由个人业务员专职从事账户开立和产品销售；实行大厅制胜，网点负责人担任大堂经理。五是考核简洁直观。网点业绩考核重点是产品销售量和客户满意度。六是工作安排灵活。网点工作时间安排由总部统一计划，根据其业务量波动的历史数据，运用统计模型进行分析、测算，精确到小时，按月滚动排班；灵活设置开放窗口。

网点转型提高了经营效率，提高了客户服务质量，提高了销售业绩。

启示：2012年以来，随着建设银行"综合化、多功能、集约化"的新发展战略的实施，对第二次转型后的网点又开始了第三次转型——"三综合"网点建设。假设当初实施第二代转型时能够前瞻性地遇见到未来金融服务的综合化趋势，直接实施对公对私业务一体化的"三综合"转型，也许时间成本、财务成本及其他资源成本将会更低，收益将会更好。可见战略思维是无止境的，其边界就是人们的知识视野、价值理念和智慧能力的边界。

2. 辩证思维

它是指以动态发展的眼光认识事物的思维方式。辩证思维是唯物辩证法在思维中的运用，唯物辩证法的相互联系、转化和发展的观点，也是辩证思维的基本观点；唯物辩证法的对立统一规律、质量互变规律和否定之否定规律,也是辩证思维的基本规律。其基本方法是归纳与演绎、分析与综合、抽象与具体、逻辑与历史的统一。

例1:《淮南子·人间训》里塞翁失马的典故。战国时期,靠近北部边城,住着一位老人,他养了许多马,一天,他的马群中忽然有一匹马走失了。邻居们听说这件事,跑来安慰,劝他不必太着急,多注意身体。老人见有人劝慰,笑了笑说:"丢了一匹马损失不大,说不定会带来福气呢。"邻居听了老人的话,心里觉得很好笑。马丢了,明明是件坏事,他却认为也许是好事,不过是自我安慰而已!

过了几天,丢失的马不仅自动返回家,还带回一匹匈奴的骏马。邻居听说了,对老人的预见非常佩服,向他道贺说:"还是您有远见,马不仅没有丢,还带回一匹好马,真是福气呀。"老人听了邻居的祝贺,反而一点高兴的样子都没有,忧虑地说:"白白得了一匹好马,不一定是什么福气,也许会惹出什么麻烦来。"邻居们以为他故作姿态,心里明明高兴,有意不说出来。

老人有个独生子,非常喜欢骑马。他发现带回来的那匹骏马,身长蹄大,嘶鸣嘹亮,剽悍神骏,一看就知道是匹好马。他每天都骑马出游,心中洋洋得意。

一天,他高兴得打马飞奔,一个趔趄,从马背上跌下来,摔断了腿。邻居听说,纷纷来慰问。老人说:"没什么,腿摔断了却保住性命,或许是福气呢。"邻居们觉得他又在胡言乱语。他们想不出,摔断腿会带来什么福气。不久,匈奴兵大举入侵,青年人被应征入伍,老人的儿子因为摔断了腿,不能去当兵。入伍的青年都战死了,唯有塞翁的儿子保全了性命。

启示:这个故事说明,任何事物都处在不断变化之中,在一定条件下,"好"与"坏"是可以相互转化的,即老子所说的"祸兮福之所倚,福兮祸之所伏"。

例2:银行对公和对私业务营销分离。有的银行分支机构对业务管理体制机制进行改革，由于缺乏实证研究，从一般原理和逻辑概念出发，将对公对私业务流程、营销机制和服务团队截然分开，设想通过设立对公对私业务管理中心，实行扁平化服务营销，期望对公对私实现联动，结果却适得其反，非但不能"联动"，而且还会彼此掣肘，严重影响了服务效率和业务发展。对任何一个员工来说，完成业务指标，追求自身利益最大化，是理性人的体现；当人为地将本来相融的对公、对私业务截然分开后，员工只关注和完成给自己带来利益的那份业务，致使由原来对公、对私一起营销变成了只对公或只对私，从而削弱了综合化营销竞争力。

启示：对于客户特别是公司老板客户来说，银行服务是难以分出对公、对私的。除了集团、机构业务之外，在广泛的金融服务领域，对公业务就是对私业务，对私业务就是对公业务。当银行服务大客户阿里巴巴时，同时也是在服务企业家马云先生，公私相互转化，这是基本常识，如果非要将金融服务人为割裂出对公、对私来，结果可想而知。高端客户与大众客户之间的关系也是如此，那种以资产管理规模500万元或800万元划分为高端客户和大众客户的做法，同样是可笑和无效的，忘记了二者随着时间、地点、条件的变化而相互转化。表面看服务能够差别化，但是深层却是以静止的思维对待市场，以线性思维对待客户，要想以优质服务动态地筛选优质客户是根本不可能的。管理需要哲学，金融服务也需要哲学。

例3：兼听则明，偏听则暗。《史记·田敬仲完世家》记载了这样一个故事。齐威王即位后，长期不理朝政。有一天，他把即墨大夫和阿大夫召来，施展治国之术。问即墨大夫："自子之居即墨也，毁言日至。然吾使人视即墨，田野辟，民人给，官无留事，东方以宁。是子不事吾左右以求誉也。"于是封即墨大夫万户之众。齐威王转头又问阿大夫说："自子之守阿，誉言日闻。然使使视阿，田野不辟，民贫苦。昔日赵攻甄，子弗能救。卫取薛陵，子弗知。是子以货币厚吾左右以求誉也。"于是烹了阿大夫及平时在身边为阿大夫说好话的人。因此，齐国上下震惊，官员们再也不敢说假话。齐国大治。

启示：这个故事说明几层意思：一是对同样一种事物会出现不同，甚至截然相反的看法，根本原因在于从自身利益出发。齐威王左右之所以说即墨大夫坏话，是因为即墨大夫没有贿赂他们；之所以颠倒黑白说阿大夫好话，是因为他们得到了阿大夫的好处。二是兼听则明，偏听则暗。作为"高管"的齐威王派自己信任的人实地调查核实，这一招很好，为正确决策提供了依据。三是阿大夫运用"潜规则"收买齐威王左右的人收到了实效，说明有些人"为了私利"会牺牲国家或百姓的"公利"。

3. 逆向思维

也叫求异思维，它是对似乎已成定论的事物或观点反过来思考的一种思维方式。人们习惯于沿着事物发展的正方向去思考问题并寻求解决办法。对于某些问题，尤其是一些特殊问题，从结论往回推，倒过来思考，从求解回到已知条件，反过去想或许会使问题简单化。

例1：前苏联的科学家运用逆向思维，变向下压冰为向上推冰，即让破冰船潜入水下，依靠浮力从冰下向上破冰。新的破冰船设计得非常灵巧，不仅节约了许多原材料，而且不需要很大的动力，自身的安全性也大为提高。遇到较坚厚的冰层，破冰船就像海豚那样上下起伏前进，破冰效果非常好。这种破冰船被誉为"20世纪最有前途的破冰船"。

启示：日常生活中，人们对破冰的习惯思维是"向下"用力砸开；若冰厚坚硬，只有加大工具重量和用力。逆向思维给我们提供了一个新的思路和解决方案。即使在实践中这个思路和方案不可行，也值得去尝试。事实上，逆向思维对于克服困难，解决复杂问题，往往有出奇制胜的功效,司马光砸缸、围魏救赵、"你打你的,我打我的"等都是逆向思维运用于实践的经典案例。

例2:世界唯一的超级大国美国,以推行民主价值观、人权高于主权为借口,打击异己,称霸世界,先后赢得了对科索沃、伊拉克、阿富汗、拉登等的武力打击。但是,美国军方研究机构在总结和研究上述战争或武力行动时,重点不是总结成功经验,找出得意之处,而是将失败、失误和缺陷作为重点内容,深入进行案例解剖、数据对比,分析论证其深层问题。据报道,1000多页的研究报告,涉及战争成功的内容仅百十页,其余绝大部分内容是研究如何导致失败环节发生的,从而诞生了失败战争学。

启示:这是一个典型的逆传统思维的案例——从胜战中找失败。尤其对于我们来说,将是一个振聋发聩的警示。《孙子兵法》说:"兵无常势,水无常形。"战争就像树叶,永远没有相同的两片。此法用于此战而获胜,若用于彼战则未必获胜,所以总结胜战中的经验成果和亮点,其有用价值远比研究胜战中的失败原因低得多。我们的习惯思维是乐见成功,而却羞于知耻。这对于生死存亡的战争来说,将是极其可怕的。

例3:建设银行河南省分行郑州市南环支行在没有电子银行业务的城乡结合部开展营销,在对电子银行认知度较低的个体商贩群体中开展营销,取得惊人的成绩。2010年,仅有8名员工的南环支行,在全行13 600个支行网点电子银行业务"天天351"劳动竞赛中获得第一名。电子银行业务收入比2006年增长75倍,网上银行和手机银行、手机短信的客户数量增长了69倍,电子银行对柜面业务的替代分流率达3 000%。

启示:在没有电子银行的地方更有利于开拓电子银行市场,反而在上海南京路、北京王府井电子银行云集之地开拓市场会更困难。这就是思维一变天地宽,思路决定出路。从目前来看,全国各地大中城市的"城乡结合部",仍然是电子银行业务的"处女地"。那里有着较大规模的水果批发市场、海产品批发市场、农副产品交易市场、马牛驴骡交易市场等,大量商贩手提着现金包袋穿梭游走于市场中间,他们仍然远离都市星罗棋布的银行网点。这就是商机和市场。

4. 系统思维

彼得·圣吉《第五项修炼》的五要素之一,即从整体与部分、部分与部分、结构与功能、信息与组织、控制与反馈、系统与环境之间的相互联系、相互作用中综合研究和精确考察对象,达到最佳认识客体并实施活动的思维方式。系统是一个概念,反映了人们对事物的一种认识论,即系统是由两个或两个以上的元素相结合的有机整体,系统的整体不等于其局部的简单相加。这一概念揭示了客观世界的某种本质属性,有无限丰富的内涵和处延。系统思维是迄今为止人类所掌握的最高级思维模式。其特点是整体性、结构性、立体性、动态性、综合性等。

例1:解决北京市交通拥堵问题。这些年来,北京城市交通拥堵状况每况愈下,早晚上下班出行高峰时二环已成停车场,外地人讥讽北京为"首堵"。虽然北京市有关方面也采取了不少措施,包括实行"限号"、"限购"、提高停车费、增加地铁等,但是道路拥堵情况似乎并没有多少改观。可以说,北京市政府治理堵车问题并没有拿出有效措施。

启示:有人说北京堵车是因为车多。香港、东京等城市人均拥有汽车比例要比北京高得多,但是人家那里不堵车。看来城市交通问题是一个系统化和综合化的问题,解决交通拥堵从城市管理的若干要素构成系统来思考,不仅要考察系统内的车辆数量、客流量、道路状况等要素,还要考察交通规则、交通管理、车辆运行情况,更要考虑城市功能定位、城市规划、人口分布、产业布局、资源配置、环境保护、可持续发展等各个要素,即要把交通问题纳入城市规划、市政建设、城市管理的大系统中去考察。只有这样,才能避免在解决问题中制造新的问题,或避免盲人摸象、一叶障目。

例2:金融产品开发与投放。前年,某银行发行产品是开发一款投放一款,而另一家银行则在投放一款新产品时,向客户预告第二、第三、第四款新产品的投放时间、收益等信息。结果,很多客户或打电话或发信息或到网点向前面那家银行打听下款产品投放的时间、收益等信息,既影响了服务效率,又增加了客户成本。

启示:对于商业银行来说,研发、投放产品是一件常做的事,居然分出高下,影响成本和服务效率。可见,做任何事情是否运用系统思维,其结果和效果则完全不同。系统思维既是一种方法,更是一种能力。这种方法对于克服就事论事、顾此失彼、挂一漏万、一叶障目、以偏概全、浅尝辄止等种种缺陷或弊端十分有效。

(二)培育良好人格,让下属信赖和追随

作为商业银行各级管理人员,只是懂得某方面的业务还远远不够,关键是具有管理人、凝聚人和调动人的综合能力。这种能力的培养和提升需要多元要素,包括较高的智商与情商、深厚的文化修养、丰富的实践经验、让人追随的人格魅力和灵活权变的能力等。

1. 培养人格与提升领导力

美国管理学家沃伦·本尼斯(Warren Bennis)长期从事领导者研究,在《领导者:掌管的五大战略》中,以区别领导者与管理者为起点,分析了90多位各领域的著名领导者,提出了成功的领导者应具备的四项特质和能力:一是注意力管理。领导者必须心中有梦想,并且具有实现这个梦想的决心和信心,能够提出具有强大感召力和感染力的组织发展的愿景和使命,以此凝聚、激励每个员工的精神、思想和心智。二是意义管理。领导者要有能力、有办法将愿景、使命传达给员工，并使他们自觉认同其重要价值，在岗位工作中自觉践行。三是信任管理。领导者要具有令员工信服的人格形象和职业操守，为人诚信，不能言行不一，说一套做一套，处事公正，不能偏听偏信，甚至挟私报复，心胸宽阔，不能小肚鸡肠，睚眦必报等，要让员工敬佩服气，心甘情愿跟着你干，不管遇到什么艰难曲折，都充满信心，始终不渝地追随着你。四是自我管理。领导者要有自知之明，了解自己的优缺点，善于取长补短，扬长避短；要善于学习，虚心听取不同意见，甚至是批评意见，做到胸襟开阔，兼容并包，克服意气用事、盲目冲动、刚愎自用，避免独断专行和故步自封。

此外，美国管理学家彼特提出了20项不能胜任领导的品质，其中前6项是：（1）背信弃义，玩弄权术；（2）对别人麻木不仁而又吹毛求疵；（3）冷漠、孤僻、骄傲自大；（4）举止狂妄，独断专行；（5）心胸狭窄，挑选无能之辈担任下属；（6）目光短浅，缺乏战略头脑。这些品质跟沃伦·本尼斯的新领导力学说关于领导者应具备的特质和能力基本上是相对应的，正反是基本吻合的。

2. 身、心、灵和谐与优良的情商

自我的结构包括身、心、灵三个部分，而"心"又分为知、情、意三个部分。知的潜能即智商（Intelligence Quotient，IQ），指一个人的学习、理解与判断的能力，它反映人的智力水平的高低。它是1905年法国学者比标在研究巴黎学校制度下学生的智愚状况而设计的一套测验题中提出的概念。IQ即商数，指智力年龄与实际年龄的比例。情商（Emotional Quotient，EQ）概念，是1988年美国心理学家巴昂首次编制EQ问卷时提出来的，包括认识自我、人际关系、适应能力、压力管理能力、一般情绪状态（积极乐观度）等，情商的高低反映情感品质的差异。意的潜能即意商（Adversity Quotient，AQ），指一个人面对困难、挫折和逆境时表现出的能力。

其中"情商",在人的发展中起着很重要的作用。据美国哈佛大学教授、心理学家丹尼尔·戈尔曼（Daniel Goleman）著的《情感智商》的研究,人的情绪（Emotion）有八种类型,即愤怒、悲伤、恐惧、快乐、爱、惊讶、厌恶、羞耻,这些情绪直接影响一个人与他人、与社会、与自然环境的关系。情绪的特点是先于思考和理智,反应快速,难以预测,易于引发记忆和联想等。丹尼尔·戈尔曼特别强调,一个人要管理好自己的情绪,首先是认识自己的情绪,激励自己向着目标前进;同时也要认识他人的情绪,管理好人际关系,从而提升领导力。据美国研究机构对188家公司高级主管的情商和智商的调查结果,对于领导人,EQ的影响力是IQ的9倍;另一项对全美前500家企业员工的调查发现,对于工作绩效,EQ的影响是IQ的2倍。

EQ水平低的人表现为自我认知差、无确定目标、严重依赖他人、处理不好人际关系、浮躁焦虑与牢骚抱怨、无责任感、不知道感恩、极端自私等。

3. 心态调适与良好习惯的养成

人们常说,性格决定命运。这既是对从古至今的历史经验与现实事例的概括总结,也是对一个人成长发展的生存轨迹的社会学与心理学现象分析。一个人的性格,其内在机理和演化逻辑是：心理—态度—行为—习惯—品质—命运,也就是前面所讲,一个人的智商、情商和意商如何,决定了一个人的人生走向和命运归宿。如果一个人智商较差,可能在强调创新性的现代科学技术等知识领域就难以成就事业;如果一个人情商较差,很可能难以处理好各种人际关系,从而影响团队业绩创造和职务晋升;如果一个人意商较差,可能逃避学习工作中的困难、挫折而一无所成。同时,习惯也影响人生。要养成"学习思考"、"守时践诺"、"谦虚谨慎"、"注重细节"、"善于倾听"、"朴素勤俭"等良好习惯,坚决克服"随意许愿"、"信口开河"、"马大哈"、"喜怒无常"、"玩物丧志"、"嗜赌贪酒"等不良习惯。据研究，人的一天要对5 700个各种各样的问题作出决定，但是仅有1~2个决定是经过深思熟虑后作出的。

特别是态度、性情，直接影响一个人的行为。三国时期的才子杨修，因恃才傲物、张扬无忌、口无遮拦，最终被杀。杨修是三国时期曹操手下一名主簿。219年被曹操杀害，时年34岁。杨修是故太尉杨彪的儿子，天资聪颖，勤奋好学，喜爱诗赋，才思敏捷，对天文地理、三教九流无所不通，常常有超人的见解，但又恃才傲物，喜欢卖弄，缺乏城府。此举两例：

（1）有一次曹操路过曹娥碑，杨修也跟着他一起经过，碑背上见题作"黄绢幼妇，外孙齑臼"八字。曹操便问杨修："德祖，知道这碑文是什么意思"？杨修立刻说知道。曹操一摆手："先别说出来，容我想想"。等走过三十里以后，曹操方才明白："黄绢，色丝也，于字为'绝'。幼妇，少女也，于字为'妙'。外孙，女子也，于字为'好'。臼，受辛也，于字为'辞'，所谓'绝妙好辞'也。"继而曹操感慨道："我的才智不及你，竟然多想了三十里。"

（2）曹操多猜疑，生怕人家暗中谋害自己，常吩咐左右说："我梦中好杀人，凡我睡着的时候，你们切勿近前！"有一天，曹操在帐中睡觉，故意落被于地，一近侍慌取被为他覆盖。曹操即刻跳起来拔剑把他杀了，复上床睡，佯装做梦惊问："何人杀我近侍？"大家都以实情相告。曹操痛哭，命厚葬近侍。人们都以为曹操果真是梦中杀人，唯有杨修又识破了他的意图，临葬时指着近侍尸体而叹惜说："丞相非在梦中，君乃在梦中耳！"这让曹操对他更加厌恶。

考察历史，杨修之死，实因参与曹丕、曹植之间的权力角逐。此不赘述。

4. 加强文化修养与培育人文情怀

作为一个高素质的现代企业管理者，应有一定的人文修养和人文情怀,因为经营企业、管理员工是一项以人为核心的艺术。领导者要坚持学习,广泛涉猎知识,学习哲学、经济、科技、历史、文学和艺术,着力构筑自己的"精神家园"。只有将知识信息、生活感悟、社会责任、生命终极思考与企业发展有机联系起来,道德人格和管理境界才会有一个新的升华,达到一定的高度。

哲学,提供全面系统辩证认识事物、思考问题的科学方法;历史,提供成败、得失、优劣的比较经验性启示;文学,提供区别生活中真、善、美与假、丑、恶的知觉判断;艺术,包括书法、绘画、音乐、陶瓷、棋艺等,或创作,或收藏,或鉴赏等,提供升华人性、徜徉精神世界、获得灵感的渠道。

宗教,对于一个人的影响极其深远,宗教所关怀的是人的彼岸,它属于超越现实人生的未来世界。任何人一旦进入超越现实的境界,社会世俗中的声名利禄、七情六欲都显得微不足道,让人豁达、宽容、超脱,不再纠缠于得失的苦恼。宗教为认识世界与人生提供另一个视角,对于认识和处理人与社会、人与人、人与环境的关系有帮助;对于规避和释放自我内心痛苦、郁闷、压力、悲伤、无助、愤怒等情绪具有非常有效的作用。儒家(大量学者认为,儒家不是宗教)主张"和而不同"、"天人合一"、"中庸之道",侧重人与人关系的和谐;道家主张"天人一体"、"道法自然"、"无为而治"、"超越意识",侧重天与人关系的和谐;佛家主张"因缘和合"、"中道观与圆融观"、"众生平等与慈悲救世",侧重于身与心关系的和谐。因此,可以说"以佛治心,以道治身,以儒治世"。

(三)要做到"我能",带出高素质的员工队伍

1. 要具有开放性的观念和思维

历史的经验反复证明,不管是动物、植物、人类,还是民族、

国家、社会，凡是封闭的、安逸的，一定会走向萎缩、衰败与灭亡；凡是开放的、竞争的，一定会生机勃勃，旺盛不衰。这是物竞天择、优胜劣汰的自然规律。企业也是这样，只有在激烈的市场竞争中，才能不断增长竞争智慧，才能不断创新体制机制、产品技术、服务营销，才能获得可持续生存与发展的核心能力。因此，企业领导者必须持续学习，不断吸收新思想、新理论、新知识、新技术，以开放的观念、视野和心态，谋划企业发展，推进管理创新。同时，也要以开放的胸怀，对待不同性格的人才，用其所长，而不求全责备；善于倾听不同的意见，甚至是批评的意见，绝不能一触即跳、老虎屁股不能摸；要最大限度地容忍创新中的失误和错误，坚决摒弃故步自封、夜郎自大的狭隘思想意识。

2. 要以创造性的能力解决实际问题

一个让员工佩服的领导者，除了具备令人信赖的人格之外，还必须具有战略决策、市场研判、沟通协调、组织推动等综合能力。特别是要具备有效处理复杂事物、克服艰难问题、应对突发事件的能力，做到别人不能而"我能"，也就是具有常人所不具备的"点子"。"点子"就是创造性的思路、途径、方法和手段。司马光砸缸、草船借箭、"农村包围城市"、创办特区、"一国两制"等都是成功的"点子"。

企业领导者要深入研究"三个"需求，即市场需求、客户需求和员工需求。只有真正了解和掌握了三个需求，才能抓住实际、抓住本质、抓住关键。实施人本管理，就要从普遍的人性出发，从激励士气出发，满足员工的需求。员工口渴了就送矿泉水，员工困了就送枕头，把员工关爱做在心坎上。这样就会打动员工，凝聚员工，激励员工勤奋工作。服务客户的道理也一样，只有在满足客户需求的基础上，才能发现客户的潜在需求，从而创造需求，创造价值，创造感动，不断拓展客户市场，赢得竞争优势。

3. 要善于创新并敢于担当

企业作为市场竞争主体,要想有所作为,有所创造,必定要面临各种各样的风险。一个好的领导者就要敢于担当错误或失败,而不是埋怨下属、推诿责任。敢于担当既是一种责任意识,更是一种可贵品质。领导者具有这种品质,则是对下属最大的鼓励和信任;下属就会拼命跟你干,就会全身心投入工作,主动创新,积极探索。这是企业领导者带出高素质员工队伍、敢打必胜的重要法宝。

金融服务文化建设存在的主要问题及对策

一、服务文化内涵及其核心理念

（一）服务文化的内涵

服务文化就是企业在对客户服务过程中所形成的服务理念、服务道德、服务规范、服务流程、产品营销、服务行为及服务环境等要素的总和。其实，用更为通俗的语言表述服务文化就是一个企业不管有多少员工、多少分支机构、分布地域多广，同一服务岗位上的员工不约而同地践行同一理念、坚持同一标准、遵守同一规范，达到一样的服务态度、质量和效率，这种服务境界和状态就是服务文化。

根据中国企业文化研究会于 2005 年 7 月 20 日在山东省日照市召开的服务文化研讨会的讨论综述，服务文化分为三种类型：一是生产流通性的服务文化，是以市场经济规律为基础，在企业生产、加工、营销的过程中体现出来的服务文化；二是公益性的服务文化，是以要求企业在获得回报的同时承担一定社会责任为特征的服务文化；三是行政执法的服务文化，是指以立党为公、执政为民为核心价值理念，贯穿于行政执法部门所提供的各项服务之中的文化。本书重点分析论述金融企业的服务文化建设及相关问题。

(二) 金融企业服务文化的核心价值理念

现代企业在市场竞争中生存，与时代发展息息相关，集中体现着社会发展的最新观念与思潮，建设先进的服务文化，其核心的价值取向包括如下内容：一是以人为本的理念。服务行为的主体是人，对象是人，即使是电子银行、手机银行、电话银行和自助银行，其程序预设、质量效率仍然为人所控制，全面体现了人的服务理念。可见服务文化具有鲜明的人性化特征，体现的是人与人之间的关系。因此，坚持以人为本的理念，应把平等、公正、尊重、关心、理解作为服务文化的价值取向。二是"以客户为中心"的理念。企业发展的基础是客户，客户决定着企业的兴衰，企业的价值创造源于客户。"以客户为中心"的理念具有以下特征：（1）企业将关注的重点由产品研发转向客户营销；（2）企业将仅注重内部管理转向注重客户关系管理；（3）根据客户需求改进流程和开发产品；（4）企业将客户价值和客户满意度作为绩效衡量和评价的标准。否则，若以自我为中心，其结果只能是产品卖不出去，流程落后，质量低劣，效益低下，最后倒闭。三是"服务创造价值"的理念。一项服务活动或行为并非必然创造价值，如果是"少、慢、差、费"的服务，非但不能创造价值，而且还会浪费社会资源；只有优质的服务，才能创造多元化价值，包括更新观念、愉悦心情、体验美感、增加利润、提升商誉、沟通信息、密切关系、促进发展等。

二、目前金融企业服务文化建设的基本现状及主要问题

(一) 对服务文化建设缺乏普遍的文化自觉和基本认同

作为典型服务行业的金融企业，对于服务文化建设的认知认同

还很欠缺,自觉提倡和推进服务文化建设的企业还不多。主要表现是把服务文化与服务工作混同起来,认为只要抓好服务质量就行了,提服务文化纯粹是赶时髦,什么执行文化、绩效文化、信贷文化等,名称太多、太乱。总之,对服务文化建设比较冷淡,缺乏抓服务文化建设的主动性和自觉性。

(二) 对服务文化建设内涵、目标及途径认识不清晰

正是由于对服务文化建设缺乏普遍的文化自觉和认同,所以对服务文化建设内涵、目标及途径知之不多,思路不清,服务工作总是在低层次运行,总是反复解决同样的问题。现代服务业是否发达,是衡量社会发展的一项主要指标。发达国家的服务业总产值占 GDP 的 65%~80%,而我国服务业总产值仅占 GDP 的 40%~45%。制约我国服务业发展的各种因素很多,但是我国服务文化落后则是其深层原因,因为文化是一切制度的、行为的、物质的根源。西方一位著名银行家曾说,金融就是服务。金融既是现代经济的核心,也是现代服务业的核心,因而金融服务文化对于提升我国的服务文化建设水平具有举足轻重的作用。

(三) 服务文化建设自行其是,缺乏统一的规划

从目前来看,有几家金融企业已经在倡导和推进"以客户为中心"的服务文化建设,并且取得了比较好的效果,促进了业绩和企业形象的提升。但是,服务文化建设要提高整体水平,需要一个良好的环境和氛围,需要内外部交流,相互促进,共同提高。目前从金融业管理部门来看,还没有这方面的统一规划和制度安排,因而金融服务文化的目标、原则、任务、措施等仍处于见仁见智的境地,这对于提升金融业整体服务水平是不利的。

（四）对服务文化缺乏实践探索和理论研究

服务文化是企业文化的一个组成部分，也是文化管理在服务领域的具体运用。目前多数金融企业对服务文化的基本内涵、特点、规律等缺乏深入的探索和研究，加上服务文化建设在全国还未形成一定气候，企业界实践成果不多，学术界研究成果更是寥寥无几，可供金融企业学习借鉴的东西很少，导致金融服务文化建设短期内还难以从整体上向自觉的状态转变，呈现生气勃勃的发展态势。

三、金融企业服务文化建设的重点任务

服务文化建设是金融企业的本质要求。核心目标是把"以客户为中心"的价值理念贯穿于经营管理的全过程，持续优化服务质量，提升市场竞争力。

（一）优化内部组织结构

根据客户服务需求，着眼提高服务质量与效率，不断改革和优化内部组织结构。目前，国有控股商业银行、保险公司一般都是三级至四级的科层制式组织结构，管理半径长，信息传导慢，资源配置效率低，服务质量差，客户办理业务往往需要几个部门或渠道才能完成。要改变这种现状，可以按照公司业务、个人业务划分，实行事业部制，使一个部门直接服务于客户，降低内部多个部门协调的运营成本，减少摩擦，给客户提供快捷方便的服务。同时，在城市区域，实行扁平化管理，取消中间管理层级，由省市级分行或公司直接管理营业网点。这样既能缩短管理半径，节省人力资源，又能提高服务效率。

（二）优化服务渠道和流程

从银行来看，服务渠道多样化，且向网络化、电子化发展势头迅猛。网上银行、电话银行、手机银行等已成为公司客户和年轻个人客户的主要渠道。但是目前营业网点的客流量仍然占有很大的比重，因而打造一流网点则十分必要。要更新传统观念，根据业务种类、服务特点和客户心理特征，优化网点布局，细分网点功能，合理划分岗位，梳理和优化网点服务流程，规范服务标准，加强网点服务质量检查与考核，提高网点专业化、差别化服务能力。其中持续优化服务流程最为重要。服务流程再造应该在"以客户为中心"的价值理念指导下，以客户界面的环节优化、各种业务信息的有效利用、后台业务的集中处理、管理制度创新和计算机系统优化为重点。美国GE公司在韦尔奇倡导下，曾经运用特鲁特方法，持续改进生产流程，有效降低了生产成本，提高了生产效率。金融产品创新越来越多，要把这些产品变成满足客户需求的"服务品"，则必须通过一定的流程输送出去。因此，优化流程就成为提升服务质量与效率的关键。在有效控制风险的前提下，应最大限度地减少操作环节，能够由营业后台操作的程序绝不要转移到前台由客户来操作，能够由一个窗口或部门完成的业务绝不要客户跑几个窗口或部门去完成。值得注意的是，优化内部流程必须与核心客户的需求相匹配，只有使服务质量、效率与核心客户的价值取向相切合，才能提高核心客户的满意度和忠诚度。

（三）强化产品创新与营销

创新是打破同业间高度同质化竞争局面，获得先行优势的有效手段。金融企业分支机构根据"遵循市场导向，满足客户需求，有效控制风险"的原则，创新和优化产品功能。成功的产品业务创新需要做好以下工作：一是了解目标客户的真实服务需求，准确预测潜在市场的发展趋势；二是分析并把握自身与同业之间的差异与优势，准确定位；三是建立创新管理体系与激励机制，覆盖从客户需求提出、可行性分析、产品系统开发到产品培训、市场营销、产品评估的全过程。要强化产品营销，营销策略的选择要体现差别化，有效降低成本。在营销渠道的选择和营销方案的制订上，要根据客户特点与贡献度，区分不同的客户群，选择不同的服务方式、服务渠道，配置不同的金融产品、服务资源，形成多种渠道、方式、产品有机组合的立体服务营销体系，从而提高营销品位与效能。同时，要注重开展文化营销，如成立金融理财俱乐部、金融学校、社区金融教室等，以文化活动为纽带，给产品注入文化内涵，拓展客户市场。

（四）建立服务管理的长效机制

加强对窗口服务质量的监督与管理，严格按照总行（公司）制定的服务标准和管理规范，运用客户满意度调查、神秘人暗访、社会服务监督机构测评、日常检查，以及客户有效投诉处理等形式，强化服务质量检查与考核，并将考核结果与单位、部门经营绩效（KPI 考核）挂钩，促进服务质量的持续改善。值得强调的是，要建立健全高效的客户投诉反应、处理、反馈与考核奖惩机制。一些金融机构不够重视这一机制的建设，出现了多部门管理，都负责而又都不负责的现象，甚至推诿扯皮，以致引起客户更加不满的情绪。当然，也有不少金融机构已形成了比较完善的客户投诉管理机制，即由一个职能部门（一般为非业务部门，避免既当运动员，又当裁判员的误区）牵头负总责，以其他若干履行服务职能的部门为成员，组成服务质量管理委员会，其中一项职能就是负责客户投诉处理、反馈、改进、考核与奖惩。所有渠道获取的客户投诉信息均在第一时间被牵头部门获知（重大投诉同时报告公司领导），而后责成有关部门单位限时处理并及时反馈结果,涉及流程、产品的重大有效投诉,有关部门或单位尽快制定改进方案,牵头部门负责督办、评估及验收。同时,要积极探索建立内部客户服务,即中后台服务前台的制度机制,形成一条畅通、高效、优质的客户服务链,不断提高服务工作效率。

(五)着力打造服务品牌

金融企业在着力塑造产品品牌的同时,要注重打造服务品牌和人物品牌。尤其是服务品牌,由服务渠道或服务模式凝练与提升而成,是一种重要的服务营销载体。它既能提升企业形象,又能提升经营效益,如许振超工作法、李素丽热线以及建设银行新疆分行"向党工作站"等。同时,通过实施标杆管理项目,将服务品牌的服务模式加以流程化总结提炼,在所属分支机构中复制推广,从而促进整体服务质量和管理水平的提高。

四、推进金融企业服务文化建设需要解决的主要问题

(一)公司高管人员牢固树立"以客户为中心"的经营理念

从1769年第一家现代企业诞生以来,现代企业已经历了240多年的历史。从以产品为中心,到以效益为中心,再到以客户为中心,现代企业的价值理念伴随科学技术、生产力和市场经济的不断发展,也在不断地变化与提升。大约在20世纪七八十年代,IBM、GE、花旗银行等美国跨国公司就把"以客户为中心"的经营理念作为其核心价值理念,之后该理念开始在企业界流行,逐渐成为西方企业高层管理者普遍认同的经营理念和营销策略。由于我国国有金融企业大都是改革开放以后恢复或建立起来的,产权制度改革比较晚,大致在20世纪90年代末才开始尝试股份制改革,成为真正的现代金

融企业不过几年时间,现代公司治理结构、经营机制和市场理念都需要进一步完善和提升。更为重要的是,国有金融企业受长期高度集中的计划经济体制、机制和观念的影响较深,计划、行政和"官商"观念在国有企业里根深蒂固,高层管理人员需要经历一个由"行政官员"向"职业经理人"身份转变的艰难过程。因此,树立和践行"以客户为中心"的经营理念存在着一定的难度,需要有一个不断学习、转变和提升的过程。高层管理人员是企业发展战略的制定者和实施者,什么样的价值观决定着采取什么样的发展战略、经营战略和营销策略,所以树立和实践"以客户为中心"的经营理念必须从高层管理人员做起。与此同时,还要建立健全与之相匹配的一整套完善的制度体系,以确保其贯穿于经营管理的全过程。

(二)建立健全服务质量管理的组织机构

目前,很多金融机构尚未建立完善的客户服务质量管理的组织机构,客户服务质量管理分散在各个前台服务职能部门之中,呈现多头管理、多部门负责的局面。事实上,这种分散的多部门管理大多是责任不清,各自为政,条块分割,摩擦扯皮,"少、慢、差、费"。金融即服务。服务资源的配置与管理是否科学、优质、高效,其评价的唯一标准就是服务质量,即客户满意度。要提高整体服务水平,重要的基础工作之一就是建立健全服务质量管理的组织机构与责任体系。例如,建立公司服务质量与效率管理委员会,指定一个部门牵头主管,其他所有客户服务职能部门为成员单位,制订统一的服务战略规划,建立统一的服务质量标准,实施统一的服务渠道管理,统一组织协调产品优化与开发,实施统一的服务质量检查考核。明确各个部门分工、职责与权限,细化和量化服务管理的制度和流程。通过服务资源的集中统一管理,进一步提高服务资源运用效率,促进整体服务水平的持续改进和提升。

（三）制定和实施统一的客户服务战略

从目前各金融企业战略规划的情况来看，很少有专门的服务战略规划，一般是将客户服务分散到相关业务发展的规划之中。客户服务战略是金融企业服务管理的基础。制定一个适应市场环境和业务发展的客户服务战略必须考虑以下因素：（1）宏观经济发展及区域经济环境现状、未来趋势；（2）主要竞争对手的市场定位及其营销策略；（3）客户群分布及其差异性；（4）自身满足客户需求的能力及其资源状况；（5）提供服务的价值导向及潜在的客户市场；（6）客户市场存续周期及响应效果预期，等等。客户服务战略至少应包括：重点业务领域，如小企业金融服务、大客户综合化服务、个人理财、中间业务等；重点目标客户，如公司客户、机构客户、小企业客户、高端客户、大众客户等；重点服务产品，如电子银行产品、各类理财产品、各类中间业务产品等。同时，要对重点业务、目标客户、重点产品进行细分，尤其要识别并抓住关键客户，确定客户细分的重点要素，分析并把握其特点，分别制定具有针对性的营销服务策略，最优化配置服务资源。

（四）金融企业监管部门要加强服务质量的监督、检查与考评

为培育良好的金融生态环境，提升整个金融业的服务质量，金融企业监管部门应制定金融服务质量管理指引，进一步规范金融企业的服务质量标准，对各个金融企业的服务质量进行检查、监督和考评，从外部形成一定压力，进一步促进各个金融企业服务质量的不断改善，从而提升整体金融资源的运行质量和效率。

"以客户为中心"是服务文化建设的核心

随着我国市场经济的深入发展,"以客户为中心"的经营理念深入人心,虽然大家感觉很平常,但是这一经营理念的确立和发展却标志着现代企业价值观的深刻变革,它伴随着国有企业股份制改革而引领我国国有企业真正跨入了现代企业的大门。从这个意义上讲,没有"以客户为中心"的经营理念的确立,在我国就没有真正的作为市场主体的现代企业。

可以说,"以客户为中心"的经营理念,既是现代金融企业价值观的核心,也是现代金融企业的根本标志,更是现代金融企业实现价值最大化的最高智慧和策略。

一、"以客户为中心"的经营理念是现代金融企业价值理念的核心

客户是现代金融企业生存发展的土壤,是获得市场和利润,创造价值的重要源泉。服务客户是现代金融企业的基本职能。"以客户为中心"的经营理念是实现价值最大化的根本前提,因而是现代金融企业价值理念的核心。

"以客户为中心"的经营理念是所有出类拔萃、基业长青的企业坚信和恪守的哲学信条。这早已为花旗银行、沃尔玛、微软、海尔、联想等众多企业的成功实践所证明。

考察世界企业发展的历史，从1769年英国第一家现代纺织企业诞生到现在的240多年中，企业的核心经营理念先后经历了"以产品为中心"、"以利润为中心"、"以销售为中心"和"以客户为中心"等不同的发展阶段。每个阶段的企业价值观都与科学技术、生产力水平和市场经济的发育程度密切相关，充分反映了市场社会发展与企业文化的相互促进、相互适应。

　　众所周知，企业作为市场经济的重要主体，其基本的价值取向就是追求利润。这是自1776年亚当·斯密发表《国富论》以来所有经济学家所论证的永恒主题，也是企业家孜孜以求的目标。在从近代到现代社会的长期发展过程中，"以利润为中心"则成为企业追求的唯一目标。但是，这一价值目标的致命缺陷则是忽视或掩盖了实现价值的理念及其实践的过程，而这一过程——包含企业信用、伦理、道德、法律等行为的社会认同——则是决定着企业能否最终实现预期目标的根本路径。有的企业则提出了"以创造价值为中心"，这一经营理念虽然比"以利润为中心"前进了一步，以多元"价值簇"的形式，将客户、企业、股东、员工、社会等不同主体的价值都纳入了伦理取向的视野，但是其根本的缺陷则是模糊了"元价值"创造者的基础地位和价值实现的逻辑顺序，因而在其核心价值观的定位上是不明确的，弱化了企业经营战略目标的指引、激励与约束效用。"以客户为中心"价值理念的境界则完全不同，它准确定位了企业价值创造的"元价值"，即实现价值最大化的基本前提，从而使经营管理者明确了企业可持续发展的根本价值取向，使企业全体员工的智慧和能力、企业的资源配置找到了"价值链"的基点，该价值理念使国有商业银行在向现代股份制商业银行转变的过程中将游移模糊的目光准确地聚焦于正确的发展"方向标"上。

　　毋庸置疑，从20世纪50年代以来，国有企业经历了若干重大的历史变革，而从产权制度入手的股份制改造，无疑是最具企业本质的历史性变革。国有企业要清醒地认识到,实现改革发展的最终目标,最重要、最根本的则是建立"以客户为中心"的经营理念和实现这一价值理念的市场化的经营机制。如果这一根本任务不能尽快实现,或者不能很好地实现,或者完全没有实现,国有企业在国内外激烈的市场竞争中就会失去已有的优势,也将难以形成竞争力,科学发展和可持续发展就是一句空话。

对于金融企业而言,树立和践行"以客户为中心"的经营理念的重要意义在于:(1)在企业核心价值观、企业哲学、企业伦理等精神层面上,澄清了近几年来的始终未能解决的模糊认识,确定了正确的价值取向,从而给金融企业改革发展以科学正确的战略定位,同时也给员工指出了努力的目标和方向,丰富了金融企业文化的先进性内涵。(2)能够促进金融企业市场"角色"的根本转变,使其能够主动地从客户需求、市场变化的视野审视、调整和创新服务制度、流程和产品。这不仅能够增加客户满意度和忠诚度,培育优质客户群体,而且能够灵活敏捷地捕捉市场机遇,培育和发现"新的增长点",引领市场,取得竞争优势。(3)能够进一步优化资源配置,使企业人力、财物、信息、技术、管理等资源使用到"元价值"的创造上,这不仅有利于企业内部各职能部门之间的沟通、协调、合作,而且能最大限度地降低由于企业内部多元价值取向而导致的资源浪费,从而提高资源的使用效率。(4)有利于推动人本管理,践行"以客户为中心"的经营理念必然要求各级管理者回归对"人性"的管理,从而给广大员工更多的人文关怀和职业价值关照,通过提高员工的满意度来提高客户的满意度和忠诚度。(5)更为重要的是能使金融企业深深扎根于客户土壤和实体经济土壤,提高综合竞争力、价值创造力,树立良好的企业形象,促进金融企业稳定、持续、健康发展。

二、树立和践行"以客户为中心"的经营理念需要解决的几个问题

诚然,从金融行业来看,相较其他具有明显垄断地位的行业,市场竞争比较充分,金融企业的风险意识、合规意识、竞争意识和服务意识明显得到了增强,但是从个别企业来看,"以客户为中心"的经营理念仍然没有真正树立起来,在一定程度上还是"以自我为中心"或"以风险为中心",让客户感受到的则是服务态度差、服务效率慢、办理贷款难、收费名目繁多、理财产品风险提示不够等。"以客户为中心"的经营理念的重要价值在于:金融企业以满足客户需求为最高追求,在优质服务中实现共赢、多赢。

金融企业树立和践行"以客户为中心"的经营理念,必须重视并着手解决以下几个主要问题。

(一)较强的"官本位"意识

这一突出问题渗透于社会的各个阶层、各个方面,其形成既有长期的传统历史文化根源,也有金融企业作为国有企业的体制机制影响。"官本位"意识的主要危害是:扭曲作为市场主体的金融企业的角色定位,潜意识里以行政官员的"思维方式"和"行为方式"看待事物、处理问题,从而不自觉地自我强化"官商"意识和作风,弱化作为"商人"的触角灵敏、捕捉机遇、随机应变、雷厉风行的意识和行为,降低整个企业组织的运行效率;转变不了市场角色,难以真正树立"以客户为中心"的经营理念,思维方式、行为方式难以"以客户为中心";引导员工把"职级晋升"作为自我价值实现的最重要的唯一路径,从而把更多的智慧和精力用在搞人际关系上,而不是潜心投入学习和工作,浪费了人的智力精神资源;同时,

严重弱化勇于承担工作责任的内在激励——因为工作干得越多,失误或错误越多,对于晋升越没有好处。

(二)运用"潜规则"的偏好

其产生的主要根源是受我国传统社会"情感"道德伦理文化的影响。其主要表现是:缺乏对法律制度和契约信用的崇拜意识,缺乏恪守规则的自我责任认同;视严格遵守"显规则"为死心眼和能力不足,有着运用"潜规则"为自身或小团体谋取利益的强烈偏好,直接导致搞"上有政策,下有对策",因为追求现实功利而导致经营短视与行为短期;围绕客户和市场,集中精力和智慧研究市场变化、细分市场状况、把握客户需求、创新服务产品和手段、实施差别化服务等工作做得很不够,有的管理人员把大量的精力和时间用于社会交际——而现阶段社会交际的有效路径就是运用"潜规则",因而这就更加强化了"潜规则"在经营管理中运用的习惯性偏好,致使企业统一的价值理念、政策制度"失灵"或"变味",这不仅严重影响企业统一制度政策的权威性,削弱整个企业组织的运行效率,而且严重损害制度政策的"硬约束"的信誉,弱化企业各层级组织和员工的"执行力"。

(三)员工心理压力较大

从有的金融企业所做的基层员工思想动态调查来看,一些骨干员工流失很多,操作性案件不断发生,这些现象充分反映了一些金融企业员工对自身职业发展的心理预期不够稳定。一方面,直接原因是机构改革调整力度较大,年龄较大员工感到职业发展的危机;市场竞争激烈,业务发展压力大,层层实施业务指标考核,让员工感受到的只是奖罚的压力和工作的疲惫。另一方面,缺乏人性化管理,领导者对员工身心关心不够,致使心理压力不能及时得到排遣和舒缓,难以"快乐工作"。

(四)价值理念与制度机制未完全匹配

有些金融企业的制度机制设计、服务产品开发与"以客户为中心"的经营理念缺乏相互匹配与支撑。如果用"以客户为中心"的经营理念来审视金融企业的制度机制,就可能发现会有好多需要作进一步的调整、扬弃、完善和创新。而服务产品、服务网络的开发和应用,更需要"以客户为中心"的经营理念来引领和支撑,否则就得不到客户的满意和认同。检验服务产品和网络的成功与否,客户和市场的满意认同是唯一标准,也是最高标准,其他任何别的什么都不是标准。在这方面,从目前客户、市场反馈的信息来看,一些金融企业还有大量的工作要做。

(五)单一的业务指标考核

毋庸置疑,企业进行业务指标考核是十分必要的,而且是非常重要的。其运用业务考核的指导理论、方法模型越科学、越先进,经济杠杆的作用发挥就越充分,对于业务的健康发展就越有利。但是,问题的关键是现代企业管理理论和大量的管理实践告诉我们,作为由人的群体组成的企业组织,不能忽视人性管理,而单一的业务指标考核,不仅容易导致经营上急功近利的短期化行为,而且也不利于员工队伍的稳定,特别是不能将员工的工作压力转变为工作动力,做到累并快乐着。需要指出的是,近年来,很多欧美世界500强企业,运用平衡记分卡进行绩效管理。这种方法将人的经营管理活动与其活动结果相对应,既见人又见物,克服了传统管理只见物不见人的弊端。

(六)战略研究与应用欠缺

有些金融企业缺乏对宏观经济发展趋势和市场发展的研判,发展战略目标不清晰且不断变换,使基层管理人员和员工无所适从。例如,对经济发展周期的把握、对房地产市场变化的预测、对煤钢油电市场变化的预测,以及对国内居民消费倾向伴随经济收入增长、产品结构调整而呈现的规律性特征的认识与把握等。这不仅直接影响着信贷投放政策、资源配置指向、利润增长点的培育、客户市场的拓展和先入优势的发挥,而且更为重要的则是难以把握客户需求,真正做到"以客户为中心"。

三、树立和践行"以客户为中心"的经营理念的措施选择

第一,金融企业要深入开展"以客户为中心"的经营理念学习研讨。中国改革开放的历史经验告诉我们,观念先行局面新,观念转变天地宽。通过"以客户为中心"的经营理念的学习讨论,使各级领导人员、管理人员和广大员工对其普遍认知和高度认同,使之成为员工的职业信念,变成实实在在的行动。

第二,深化管理体制改革,转变"角色"。要按照市场竞争的要求和经营规律,取消领导人员和管理人员的行政官员级别的这一做法,建立以德能与业绩为本位的管理人员选拔机制。中国银行早在成立有限公司的新闻发布会上,就向社会披露取消各级领导人员的行政级别,这一做法产生了良好的社会反响。企业是市场交易活动中最重要的主体,作为"商人"的企业管理人员有着自身的社会身份定位、游戏规则、信用伦理规范、职业资质要求和社会认同标准,这跟行政官员有着很大的差别。取消行政官员级别有利于淡化"官本位"意识,有利于各级管理人员市场角色的转变和定位,提高企业管理人员适应市场的能力和素质,促进其在观念意识、思维方式和职业行为上真正做到"以客户为中心"。同时,要坚持德能与业绩本位标准,尽快建立与市场主体需求相适应的管理人员选拔制度和

机制，造就一支适应企业发展的优秀"经理团队"。

第三，调整和完善"绩效考核指标体系"，形成基于人本管理的综合绩效考核机制。从财务管理的视角来看，一些金融企业"绩效考核指标体系"的设计思路比较完善，但是，从稳定实现可持续发展着眼，还应加快学习借鉴国际一流金融企业的成功做法，把员工学习成长（平衡记分卡指标之一）和员工满意度、客户满意度作为"硬指标"纳入"综合绩效考核指标体系"。这样在一定程度上，能够克服"只见物，不见人"的考核弊端，给各级管理人员实施人本管理以内在激励，同时也迫使各级管理人员提高自身的人文素质，更为重要的则是通过员工的忠诚培育忠诚的客户，使企业基业长青。

第四，按照"以客户为中心"的经营理念梳理、完善和创新制度机制。对经过实践检验证明已经滞后的制度、机制、流程，要进一步梳理、调整和完善，对不能满足客户服务需求的制度、机制和流程，加快完善、改进和创新，从根本着眼、从源头抓起、从棘手处入手，有效解决那些长期以来影响金融服务质量和效率的"瓶颈"问题。观念、理念是生产力，制度、机制则是更重要的生产力。开发金融产品必须把"以客户为中心"作为最高价值理念，整合各种资源，科学设计流程，正确处理收益与风险的关系，最大限度地实现客户满意。

第五，构建统一的价值理念，强化员工认知认同。金融企业要从高层做起，积极倡导、丰富、实践企业价值观，把企业核心价值理念作为各级领导人员和员工职业培训的核心内容。要把"以客户为中心"的经营理念渗透到经营管理的全过程，使之转化为各级机构的经营行为和各个岗位员工的职业行为，真正发挥"使领导者做正确的事，使员工正确地做事"的激励与约束作用。积极借鉴国外企业文化管理的经验和做法，围绕核心价值理念，优化文化资源配置，通过建设人本文化、服务文化、信贷文化、风险文化、品牌文化等,丰富企业文化内涵,形成企业文化强势,使每个员工都在先进企业文化氛围下学习、工作、生活,养成良好的职业道德操守和职业行为习惯,弱化地域文化对当地员工价值理念的影响和干扰,使文化力转化为竞争力、生产力。

第六,加强战略管理的研究与应用。战略管理分为企业整体发展战略、业务发展战略、内部组织运行战略三个不同层次,内容十分丰富,信息总量巨大,各个相关课题都有一定的专业难度。只有高素质的人才团队才能够胜任。金融企业要高度重视战略研究,这是企业经营的望远镜,也是显微镜,在研究理念与思路上,要高目标、高起点、高定位、高标准,为经营管理和科学发展提供政策、智力、信息支持。各金融企业要面向海内外公开招聘专业人才,像世界500强企业那样,建立战略管理研究与应用的研究机构。以此为平台,充分发挥其聚集人才、运用智慧、扩散信息、支撑决策的重要基础作用,进一步提升经营管理水平,实现科学发展。

践行"以客户为中心"是改进服务质量与效率的关键

现代商业银行作为追求利润的市场主体,坚持"以客户为中心"的价值理念几乎是普遍的共识,本不该存疑,但是由于国有商业银行复杂历史的特性、市场角色转变的艰难、现代企业知识经验的不足以及我国市场发育得不成熟,人们对这样一个并非复杂深奥的问题产生了争论。笔者于 2005 年 7 月写文章就为何要坚持"以客户为中心"的价值理念进行了分析,但是从目前的情况来看,就这一问题还需要作进一步的讨论和厘清。

一、坚持"以客户为中心"是社会经济发展和金融竞争的必然要求

(一)社会经济发展的要求

考察现代企业发展的历史,企业的核心经营理念调整经历了三个阶段,即从以产品为中心发展到以利润为中心,再发展到以客户为中心。20 世纪中后期,社会发展已进入了知识经济社会,经济金融、技术信息的全球化趋势日益显现,呈现出开放、沟通、合作与共享的特点。市场经济更加成熟,经济发展模式、人们的价值观念、生活消费观念与行为方式等都发生了巨大而深刻的变化,给企业经营管理和服务营销都提出了新的挑战。"客户"直接影响并决定着一

个企业的发展目标、经营管理理念、竞争策略、营销方式等的选择和定位。企业发展彼此相互依赖的程度不断提高，对任何一个企业来说，"客户"是其获取最大化价值的基本前提，也是生存和发展的必要条件。因此，"客户市场"的重要地位决定了企业的核心价值取向必须以客户为中心。

（二）金融服务面临的挑战

随着我国全面改革开放的步伐加快，特别是互联网、信息技术的飞速发展，以及全球经济金融危机后各国经济的转型，金融竞争进一步加剧，主要表现在以下方面：一是服务能力竞争日益重要。金融的激烈竞争，不仅是中外资银行数量的日益增加，而且更重要的则是金融服务能力的竞争。这种能力集中体现在对优质客户的服务上。它是经营战略、营销理念、经营管理机制、人力资源开发、产品创新、资源配置等要素的有机整合与效率提升。在这方面，我们还存在很大的差距。我们常引以为豪的，无非是国家信用支撑、网点规模大、资金实力强等，其实这些都是传统的金融观念及潜意识里对于国家信用的依赖情结。市场告诫人们：靠任何别的力量支撑而生存的企业是没有前途的；企业要生存与发展，只有一条路，那就是靠自身的素质、活力与力量。近几年，一些股份制银行的强劲发展，足以证明"竞争的力量"与"市场的神奇"。二是经营战略与策略选择难度增加。美国一项营销战略专题研究结果表明，在企业关键制胜因素中，"战略制定"占50%，依次是"顾客满意"（33%）、"质量保证"（23%）、"革新创意"（15%）、"市场应变"（12%）。《细节决定成败》卖得很火，但是"细节决定成败"是有前提条件的，那就是首先必须战略决策正确。如果战略决策错误，细节上做得越好，恐怕危害越大、损失越重。正确定位发展战略和选择经营策略，是形成核心竞争力、扩大市场份额的根本前提。目前，在银行服务"同质"现象严重的情况下，客户市场则成为同业竞争的"焦点"，市场策略的选择变得十分困难，并使决策风险不断加大。远离客户，盲人瞎马；各个击破，一个不破，这是兵法大忌，当然也是市场竞争的大忌。三是客户服务期望值不断提升。随着社会经济的发展，人们的价值取向、思维观念、行为方式都在发生深刻变化。很多一线员工感到，一直致力于提升服务质量，不断推出新的服务品种，但是客户的满意度不仅没有相应提升，反而客户投诉有增无减，客户的需求似乎变得难以满足。实质上是客户对银行服务的综合化、个性化和专业化的期望值不断提高。四是服务电子化步伐加快。互联网条件下的全球化、电子化、虚拟化、数字化将是金融服务发展的必然趋势。随着国内利率市场化步伐加快，银行利差收入占利润的比重将逐步缩小，服务费收入将成为银行的主要利润来源。也就是说，是否具有强大的金融服务能力将决定着商业银行的生存和发展，而这又取决于银行电子化网络的服务水平。目前，外资银行在网络化电子银行服务方面，已经形成了强大的竞争优势，而国内银行尚处于发展阶段。我们在服务营销理念、网络技术开发、业务流程、产品创新、服务功能完善、风险控制、员工操作技能提升、中后台服务支撑等很多方面，都存在着很大差距。对此我们必须增强危机意识和责任意识，加快推进金融服务的电子化建设。

（三）发展战略目标的调整

面对我国宏观经济形势和微观金融环境的深刻变化，国有控股商业银行抓住实施股份制改造的历史性变革和发展机遇，对发展战略目标进行了重新调整，提出建设具有价值创造力、市场竞争力和为客户提供最佳服务的现代金融企业的战略目标。这一新的定位，其根本特征就是适应经济金融全球化发展趋势，彻底摆脱过去国有专业银行的痕迹，体现现代金融企业的本质规律和属性。坚持"以客户为中心"的价值理念就能够为客户提供最佳服务,而为客户提供最佳服务就能够提高竞争力、创造最大化价值。

二、践行"以客户为中心"必须正确认识和处理的几个关系

第一,"以客户为中心"与"实现价值最大化"的关系。目前,在金融企业各级管理人员、基层员工中,仍然有一些人没有弄清"以客户为中心"与"实现价值最大化"之间的因果关系,认识不到客户是价值创造的重要源泉,甚至有的仍然站在银行自身的角度研究价值增长问题,事实上仍坚持以"实现价值最大化"为中心。前不久,某银行对基层员工所做的一项问卷调查显示,有70%以上的员工认为"以客户为中心"和"以效益为中心"都对,在经营理念认知上出现了多中心现象,这对于改进服务、提高市场竞争力、实现价值最大化将产生不利影响。

众所周知,全球著名企业都能从企业、客户、雇员、股东、同业、合作者等"价值链"中找到基础价值——"客户",并实施"以价值创造为中心"的经营战略,那么我们为什么面对这么简单的问题还难以达成共识呢?其主要原因如下:一是现代企业的市场化价值理念没有形成,思想观念还滞留在原来国有企业经营理念阶段;二是尚未完成向"市场主体"角色的根本转变,也就是说还没有变成"纯粹"的商人,而商人的眼睛只盯着市场竞争者,脑子里只想着质量和效率;三是存在以企业自身为中心的狭隘思维方式,精明于算自己的小账,缺乏谋市场的大智慧与大战略。由此看来,银行对"以客户为中心"的经营理念的学习教育任重道远,应坚持不懈地抓下去。

第二,"以客户为中心"与"有效控制风险"的关系。这个问

题在很多金融企业都存在着一些认识误区。有的认为应把控制风险放在第一位，即"以防范风险为中心"。防范风险对于现代商业银行经营管理的重要性即使是非金融从业人员都会知道。问题的根本在于如何理解风险和正确防范风险。广义的风险是指银行经营管理的内外部产生各种损失的可能性。既然是"可能性"，并不就是"必然性"，那么作为高风险行业的金融企业，其正确合理的选择应是用智慧经营风险，靠能力控制风险，以此获得最大化收益。狭义风险是指员工败德行为导致各种案件的可能性。我们对风险的理解往往是狭义的，所以一提风险就是案件、损失，却不知道问题的另一面，即把控制风险做到极端，就会产生威胁整个企业生存的最大风险——优质客户流失了，竞争力下降了，业务萎缩了，何谈创造价值和可持续发展！这里需要强调的是，防范风险也要讲成本、讲科学合理之"度"。当某项"防范风险"的措施超出科学合理的界限而导致"优质客户"流失或被"屏蔽"，并且"优质客户"流失或被"屏蔽"所造成的损失超过该项"防范风险"措施的预期收益时，该项"防范风险"措施本身则就成了新的"风险"，因而需要重新审视和调整。"以客户为中心"与"有效控制风险"本质上是统一的。道理很简单，坚持"以客户为中心"，把大量优质客户吸引过来，而优质客户都是信用度很高的企业，自然降低了银行的经营风险；抓好优质服务将会提高内部管理水平，而管理水平的提高，自然会降低内部违规操作的风险，所以二者之间是相互支撑，相得益彰。

第三，"以客户为中心"与"差别化服务"的关系。有的人认为，"以客户为中心"就是无条件地满足任何客户的任何业务需求，并且提出反问"难道我们也以劣质客户为中心吗？"。其实，这犯了偷换概念的逻辑错误，从而模糊了该理念的本质内涵。其基本推理是，要坚持"以客户为中心"，"劣质客户"也是客户，所以要坚持

"以劣质客户为中心"。请看同样的逻辑推理,要坚持"以人为本","犯罪分子"也是人,所以要坚持"以犯罪分子为本"。显然,这种推理是荒谬的。其实,正像"守法公民"属于"人"的基本范畴一样,"守法、诚信客户"则是"客户"的基本范畴。因此,在现实操作中,"劣质客户"不仅被所有银行排除在服务范畴之外,而且被记入社会信用管理档案的"黑名单"而遭市场淘汰。对于在一线窗口无理取闹的个别顾客,我们将晓之以理、动之以情,做好说服工作。正是因为坚持"以客户为中心",所以才必须实施差别化、个性化、综合化服务。因为客户对金融服务的需求是千差万别的,通过创新服务产品,满足不同类型客户的需求,这是对"以客户为中心"的经营理念的具体体现和准确诠释。只有坚持"以客户为中心"的经营理念,才能有发现自身不足的勇气,才有不断创新的动力,才能提高市场竞争力,才能创造最大化价值。

第四,"以客户为中心"与"中后台管理岗位"的关系。目前,存在一种错误认识,一提推进"以客户为中心"的服务,就想到基层一线,好像服务客户只是一线员工的事。其实推进"以客户为中心"的服务是各个单位、部门的基本职责,是全体员工的共同任务。一方面,基层一线的服务质量和效率离不开中后台的支撑。从很大程度上说,中后台服务决定着基层一线员工服务的质量和效率。因为中后台负责制定服务的制度、机制、流程,负责服务产品的整合、开发和创新,基层一线员工只是具体执行者、操作者。因此,只有基层一线与中后台形成有机的统一体,"以客户为中心"的服务才能真正落到实处。另一方面,从总行到基层网点,都担负着营销和服务客户的责任。从总部领导到普通员工都是客户经理,而各级主要领导则是"首席客户经理",总部应该抓好大客户的源头营销,但是大客户的维护和服务工作则需要基层机构网点去做好。只有上下联动,才能服务好客户。

三、制约金融服务质量与效率的主要问题及其对策

某家商业银行的问卷调查结果表明,金融服务质量与效率的"瓶颈"问题,主要存在于制度与机制、业务流程、二线为一线服务、产品创新等方面。这些问题表现在一线网点,但根源则在中后台。

(一)加快对服务流程的优化和改进

当前,一些金融企业的"数据集中处理系统",存在着操作环节过多、单笔业务经办时间长、有些功能缺失等诸多问题。有的系统在开发设计理念上,注重风险控制较多,在突出服务功能、方便客户方面考虑不足,在技术、功能上存在着明显的缺陷,服务效率低下,致使网点出现"排队"等候现象。因此,要调查、跟踪、收集一线网点在客户服务中发现的那些制约服务质量和效率的规定、程序、功能、环节等问题,以此优化服务制度、流程、产品和机制。

(二)改进关键业务指标(KPI)考核体系

目前,有的金融企业的综合绩效考核体系缺少"服务质量管理"指标,直接导致一些分支机构的管理人员抓"服务质量管理"的内在动力不足,投入精力不足,使"以客户为中心"的经营理念落实的力度不大,同时,导致"二线为一线服务"难以落到实处。因为中后台跟一线没有相互制约关系,更没有共同的利益联系,有的只是单向的上对下的约束、规范、检查、处罚,中后台自身的责任没有纳入监督、考核之中。所以直接导致中后台为一线解决问题的效率低,基层一线反映上来的问题,中后台答复或解决的效率往往令一线不够满意,甚至多次反映,毫无结果。目前,国有控股商业银行普遍存在后台部门协调沟通困难的问题。根源在于缺乏部门协调

机制、利益分配机制、责任追究机制等，导致需要几个部门协调解决的服务问题，久拖不决，甚至推诿扯皮。因此，要有效解决上述问题，应在关键业务指标（KPI）考核中增加"服务质量管理"指标，并设置一线网点对总分行的考核，将网点、总行、分行捆成一个利益主体，真正使"二线为一线服务"落到实处。

（三）调整相关政策，体现"差别化"服务

一些金融企业信贷服务效率低下，一笔信贷业务从立项到资金到账，一般需要2~3个月的时间，最快也得半个月以上。主要表现如下：一是信贷政策和操作流程"一刀切"，没有体现"差别化"。特别是大型商业银行的信贷管理政策和操作流程，是以规范的国有大中型企业为对象制定和设计的，不能适应长三角、珠三角、环渤海经济发达地区的中小微企业的服务需求，缺乏政策的灵活性，严重制约业务的拓展，而这些民营企业一般都占当地企业总量的90%以上。二是程序烦琐，重复劳动。大型商业银行在授信额度内，对同一企业发放每笔贷款都要履行相同的手续，重复劳动，档案资料上百页，客户经理只能顾及档案资料的表面完整，无暇深入企业调查和营销。客户也常因等待过长而选择其他股份制银行。大型商业银行信贷管理政策的"一元化"、操作流程的"单一化"不能很好地适应多元化、差别化和综合化需求；另外，经办人员追求风险责任最小化与市场需求高效化的矛盾，是影响资产业务服务效率的重要因素。实施差别化服务，首先是政策、制度、流程的差别化，其次是产品的差别化。金融企业应按照国家产业政策和监管部门要求，根据不同区域、行业、客户的特点，加快研究、调整、制定、优化信贷管理政策、产品定价制度和产品开发程序，加快改变目前"一刀切"的政策、制度、流程等，尽快纠正和避免"一人得病，全体吃药"、"上面得病下面吃药"、"感冒和腹泻吃同一种药"的现象。

(四) 加快产品创新，提升服务水平

一些金融企业在服务产品竞争方面优势不多，现有的服务产品功能整合和提升过于缓慢，甚至还存在着违规揽储、不正当竞争现象。由于各项业务产品缺乏创新，现有的产品不能满足市场和客户的需求，因而难以形成核心竞争力。金融企业应加快建立与"以客户为中心"的经营理念相匹配的"市场、产品、客户"三位一体的研发机制，推进数据仓库、ERP项目、客户信息系统、风险管理系统等信息工程建设，使市场、客户信息及时、畅通地采集和反馈，以促进服务产品的不断整合、优化和创新，提高核心竞争力，更好地服务客户，促进实体经济发展。

(五) 强化"人本管理"工作考核

由于一些金融企业综合绩效考核体系缺乏"人本管理"指标，直接导致了分支机构对员工队伍管理重视不够，重"数字"考核，轻"人"的管理。某金融企业的一项调查显示，76%的员工认为积极性没有得到充分发挥，职业预期不稳定。主要因素是有效激励不足、工作强度过大、对职业前途信心不足、员工对企业忠诚度偏低等。调查发现，基层员工心理压力很大，在一些单位同工不同酬，并随时面对处罚、下岗、解聘的威胁。金融企业要坚持"以人为本"的管理理念，着眼长远发展，在关键业务指标（KPI）考核中增加"人本管理"指标，促使各级管理人员重视员工管理，造就一支高素质的员工队伍。

构建"以客户为中心"的服务文化管理体系

一、服务文化管理的基本概念

1. 客户。这里指内、外部客户。外部客户指金融企业服务的消费者,内部客户特指金融企业内部员工。

2. 服务。它指存在于接触过程中的有形或无形的一系列活动,它通常但并非一定是发生在客户和服务雇员、产品或服务供应商之间的交互活动。具备服务性的品质要素包括可靠性、响应性、保证性、移情性等。

3. 以客户为中心。它指企业经营管理活动以客户为导向,围绕满足客户需求而不断改进和优化制度、机制、流程、产品等,从而为客户提供优质服务。

4. 服务文化。它指在"以客户为中心"的战略目标及其价值理念指引下形成的并为全体员工自觉遵循的统一的思维方式、制度规范、职业道德,以及与之相匹配的服务行为、产品、形象与环境的总和。

5. 服务文化管理机制。构筑于"以客户为中心"的价值理念基础上的系统化管理体系。其基本内容包括服务战略目标定位、客户服务识别系统、客户服务标准体系、客户服务创新改进系统、需求—响应信息系统、客户服务考评系统、客户服务资源保障体系等有机统一的服务管理系统。

二、服务文化管理的主要功用

1. 推进企业战略转型。伴随经济和社会的发展，金融企业发展战略要与客户需求相适应，就必须实施经营转型，对业务结构、信贷结构、客户结构、产品结构、利润结构等进行优化和调整，转变发展方式，最终实现由以贷款利差收入为主向以中间业务服务收入为主的发展模式的转变。战略转型是一个动态过程，周而复始，没有终点。

2. 推进管理机制改革与创新。适应社会经济发展和客户金融服务需要，促进"以客户为中心"的服务理念及其制度、机制、流程、产品的创新，加快向现代商业银行经营管理机制的转变。

3. 提升综合服务能力。构建"以客户为中心"的服务文化，通过服务管理体制、机制、流程、产品的不断创新，实施个性化、差别化、精细化、综合化金融服务，提升服务水平、市场竞争力和价值创造力，实现可持续发展。

4. 提高风险内控能力。制定并执行统一的服务理念、道德规范、行为准则，使之有效地约束员工职业行为，防止违规行为及案件发生，提高风险内控能力。

5. 推进服务品牌建设。通过推进"以客户为中心"的服务文化建设，提升服务品质，塑造一批具有很高知名度和美誉度的服务品牌，提升企业品牌形象和品牌价值。

6. 提升企业核心竞争力。金融同业的竞争关键在于服务的竞争。核心竞争力的提升关键在于服务的不断优化和创新，而其核心则在于树立和践行"以客户为中心"的经营理念。

三、服务文化管理的实施目标

1. 全体员工牢固树立并自觉实践"以客户为中心"的服务理念，不断提升服务质量与效率，实现战略目标（愿景）。

2. 推动服务文化管理体制、制度、机制、服务流程的改进、优化和创新，着力解决制约和影响服务质量和效率的"瓶颈"问题。

3. 建立和完善企业统一的服务标准、服务规范，全面提高服务水平和客户满意度，增强服务能力和风险内控能力，不断提高资产质量和经营效益。

四、服务文化管理体系的基本内容

1. 客户服务认知系统

（1）向员工与客户进行"以客户为中心"的服务战略以及企业愿景、使命、核心价值观、经营理念、行为准则等的宣导与灌输。

（2）制定服务宗旨、服务方针、服务目标、服务标准和服务规范，并向员工持续宣导，强化员工认同。

（3）以客户为核心，明确企业组织内部的职责与权限，建立内部横向与纵向的有效沟通机制、责任机制和利益联动奖惩机制。

（4）员工全面了解本机构向客户承诺的服务标准、质量与效率，接受客户及社会调查评估机构的监督与检查。

2. 客户服务需求识别系统

（1）标志服务"接触点"。按照客户与员工面对面接触、客户与机器（ATM）接触、客户与网络（计算机、手机互联网及电话通信网）接触、客户与产品（各类银行卡）接触等渠道，及时收集客户需求信息。

（2）描绘客户体验。通过客户在产品体验中心的亲身体验和服务"接触点"的体验，分析确认客户的期望和感觉、知觉之间的差距。

（3）客户投诉处理。客户服务中的任何"接触点"，都可能发生客户投诉，这是客户对于服务不足或"缺陷"的最直接有效的反馈；建立健全金融企业统一客户投诉信息的收集、归类、分发、处理、反馈、改进管理体系，是不断优化流程、提升服务水平的重要途径。

（4）客户需求信息处理。从不同渠道收集到客户对服务的业务范围、制度流程、产品种类、数量额度、时间地点、途径方式等需求信息，及时反馈中后台，由服务管理职能部门牵头，或限期整改，或优化改进，或创新研发，不断提升服务水平。

3. 客户服务规范与标准体系

（1）企业组织和员工行为准则或职业操守。

（2）金融企业柜面服务标准或服务规范。

（3）客户经理服务标准或服务规范。

（4）客户投诉处理的工作流程和标准规范。

（5）二线为一线服务的工作准则或服务规范。

（6）客户服务电话（如95588、95566、95533等）的服务标准与规范。

4. 企业品牌管理体系

（1）品牌战略规划、品牌管理办法、品牌价值评估等。

（2）产品品牌的发展规划、形象标志、产品设计、产品研发、产品品牌策划、市场营销及广告宣传。

（3）服务品牌（包括渠道、模式、流程等）的发展规划、形象标志、总结提炼、标杆管理、市场营销及广告宣传。

（4）金融企业营业网点形象标志（VI，包括字体、颜色、风格、画面等）的策划设计、规范标准、统一管理及媒体传播。

（5）企业品牌的形象与声誉维护、知识产权保护、价值提升、市场监测及价值评估。

5. 客户服务评估与考核体系

（1）客户服务评估范围。所有分支机构及前台人员、中后台人员。

（2）客户服务评估指标。设置能够反映客户满意度与忠诚度的主要相关指标，包括服务态度、服务质量、服务效率、服务环境、服务管理等内容，还应包括首问负责实现率、服务差错率、需求响应完成率、优质客户市场占有率、客户有效投诉率等相关指标。

（3）服务评估途径方式。它包括内部会计信息采集、日常服务检查、客户问卷调查、服务电话信息反馈、神秘人暗访、行业协会或社会评价机构（城市调查队）调查等。

（4）服务评估工具包括 GAP 差距模型、客户满意度模型、客户贡献度模型、数理统计等。

6. 客户服务保障与支持体系（中后台）

（1）组织管理机构。以不断提高服务质量和效率为目标，通过持续改革、调整、优化、创新，最大限度地适应市场、客户的多元化、综合化和差别化服务需求。

（2）政策制度流程。围绕客户的多元化、综合化和差别化服务需求，不断进行梳理、改进、优化。

（3）人力资源管理。根据客户的多元化、综合化和差别化服务需求，强化职业素质培训和专业化能力训练，不断改进和优化人力资源配置。

（4）综合信息处理。实时采集市场、客户的各种信息和集中处理业务运行信息，为经营管理的决策、改进、优化和创新提供支持。

（5）产品技术研发。积极学习应用前沿信息科技，根据客户的多元化、综合化和差别化服务需求，不断提升、优化、研发金融产品和服务网络系统。

（6）服务渠道设施。根据市场变化和客户服务需求，调整、增加、裁减基层网点机构及人员，更新服务设施，优化服务硬件环境；优化电子银行、网上银行、手机银行、电话银行等服务流程，确保安全、快捷、优质服务。

（7）风险内控机制。制定和实施一系列制度、程序、方法和工具，对风险进行事先防范、事中控制、事后监督和纠正的动态管理，建立健全全面风险管理机制。

（8）激励约束机制。将服务质量与效率的考评结果，纳入综合绩效考核及KPI考核体系，以此实施奖惩。

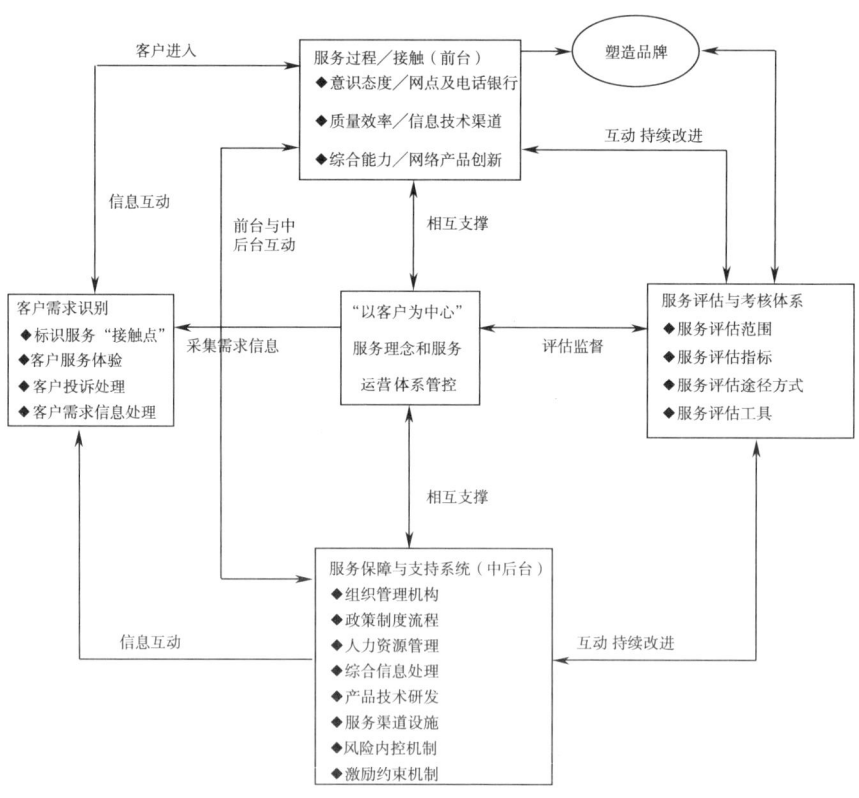

图2　服务文化管理机制主要内涵框架模型

五、服务文化管理机制建设的具体实施

1. 原则与方针

（1）理念与机制匹配。

（2）务实、有效、可操作。

（3）把握关键环节与重点。

（4）不断优化与创新。

（5）实施动态管理与监控。

2. 基础工作与重点任务

（1）推进"以客户为中心"的中后台管理体制、制度、机制、流程改革。科学界定前、中、后台的职责，重新梳理、整合、优化业务流程；建立部门之间基于利益补偿的沟通、协调、联动机制；开发并应用"服务需求—响应信息系统"，为监督、考核中后台为前台一线服务的质量和效率提供平台。

（2）分析确定客户服务"接触点"。分析服务客户的"接触点"，描述识别客户服务需求特点，有针对性地持续改进、优化和创新服务。

（3）制定和完善"以客户为中心"的服务标准和规范。按照服务客户的"接触点"及其接触方式与渠道——柜台面对面服务、客户经理服务、电子银行服务、自助银行服务、信用卡服务等，制定和完善全行统一的服务管理标准或规范，包括《柜面服务标准》、《客户经理、产品经理、大堂经理服务标准》、《产品和业务操作手册》、《员工职业行为规范》，等等。

（4）建立和完善服务人员的职业素养、专业知识、专业技能培训体系。

（5）建立"以客户为中心"的科技产品创新机制。建立和完善

与"以客户为中心"理念相匹配的"市场、产品、客户"三位一体的产品研发创新机制。

（6）建立和完善客户信息收集、整合、运用、反馈机制。

（7）建立科学完善的服务质量评估与考核机制。在建立和完善服务质量管理标准的基础上，建立和完善服务质量管理考核办法，量化考核指标，定期对服务管理的各个环节进行评估与考核，将"服务质量管理"纳入各级分支机构主要负责人的绩效考核（KPI）。

3. 建立项目责任机制与协作机制

在总行企业文化建设领导小组统一领导下，牵头部门负责机制的总体规划、组织协调、服务评估和实施推进工作。服务文化建设可采取成员单位共同实施的运作模式。各成员单位既是探索者，又是实践者；企业文化职能部门可牵头负责服务文化管理机制建设，并负责具体实施"服务质量管理"的考评工作；其他业务相关部门按照职责分工，各司其职，负责本业务条线的服务管理及其相关工作。

4. 方式与步骤

（1）先点后面。服务文化管理长效机制的基本框架形成后，可以采取"先试点再推开"的工作方式，以避免服务管理中的缺陷或不完善影响整体服务。

（2）先易后难。对于经过部分分支机构实践检验已经或基本成熟的方面，总行可先期推广实施；对于需要继续试点探索完善的方面，要深化试点，逐步推广实施。

（3）协调推进。构建"大服务"机制，需要形成前、中、后台，以及各相关部门协调行动、相互配合、整体联动的局面。这种联动机制一定要有利益关联机制作支撑，仅靠个体觉悟或改进作风难以达到预期目标。

（4）与专业咨询公司协作。通过与国际知名专业服务管理咨询机构合作,开发设计服务管理模型与服务管理软件,使服务文化管理长效机制的实施更加专业化、科学化和可持续化。

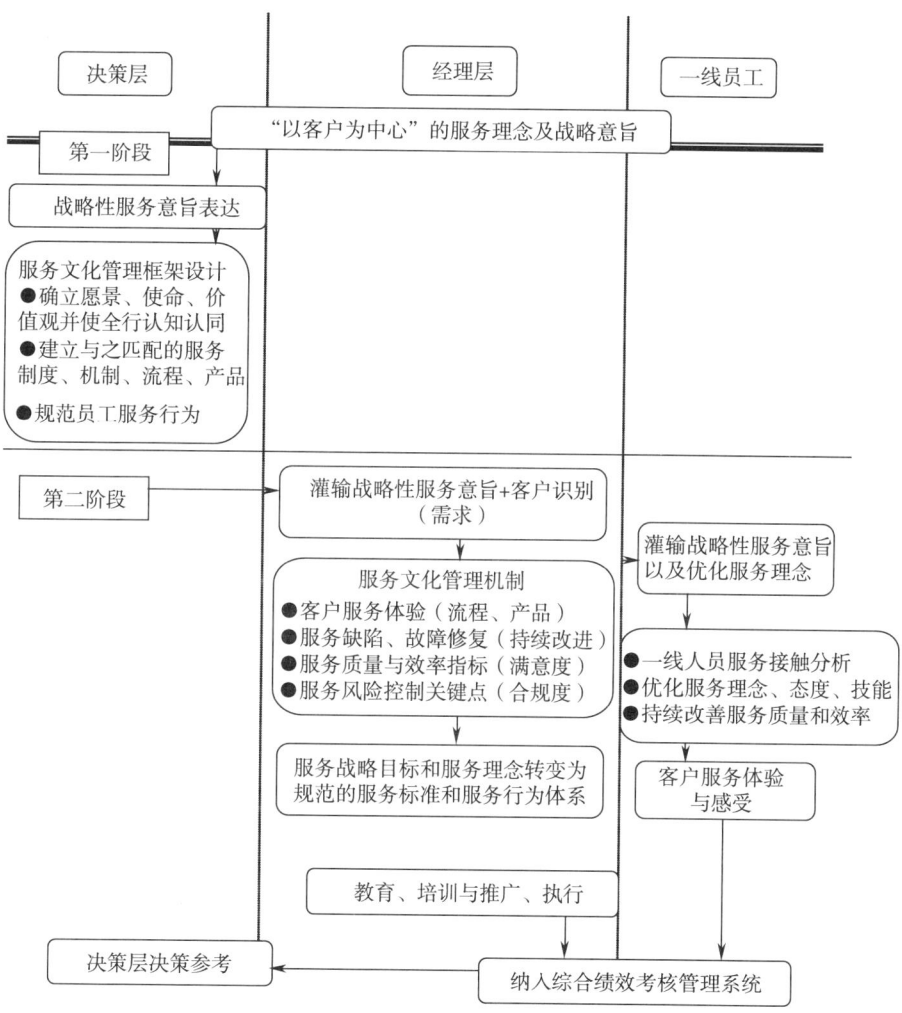

图3 实施运行框架

六、服务文化管理机制实施的组织与管理

（1）决策领导。董事会战略发展委员会和总行企业文化建设领导小组是服务文化建设的领导决策机构，负责对全行服务文化建设工作的决策领导、规划部署、资源配置和组织实施等。

（2）主控部门。企业文化职能部门为主控部门，牵头组织协调各单位、部门的服务管理工作，负责服务质量管理指标的考核工作。

（3）职能部门。各分行、子公司、部门（业务单元），各司其职，具体负责本单位、条线服务质量与效率管理。

（4）保障部门。总、分行本部各业务管理部门为中后台保障部门，应加强横向沟通协调、相互合作，实现责、权、利的统一。

（5）外部专业咨询机构。外部专家咨询顾问参与并协助评估与改进工作。

打造和推广服务品牌的基本经验与做法

一、品牌理论及其分类

(一) 品牌的内涵

品牌形象理论家大卫·奥格威给出这样的定义:"品牌是错综复杂的象征,它是品牌的属性、名称、包装、价格、历史、声誉、广告风格的无形组合。"这一定义被国际多数广告、咨询公司所认同。市场营销专家菲利普·科特勒是这样定义的:"品牌是一种名称、术语、标记、符号或图案,或是它们的相互组合,用于识别企业提供给某个或某群消费者的产品或服务,并使之与竞争对手的产品或服务相区别。"

诚然,关于品牌的定义还有很多种,但这些定义大都是给产品品牌下的定义。事实上,品牌是与一个国家的民族文化密不可分的,它是民族文化心理在顾客对商品认知、认同、消费、审美、评价过程中的投射与反映。因此,品牌一定是企业组织及其所提供的产品或服务的有形物质和无形文化的综合体现,从而使之同竞争对手的产品或服务区别开来,形成自己的竞争优势。从目前中国金融产品与服务营销来看,由于金融产品市场竞争比较充分,同质化现象十分普遍,企业要想使自己的产品形成比较优势,除了产品定位、质量及销售渠道、营销管理体系之外，若从营销、传播企业文化上做文章，给产品注入文化内涵，给产品插上文化翅膀，即通过打造服务品牌，促进产品营销，拓展客户市场，提升竞争力，则会收到良好的效果。

（二）品牌理论及其模型

品牌理论研究已有30多年历史，比较成熟的理论大体有以下几种：一是品牌价值说。如凯文·莱恩·凯勒教授提出的CBBE（Customer – Based Brand Equity）理论，强调客户导向和差异性，具有资产的溢价效用。二是品牌关系延伸理论。在客户认知模式中，知识和印象决定行为，其理论基础是品牌价值说。三是战略品牌管理理论。该理论仍由美国凯文·莱恩·凯勒教授提出，该理论基于品牌价值、品牌资产和顾客关系，强调战略品牌管理与品牌延伸，并提出品牌管理评估模型。四是品牌资产理论。该理论由品牌管理专家大卫·艾克提出。

品牌模型主要有以下几种：（1）大卫·艾克模型（David Aaker，1991），该模型把品牌资产分解为五种要素，即品牌认知价值、品牌知名度、品牌联想度、品牌忠诚度、特殊专有资产，认为品牌创建的核心就在于品牌识别。（2）凯文·莱恩·凯勒模型（Kevin Lane Keller，1998），该模型把品牌创建直接分解为确定符号要素、规划营销方案、发挥相关因素的杠杆作用三大部分，其作用的基点就是认知度和联想度。（3）Y&R模型（Brand Asset Valuator – Young & Rubicam，1993—1998），该模型把成功品牌状态分解为差异度、相关度、认可度、知识度。其中，差异度与相关度决定品牌的强度，认可度与知识度决定品牌的地位，只有四者俱强，才能成为强势品牌。

上述三种模型共同的结论是：品牌来源于客户导向，品牌必须个性化；强势品牌必须为客户接受，并成为客户自己的知识；创建的基础在于认识品牌资产的构成元素。而上述品牌理论及其模型都是基于企业母品牌或产品品牌构建起来的。

（三）品牌分类

本书所说的品牌分类不是行业、功用、生命周期等意义上的分类，而是品牌一般属种概念上的划分，并且这种划分在一定程度上体现了"中国特色"，比如服务品牌、人物品牌、产品品牌等。根据国内企业品牌发展与市场营销的实际情况，我们将品牌分类如下。

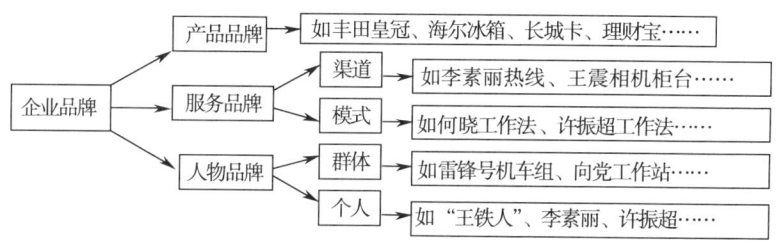

图4　品牌分类

上述分类中，企业品牌，也称为法人品牌，即母品牌，如海尔、联想、丰田、微软等。它是企业全部无形资产的浓缩，也是企业与社会、企业与顾客、企业与自然之间相互作用的产物。有些论著将产品和服务笼统地称为"品牌"，只看到了二者共同具有的"服务"属性，却模糊了二者的区别性特征，不利于品牌营销与品牌管理。众所周知，产品品牌要服务于客户，得依托一定的渠道或模式去销售，形成良好口碑的产品必然会升华为品牌。但是，从服务客户的渠道或模式来讲，由于对渠道或模式的独特经营、精到管理，以及优质服务，销售的也许是普通的产品，而不是品牌产品，但是仍能吸引大量客户，并且在市场中形成一定知名度和美誉度，这也是品牌，只不过是渠道品牌或模式品牌。人物品牌在中外企业中都是企业核心价值观的重要载体,国外企业称为"企业英雄",国内企业称为"先进典型"或"劳动模范"。他们在一线服务,其优良的职业道德、服务态度和服务技能赢得了良好的口碑,为提升企业品牌形象发挥了重要作用。可以说,只要这个先进群体或个人足够出类拔萃,并且持久地保持优良的作风和形象,定能在客户群体的赞誉中升华为服务品牌。

二、服务品牌及其特征

目前,国内外大量有关品牌的论著基本上都是论述企业品牌(母品牌)和产品品牌的建设、传播与管理的,但是从国内市场营销实际情况来看,商业、航空、交通、汽车、家电、金融等服务型企业,比较重视服务品牌的塑造和传播,涌现出了一大批在当地、同业系统乃至全国都知名的服务品牌。然而,对于服务品牌的理论研究还非常滞后,成果也很少。著名企业文化专家高立胜教授对服务品牌给予了很多关注且多有研究,并于2008年在沈阳组织召开了服务品牌营销专题研讨会,就服务品牌培育、提升和宣传进行了探讨。

就目前的现状来看,对于服务品牌的认识和实践仍然存在着一些误区:一是把服务品牌混同于产品品牌,认为二者都是服务的载体,其承担的基本职能也是服务,所以把产品品牌与服务品牌等同起来,致使名称使用、营销宣传比较混乱。二是把服务品牌混同于先进典型。先进典型均为先进群体或个人,而服务品牌是渠道(单位、网点、柜台、热线等)、模式(工作方法、服务模式、服务流程等),并非是个体的人或群体的人,怎么能将二者加以等同呢?三是把服务品牌混同于"宣传语"。有的企业把一句广告语当作服务品牌来宣传,完全抹杀了服务品牌作为"实体"的诸多属性,不利于服务品牌的培育、提升和传播。这些误区需要在理论研究上加以厘清，只有人们对服务品牌的内涵、外延、特征、属性、作用、规律等各种要素达成广泛共识，才能在实践中实现服务品牌建设与管理的规范化和科学化。

什么是服务品牌？它是企业在经营管理、产品营销与客户服务中，长期积累而形成的并被客户所认同的具有自身特色的服务标志（主要为机构、渠道、模式、方法等）。它是企业战略愿景、核心价值观、经营理念、行为规范其及外在形象的聚合体。

服务品牌具有以下主要特征：

一是具有先进的服务理念。一个服务品牌之所以能给顾客提供优质的服务，首先是它拥有先进而独特的服务理念。如美国IBM公司提出"IBM就是服务"，海尔提出"顾客永远是对的"，建设银行山西分行"红梅理财中心"提出"服务有差别无差距"等。先进而独特的服务理念是塑造服务名牌的前提和基础。

二是具有一流的服务质量与效率。作为服务品牌，不管是机构、渠道类，还是模式、方法类，都高度重视客户的意见和建议，并以此持续地改进和优化服务制度、流程和产品，不断追求服务的精细化和规范化，做到准确、便捷、安全、高效，创造客户满意与感动。如上海华联商厦"王震相机柜台"，实施限时服务、上门服务，其服务质量与效率得到了广大客户的普遍称赞。

三是具有个性化的服务特色。一个服务品牌，要想在激烈的市场竞争中取得优势，使广大客户在众多同类、同质产品中能够识别、喜欢、选择，直至忠诚于这个品牌，就一定要有自己的文化魅力和鲜明特色，如精细化、差别化、专业化、亲情化等服务特色。李素丽热线（96166）不仅是北京的"活地图"，而且用真诚传递文明；建设银行新疆分行"向党工作站"柜员对前来办理业务或咨询的客户，做到"接一待二招呼三"。服务特色是由文化理念、诚信人格、敬业精神、服务艺术凝练升华而成的。没有个性特色,就没有服务品牌。

四是具有高超的服务艺术。服务是一种沟通交流、公关营销、展示文化魅力的艺术。高品位的服务会给客户带来愉悦和享受。一个微笑,包含了尊重、诚信、平等、亲和等多种人文要素与职业素养;一个细致入微的服务动作,包含了精心、敬业、周到、体贴等职业态度与职业技能。再进一步,根据不同的客户心理及需要,提供差别化的服务,创造客户感动与满意,则需要更高的综合素质和服务能力。特别是当面对客户的抱怨、指责、投诉,甚至无理取闹时,能够机敏地艺术化处理、化解矛盾或危机,并把客户的抱怨转化为改进服务的资源,使抱怨的客户变成忠诚的客户,这本质上是一种高超的服务艺术。

五是具有广泛的客户认同。服务品牌的重要标志就是具有良好的"口碑",为广大客户所认同。服务品牌跟产品品牌一样,不能只靠精美的"包装"和铺天盖地的广告来打造,靠的是恒久的诚信、优秀的团队、优质的服务和良好的价值创造。服务品牌的根在广大客户心中,植根的途径就是让客户满意、感动和忠诚。

三、服务品牌的效用及意义

对于任何一个服务型的企业来说,提高市场竞争力和价值创造力、实现可持续发展都是最重要的目标,而服务品牌正是实现这一目标的一种有效载体和途径。

第一,能够深入践行"以客户为中心"的价值理念。服务品牌的核心价值理念就是"以客户为中心",围绕满足客户需求,不断创新服务理念,不断探索落实服务理念的途径和方法,如"客户是衣食父母"、"用心、用智、用情服务"、"服务有差别无差距"等。任何一个服务品牌都是先进服务价值理念的创造者和实践者,是企业自觉践行"以客户为中心"价值理念的典范。

第二,能够推动服务机制、流程、产品的优化与创新。由于服务品牌往往处在市场前沿,贴近市场与客户,能最先感知客户需求的变化,最先听到客户批评的声音,最先预知客户的潜在需求,因此,这就给改进制度、优化流程、创新产品提供了第一时间的第一手信息,避免了闭门造车式的所谓服务、产品创新,为不断提高服务质量、提升企业竞争力奠定了基础。

第三,能够促进员工队伍素质的提高。服务品牌的背后常常是一支优秀团队。共同的荣誉感和责任感将这个团队凝聚起来,使之具有持续学习、追求卓越的内在动力,以致在职业道德、服务技能、客户营销、创新能力、合作意识等方面都会走在前列,成为具有一定竞争优势的高素质团队。

第四,能够提升企业形象和价值创造力。服务品牌是形象,也是生产力。良好的口碑提升了企业形象,而企业形象本身就是一笔无形的资产。这笔资产能够转化为企业的竞争力和价值创造力。例如,建设银行郴州南大支行2002年的存款为2 000多万元,濒临撤并,通过打造服务品牌,造就了一支优秀团队,在人力资本未增加的情况下,到2008年底,存款已近12亿元,7年翻了近6番。

第五,能够促进企业整体服务水平的提高。服务品牌是一个企业的服务标杆。通过实施标杆管理方法或特鲁特方法,将成功机制、流程、模式、方法加以细化和量化,进行复制推广,从而促进企业经营管理和服务水平的整体提高。

四、服务品牌的类型及案例

下面以建设银行服务品牌为例,分类进行介绍和点评。这些服务品牌是建设银行推进服务文化建设取得的成果，颇具个性特色，在广大员工和客户中产生了良好反响。

(一) 服务渠道型

它是指银行网点和服务专线由于管理精到、服务优质、产品适销而赢得客户信任，并形成一定知名度和美誉度的服务品牌。这类服务品牌，其背后的支撑则是一个优秀团队，所以从这个意义来说，渠道型服务品牌也是一个先进集体。例如，向党工作站、南大支行、红梅理财中心、武汉百步亭支行、95533等。

案例1

"三融入"服务模式打造一流社区银行

建设银行武汉百步亭支行，自2003年1月成立以来，积极探索银行与社区的融合共建模式，着力打造"社区银行"特色品牌，用心、用情、用智服务，赢得了社区客户的广泛赞誉，被社区居民亲切地称赞为"社区居民自己的银行"。该支行先后荣获"全国金融系统职业道德建设先进单位"、湖北省总工会"五一劳动奖状"称号、"湖北省精品银行网点"和"文明规范服务示范单位"（2008年）、武汉市"市民最信赖的理财网点"和市民最信赖的理财网点十佳单位、首例百步亭社区商业示范点、团中央"青年文明号"称号（2009年）、建设银行"五星级网点"（2010年）、中国企业家联合会"全国企业文化优秀成果"（2011年）等荣誉称号。

一、"三融入"服务模式内涵

百步亭支行在服务社区、感动社区、融入社区过程中，积极探索金融服务参与社区文明建设的新模式,总结出"三融入"服务模式,全面融入社区金融服务,满足客户服务需求,使金融服务与社区文明创建有机融合,形成文化合力。

一是"文明形象融入社区"。该支行通过推行微笑服务、站立服务、亮丽服务(着装整洁、环境卫生)、限时服务、登门服务,为社区残障人员、老人、孕妇等开设特殊窗口,将建设银行良好服务形象与百步亭社区文明形象相融合;同时,建设银行员工以"我们都是百步亭人"的身份,积极参与社区各项活动,爱护社区一草一木,成为展示社区文明形象的"窗口"。

二是"文化理念融入社区"。该支行员工融入社区的第一步是转换角色,树立"我们都是百步亭人"的信念,逐步创立了"社区银行"的发展理念和服务模式,将其融入百步亭独特社区文化之中,对社区"以人为本、以德为魂、以文为美、以和为贵"的核心理念取得观念认同和心理共鸣,达到"神似"境界。2010年春节,支行全体员工跟社区一万多家庭一起过年,用菱角、鲤鱼、芹菜做成"邻里情",以百合、螃蟹做成"和谐社区",为社区"万家宴"奉上美味佳肴,赢得了居民一致好评,荣获"万家宴菜肴创意奖";每年都积极参加社区重阳节敬老、元宵节灯展、端午节舞龙、中秋节共团圆等文化活动;支行成立"温馨服务小分队",与社区空巢老人结对子,八小时以外关爱照顾老人。社区客户也同样把百步亭支行当作自己的"家"、自己的银行,把银行的员工当作自家人,每年春节主动为员工做腊肠,端午节为员工包粽子,遇到自己高兴的事送点心、水果与员工分享,出差回来带些特产给员工品尝,员工生病时送来热腾腾的鸡汤、排骨汤和各种营养补品、药品……建设银行与社区管委会、居委会和居民真正亲如一家,使金融服务成为文明社区建设的重要元素。

三是"价值创造融入社区"。该支行员工以"为客户创造价值"

为理财投资的追求目标，深入了解客户的资产状况，透析客户的经营思路，熟悉客户的理财偏好，及时掌握客户的投资需求，站在客户的立场上，将合适的产品推荐给合适的客户，体现了个性化和差别化，努力为客户创造最大化价值。他们在客户服务中注重两个结合：一是把客户理财需求与风险控制结合起来，审慎稳健投资，实现收益最大化；二是把普及金融理财知识与金融产品推介结合起来，确保投资保值增值，做到与客户共赢。社区一位客户，因做生意繁忙，又缺乏理财意识，长期只存定期、买国债。为此，客户经理主动登门服务，细心介绍理财金融知识和不同金融产品的特点，设计科学合理的理财规划，使他茅塞顿开，备受感动。他先后将300多万元投资于基金、保险、"利得盈"等理财产品，在获得丰厚回报的同时，积累了丰富的理财经验，渐渐成了投资理财的"行家"。

二、"三融入"服务模式特色

首先是专业化、个性化服务。百步亭社区占地3平方公里，居住和生活着12万多人，13家银行进驻社区。为不断提高服务质量和推动和谐社区建设，建设银行百步亭支行对社区客户进行了广泛调查，征求客户服务需求和改进意见。以此为基础，确定不同的目标客户，设计差别化产品、理财方案及服务流程。2010年，该支行与社区合作提议，由建设银行湖北省分行创新推出了国内第一张社区联名卡"百步亭龙卡"，大大简化了社区物业管理的流程，节省了大量人力、物力、财力，大大降低了居民现金搬家的风险，大大减少了银行现金存取，缓解了排队现象，使金融服务促进文明社区建设迈上了一个新的台阶。

其次是优质、高效服务。该支行积极实施网点转型，由过去的交易结算型转变为服务营销型，服务质量与效率不断提高。支行窗口每天要办1 000多笔业务，在建设行行湖北省分行所有网点中排名第一，由于员工素质技能过硬，服务态度、质量、效率一流，赢得了客户赞誉。一天下午4：50时，一位客户来电话询问，他要存入100万元现金，快下班了银行是否愿意让他存。负责人果断回答"愿意"，待客户急匆匆赶来，已到下班时间。柜员打开提包才知，百万元现金中还有好多零钱；柜员们分工协作，争分夺秒，忙了20多分钟才清点完毕，安全将现金存入客户卡中。客户激动地说："感谢你们！建设银行才真正是百步亭人自己的银行。来之前，我打了好几个电话，都说快要下班了而拒收。"从此，该客户成为建设银行的忠实朋友。

最后是用心、用情服务。该支行始终坚持"客户至上，注重细节"的服务理念，把客户当亲人，用心、用情、用智做好服务，注意每个细节，关爱每位客户，做好每笔业务。社区有一位孤寡老人每月定时来支取工资，无论谁值大堂经理，都会赶忙走到老人跟前，扶送他到VIP窗口，耐心地陪着他办完业务，再将他扶送到门外；遇到雨雪天路滑，大堂经理就搀扶着老人直接送到家门口。有一位女客户购房，要在规定的时间内缴款，而她的资金都买了基金，基金赎回资金7天后才能到账，差10万元无法缴款，过期缴款将会损失房价的0.5%，合计2.5万元，员工们得知后，为使客户不受损失，主动将自己和家人的资金合计凑足了10万元，解决了客户的燃眉之急，客户深受感动，热泪盈眶地说："非常感谢！你们做到了亲人和朋友都做不到的事！"建设银行员工把社区居民的事当自己的事，把社区居民当自家人。行长姜荣筠还积极参与社区居委会、工会、妇联共建活动，为解决居民孩子上学难、老人看病难、家庭生活困难，热心奔忙，捐款捐物，奉献爱心。真诚的服务赢得了社区领导和居民的信赖，他们都把建设银行百步亭支行当作自己的"家"。

三、"社区银行"业绩突出

武汉百步亭"社区银行"是建设银行认真贯彻落实科学发展观、

推进战略转型、打造精品网点、优化客户服务、积极支持文明和谐社区建设的一个典型代表。该支行在积极参与文明和谐社区建设中，团队素质、基础管理、服务质量和风险控制都得到了显著提升，赢得了社区广大客户的热情称赞，塑造了特色服务品牌，促进了业务健康、快速发展。该支行仅有13名员工，却创造出了骄人业绩。截至2013年末，实现存款6亿元，新增1.49亿元，中间业务收入达340万元，在建设银行湖北省分行系统网点中名列前茅，在当地13家银行中占据了约40%的市场份额，成为社区金融服务的旗帜和标杆。

【点评】建设银行武汉百步亭支行创造的"三融入"服务模式，密切了银行与社区管委会、社区居民的联系，由情感认同上升到文化认同，在价值理念上产生了共鸣，为培育客户忠诚度，保持业务领先同业，提供了有力的文化保障。目前，在金融系统内，社区银行服务还有很多欠缺，社区银行服务品牌还很少。2011年武汉百步亭支行被中国企业联合会评为"全国企业文化优秀成果"，是全国唯一获奖的金融单位。武汉百步亭支行要再接再厉，以更优质的服务，继续保持这一领先同业的荣誉和优势。

(二) 服务模式型

它是指在客户服务或产品营销中创造的能够赢得客户信任的有效方式、方法、流程和机制，从而形成的服务品牌。例如，建设银行的服务模式型品牌包括山东济南历下支行"何晓工作法"、浙江分行科技信息部"天龙在线"、武汉百步亭支行"三融入"、福建福州城东支行"金丹财智"（"1+N"财富联盟）、江西南昌洪都支行"小刘理财"、北京分行"私人银行"、深圳分行"胡晓燕理财工作室"、河南郑州南环支行"南环时速"，等等。

案例 2

打造服务品牌"小刘理财"

2007年2月,江西省分行与江西电视台共同打造了全省第一档电视理财栏目"小刘理财",开播至2011年已有4年。"小刘理财"不仅成为当地百姓的首选理财栏目,更成为建设银行在当地最具影响力的服务品牌"名片"。

"你当家、我理财,快乐生活、更精彩",这句标志性的开篇语已为广大电视观众所熟知。每晚10点,"小刘理财"会准时与广大观众见面。该栏目每期10分钟,内容丰富、信息量大,涵盖"理财资讯"、"理财看点"、"理财问答"三个板块以及建设银行服务、产品、收藏、家庭理财、创业个案等模块。整个栏目策划、撰稿、主持等环节均由南昌洪都支行理财师团队承担,省分行系统近200多名获证理财师参与栏目的供稿和策划,为栏目提供了强大的后援支持,其中张亮、刘嫣、梁筱慧先后获得江西省"十大理财之星"、"金理财全国十佳理财师"、"福布斯全国50强优选理财师"称号。该栏目借鉴社会新闻的采编手法,用通俗易懂的话语、真实的案例为百姓演绎和解读经济热点、理财事例,满足了全省各层次客户对理财知识的需求。开播至今,栏目平均收视率为3%,最高达7.9%,在省内所有7套电视栏目中排名第三位。

"小刘理财"已成为"一对众"营销服务的完美载体。针对受众关心的理财问题和热点问题,结合重大节假日,栏目推出了"帮您理财,教您理财"系列节目,如"五一"期间的"家庭理财个案"、"十一"期间的"基金十日谈"等;提出"买基金到建行,实现财富理想"的口号,让建设银行成为江西"基民"首选;联合基金公司，举办近百场大型观众见面会，并成立了江西省第一个"基民俱乐部"；开展全省第一次"理财小明星夏令营活动"，通过参观金融机构、与理财师面对面交流等形式，对广大青少年进行理财教育；开展"3·15"大型客户咨询服务活动，实现了理财团队与消费者的面对面交流。越来越多的客户通过"小刘理财"栏目，了解、认识、信任建设银行，并最终选择建设银行。

栏目开播当年，代销基金34.75亿元，是2006年的5.7倍，在南昌地区占比达到37.95%，超过了中国银行、农业银行全省份额的总和，当年中间业务收入实现5 000万元，以市场占比第一的佳绩居同业首位，并一直保持至今。2008年9月，南昌地区个人业务首次取得同业间五项第一的好成绩，即"个人本外币存款新增"、"个人中间业务收入"、"借记卡发卡"、"代销人寿保险"、"代销基金"五项主要个人业务指标在当地所有金融机构中排名第一。2010年末，财富管理中心签约客户达到623户，资产管理总额达到26亿元，人均为422万元。

"小刘理财"服务营销模式越来越显示出无穷魅力，省内众多证券公司、期货公司、保险公司、酒庄等，都主动与栏目联系进行客户营销活动的宣传合作，有力地拓展了中高端客户市场，实现了银行、电视台、客户之间的良性互动，多方共赢。

【点评】"小刘理财"服务模式的特点：一是创新了理财形式。通过与省电视台财经栏目合作创建"小刘理财"栏目，这种形式在国内尚属首创；同时将南昌洪都支行的理财中心视频形象化和网络化，使建设银行的理财在江西大地家喻户晓，有力地拓展了客户市场，促进了理财业务的跨越式发展。二是打造了优秀理财团队。由于电视栏目实时播出，广大公众的理财需求及其对栏目形式的要求都很高，这给"小刘理财"栏目团队带来了巨大压力，而正是这种压力变成了持续学习、强化团队合作的动力，从而打造了一支由上百人组成的优秀理财团队。三是节省了产品广告营销成本。"小刘理财"栏目成为宣传建设银行形象、营销建设银行产品的窗口，不仅扩大了广告效应，而且极大地节省了形象与产品广告营销的资金成本。四是提升了价值创造力。既满足了全省广大客户的理财服务需求，提升了建设银行的品牌形象，又打造了一支优秀理财团队，带动了各项业务发展。"小刘理财"电视栏目服务模式值得在全国复制推广。

（三）业务流程型

它是指在业务岗位操作中创造的能够提高服务工作的质量和效率流程，从而形成的服务品牌。例如，建设银行承德分行的"晓军流水勾兑法"以及威海分行大堂经理的"望、闻、分、引"工作法等。

案例 3

"晓军流水勾兑法"优化流程效率高

"晓军流水勾兑法"是以建设银行河北省承德市分行住房城建支行柜员张晓军命名的柜员每日凭证流水勾兑审核环节的标准化操作流程。其内容是："流水勾兑三步走，每步重点有要求；点面结合细勾兑，三步做好差错无"。

第一步：勾流水

流水一遍勾兑完，保证凭证要齐全；
交易流水勾兑先，缺号流水仔细看；
一看开卡与销户，二看加磁与密改；
三看客户信息变，四看证件是否全。

第二步：审要素

　　无卡存现三相符，签名机打与背书；

　　姓名金额均一致，仔细审核莫疏忽；

　　特殊业务申请书，客户签名不可无；

　　存取凭条审签名，机打签名要相符；

　　挂失是否属当日，挂失内容莫漏登；

　　解挂销户或补设，签名缘由是否清；

　　查询冻结与扣划，机打内容要素符；

　　开户重点审信息，证件机打名相同。

第三步：核印章

　　印章审核很重要，三个要点不能忘；

　　一审日期是当日，二审种类合规章；

　　账务交易盖办讫，其他交易盖公章；

　　三审印章莫遗漏，电子签约双名章；

　　大额存取和转账，授权人须盖名章；

　　特殊业务必须审，公章授权人名章。

　　承德市分行将此勾兑法在网点柜员中推广试行，收到了很好的效果。从对88名差错率高的柜员使用对比调查来看，原来每人勾兑百笔流水平均需要20~30分钟，且差错频发，采用"晓军流水勾兑法"后，百笔业务勾兑只要10分钟左右时间，差错得到了有效控制，该分行的稽核差错率实现连续下降，2008年12月为0.006‰，无差错柜员和无差错机构占比分别达到了98.72%和89.29%，一直保持全省先进水平，出现了22名连续2年无差错合规操作明星柜员。2010年12月，建设银行河北省分行下发《关于在全辖前台柜员范围内学习、推广"晓军流水勾兑法"的通知》（建冀函〔2010〕641号），在省分行系统复制推广"晓军流水勾兑法"，全省推广后的差错率由2008年的0.03‰左右下降到目前的0.02‰左右，柜面操作平均差错率始终保持在较低水平。

【点评】"晓军流水勾兑法"深受基层行员工欢迎，具有很好的推广价值：一是简化了勾兑流程，减轻了员工负担。该方法将原来多遍泛泛的勾兑改为三步进行，每步勾兑突出一个重点，使柜员对稽核差错率由"恐惧"变为"自信"，由被动处罚、整改变为提前防控；日常的流水勾兑由"无形"变"有形"，由"无序"变"有序"，柜员百笔业务的流水勾兑所耗的时间由30分钟左右降到了10分钟左右，既减轻了柜员劳动强度，又提高了工作质量和效率。二是降差错、防风险。该方法把要点融入日常业务审核环节中，风险防范关口由"事后"融入"事中"，保证了日常办理业务中凭证要素齐全、证件合规，不出差错，提高了风险防范能力。三是优化了服务，促进了发展。该方法是对柜员具有普遍约束力的标准化操作流程，柜员按其要点审核凭证，对于快速办理每笔业务有了信心，避免了联系客户整改，提升了客户满意度和建设银行的信誉度，达到了"又快又好"的目的。该方法在有效缓解柜员压力的同时，为业务营销释放了更多的精力，促进了业务发展。

五、如何成功打造服务品牌

（一）树立市场观念与品牌意识

目前，全球服务业增加值占国内生产总值（GDP）的比重达到60%以上，主要发达国家达到70%以上，即使是中低收入国家也达到了40%以上的平均水平，而我国服务业占GDP的比重仍低于40%，未来中国服务业发展潜力巨大。2009年6月，全国城乡居民储蓄总额已达10万亿元，蕴藏着巨大的购买力，特别是2008年国际金融危机的爆发，使扩大内需成为我国当前和今后长期的一项重要任务。我国市场商品供应充足，处于买方市场，这给营销与服务提供了巨大的发展空间，同时也给产品品牌与服务品牌的培育、提升与打造提出了巨大挑战。打造服务品牌，首要的是转变传统思想观念，增强市场意识。要澄清认识误区，弄清楚传统的树立先进典型与现代的打造服务品牌之间的主要区别。传统的树立先进典型具有浓厚的政治道德色彩，偏重于紧跟形势，服务于宣传需要，强调"高、大、全、纯、美、完"，其效果往往是"一阵风"，时效性强，持久性差。打造服务品牌则是企业市场行为，目标是市场营销、客户服务和价值创造，重视的是对服务品牌理念、目标定位、市场营销、绩效增长、生存周期等内容的研究策划、组织实施和科学评估。因此，只有树立市场意识和品牌理念，才能自觉研究服务品牌成长所需要素及其规律，从而积极投入实践。

（二）准确定位与命名

这一环节很重要，定位不准，与市场发展趋势和广大客户需求不能契合，将直接影响服务品牌的生命力。名字的内涵与表述也很重要，体现简洁、明快、美感的人文意韵有助于服务品牌形象的提升与传播。定位包括取势、理念、类型、目标、特色等。所谓取势，就是分析判断国内外宏观形势、市场发展及变化趋势、同业竞争及发展趋势等。比如，金融理财属于金融发展的主流趋势，而传统的储蓄则属于非主流趋势。再如，随着科技信息发展电子商务未来将成为营销主流趋势，而柜台营销未来则是非主流发展趋势，等等。所谓理念定位，就是确定具有自身特色的价值观念，价值理念是行动的指南，没有正确的价值理念就像无头苍蝇，到处乱撞，结果只能是失败。例如，"人无我有，人有我优"、"不断创新，追求卓越"、"用心服务、超值服务"等理念定位就有自己的特色。所谓类型，即服务品牌是选定渠道、模式、方法，还是团队、个人。不论哪个类型，都要有良好的基础，包括基础管理、团队素质、服务质量、经营效益、社会形象等方面都要过硬。所谓目标，即服务品牌的成长目标，包括团队建设、业务发展、目标客户拓展、社会影响、宣传推广范围等。所谓特色，就是通过实践、创新和提升，不断积累而形成自身独特的东西，如海尔的"人单合一营销模式"、肯德基的"儿童快乐区"等。服务品牌的命名，应该值得下一番工夫。目前，以个人名字与渠道、模式结合来命名服务品牌的比较多，如李素丽热线（北京公交公司）、何晓工作法（建设银行）、王震相机柜台（上海华联商厦）等。有的则是以企业名称与服务品牌结合而命名，如"长安汽车——亲情服务"、"东航——温馨服务"等。需要提醒的是，以个人名字命名服务品牌，存在着不确定的风险，即个人发生变化，包括工作调离，以及离休、退休、病休、个人道德声誉等方面的变化，都会给服务品牌带来致命的影响。

（三）不断优化、创新流程与产品

这是确保服务质量和效率、提高客户满意度的前提和基础。如果服务流程是以自我为中心来设计，必然出现"少、慢、差、费"现象，纵然员工素质一流，也难以做出一流的服务。改进优化服务流程不能凭自我感觉拍脑袋，而是要倾听客户的声音，珍视客户的投诉和抱怨，从中获取有价值的信息，依此加以改进和创新。优化和创新流程、产品主要包括以下方面：一是简化操作流程。在确保控制风险的前提下，尽可能简化服务操作环节，能够由企业中后台完成的程序，尽可能不让客户操作；能够由一张表单完成的业务，尽可能不填两张表单；能够由客户来柜台一次就办完的业务，尽可能不让客户来两次。二是创新服务营销。根据市场、客户需求，不断创新营销模式，整合业务品种，形成多元化的服务营销格局。例如，建设银行山西省临汾市分行服务品牌——"红梅理财中心"，针对不同客户，实施分人、分区、分类、分窗服务，建立大客户绿色通道，每个柜员都建立起大客户档案，拥有自己的大客户群体，熟悉并掌握客户需求，做到随时服务、精细化服务。他们设立外勤团队，由不当班的员工组成，走出柜台深入市场、走进客户，了解金融信息及辖内经营变化情况。三是产品创新。不断优化和创新产品是提升竞争力的重要途径，尤其是新产品的先发优势，对于企业拓展市场份额、吸引客户、提高效益的作用非常明显，所以各个企业都将各种资源投向产品优化与研发。值得注意的是，不管是优化老产品，还是研发新产品，都必须以客户需求为导向，力求做到最先发现客户潜在需求并先行推出新产品。否则，闭门造车，跟随模仿，都不会取得预期效果。

（四）着力培育优秀团队

任何一个服务品牌，不管是渠道、模式类型的，还是群体、个人（工作在团队之中）类型的，要保持永久的生机活力，需着力做好以下工作：一是建立学习型团队。作为支撑服务品牌的团队，必须具有良好的职业道德、先进的服务理念、高超的服务艺术和一流的服务质量，而要做到这些，则须树立共同的愿景，自觉践行"工作学习化，学习工作化"的理念，持续地学习各种理论、专业、技能知识，建立适应市场竞争需要的团队心智模式，从而在服务上不断实现自我超越。二是培育和爱护"领军型"人才。服务品牌都有一位核心骨干，即领军人物。可以说，没有这一核心骨干，就不会创造出服务品牌。领军人物有许多优秀品质，其中追求事业成就、忠诚于企业、善于学习、不断出新"点子"、有团队凝聚力五项品质非常突出。各级管理人员要注意培育和爱护他们，不仅给予管理工作经验方法上的指导，而且应给予他们学习生活上的关心，放手让他们大胆实践，以保持其先锋带头作用。三是建立有效的激励约束机制。这是保持服务品牌生机活力的重要机制，主要体现在绩效考核与薪酬分配机制上，将员工的薪酬与其业务技能、经办业务量、发展 VIP 客户量、账务核算规范度以及客户满意度等项目挂钩，对不同岗位实行不同档次的动态激励。此外，还应实施荣誉激励，注意发现和培养每个员工的"闪光点"，除了口头表扬，更重要的是评先奖优，给予职业道德激励，培养员工的集体荣誉感，最大限度地发挥每个员工的潜能，努力实现员工价值最大化。

（五）构建服务品牌的形象要素体系

有些服务品牌在长期的经营管理的实践中，在母品牌识别系统（CIS）的统领下，根据自身的实际，建立了一套具有自己特色的识别要素体系，主要包括三个部分：一是价值理念，如服务观、营销观、团队观等；二是视觉识别，如服务品牌标志牌、标准色、标准字等；三是行为识别，如细化的行为规范、职业操守、服务语言等。需要指出的是，服务品牌建立自己的识别体系，要特别注意避免与母品牌识别系统发生冲突或引起混乱，必须在母品牌识别系统的统领下，以子品牌来定位自身的标志要素，最好不要建立所谓独立完善的识别系统。

（六）科学运作服务品牌的传播工作

服务品牌的打造，除了练好内功，管理与服务"过硬"之外，还需要做好服务品牌的事迹、产品、活动、信息宣传。一是内部宣传。通过企业内部召开研讨会、现场会或组织实地考察等，先墙内开花墙内香，让企业内部员工广泛认知认同。二是媒体宣传。通过记者采访，总结、提炼服务品牌的个性化、特色化服务模式和先进事迹，在中央级、省市级及当地电视、报纸上定期或不定期地广泛报道，扩大品牌的知名度和美誉度。三是广告宣传。借助新产品发售、服务信息发布、社会责任活动发布等，在各级各类媒体上强化广告宣传，强化社会公众和客户对服务品牌的认知度。四是公关联谊。利用庆典仪式、荣誉表彰、传统节日、重要发布活动等，与客户举办联谊活动，传播服务品牌的价值理念，提升社会形象。

六、服务品牌的复制推广

对于一个企业来说，服务品牌是一项宝贵的资源。打造服务品牌的最终目的是"一朵红花引来满园春色"，即以此为标杆，通过复制推广其模式或做法，促进企业服务水平和管理水平的整体提高。做好这项工作的有效途径是实施标杆管理。将服务品牌管理与服务的流程解析、梳理和量化，进行流程对标，让其他机构、网点对照该流程找差距、找漏洞，以此为标准，制定改进措施，限期整改、评估和验收。例如，建设银行分支机构积极探索推广服务品牌的有效途径，创造了不少成功经验，其中新疆区分行推广"向党工作站"、湖南省分行推广"南大支行"、山西省分行推广"红梅理财中心"各具特色，值得学习借鉴。

案例

服务品牌复制与推广模式

从 2003 年开始，建设银行新疆区分行将打造服务品牌"向党工作站"作为重点，从建立健全管理制度、完善考核标准、实施星级达标、提升客户满意度等方面入手，强化团队内功。在此基础上，将"向党工作站"作为学习标杆，在全区分行开展创建推广工作，并与单位年度业绩考核与奖惩挂钩，激发员工的积极性和创造性。截至2010年末，新疆区分行已创建"向党工作站"54个。这些"向党工作站"网点在客户服务、产品营销、风险控制、经营效益等方面均走在前列，为分行经营能力的提升注入了新鲜力量。"向党工作站"的社会认知度从2003年的30%提高到目前的70%，客户满意度已达98%。

南大支行是建设银行湖南省郴州市分行一个团队型先进典型，该支行仅有18名员工，却创造了存款余额翻五番的优良业绩，树立了"南大精神"，创建了"南大模式"，塑造了"南大品牌"。从2005年开始，湖南省分行为在全行基层网点推广"南大支行"的成功经验和做法，提升整体服务水平，制定下发了《湖南省分行创建"南大服务型网点"活动实施细则》，提出了创建目标，即力争在3~5年时间内，使全行多数网点达到"南大服务型网点"的标准，全行服务水平和品牌形象明显提升；制定了"南大服务型网点"级别标准，即设定一星至五星级，标准分值为100分，加分项为10分，对符合星级准入条件，且达到"南大服务型网点"相应等级评分标准的，分别评定为一星级、二星级、三星级、四星级、五星级，三星级以上由省分行统一授牌；同时，明确了评定和验收方法、评定流程、省分行验收程序、命名、退出、表彰与奖励等规定。截至2011年末，省分行系统共创建五星级网点48个，四星级网点144个。

"红梅理财中心"成立于2003年，这个团队在王红梅的带领下，坚持"以客户为中心"的经营理念，不断创新，追求卓越，创造了大量典型经验和突出业绩。一是创造了红梅营销服务法"一二三四五六七八九十"，即识别客户一瞅准、营销产品两结合、服务客户三分类、拓展市场四种力、贵宾服务五特色、优质服务六用心、创新服务七转变、服务观念八字经、提高服务九办法、心系客户双十要。

二是打造了优秀理财团队。该理财中心有7名员工获得总行以上荣誉称号，11名员工获得山西省分行级荣誉，18名员工获得市分行级荣誉，8名员工走上网点负责人岗位。王红梅当选为党的十七大代表，还获得建设银行突出贡献奖，并获全国"五一"劳动奖章。三是创造了超常发展速度。自2003年以来，连续七年实现个人存款新增超亿元，理财产品销售、中间业务收入、客户贡献度等均列省分行系统首位。从2009年开始，山西省分行在各个二级分支行推广"红梅理财中心"服务营销的典型经验和做法，目标是通过选点创建的方式，对"红梅理财中心"的服务理念、流程、管理等标准化和规范化的内容进行复制推广，提升整体竞争力；实施步骤是制订切实可行的实施方案，现场跟班学习"红梅理财中心"团队管理与服务营销的精髓，定期召开共创联系会交流经验，对创建网点的经营管理、业务发展、服务质量、企业文化建设等进行综合考评，严格实行创建与退出的动态管理。截至2011年末，省分行系统共创建"红梅理财示范点"26个。

【点评】上述三个先进典型推广案例，分别是三种推广模式：新疆区分行采取的方式是"群体式"扩展，凡是符合创建标准的统一命名为"向党工作站"，实行动态管理，建立了严格退出机制。湖南省分行采取的是"星级式"扩展，所有网点自由申报，统一考核评估，达到不同标准的网点，授予不同星级网点称号，但不统一命名为"南大支行"。山西省分行采取的方式则是"标杆式"推广，首先由各二级分支行自主选点，然后对照"红梅理财中心"相关标准，现场跟班学习，统一进行考核、评估、验收，达标的网点统一授牌"红梅理财示范点"，不达标网点实施退出。这三种方式各有优势，关键是看实际效果，是否调动了一线员工的积极性，是否提升了网点竞争力，是否促进了业务发展。这也是一个实验性课题，需要建设银行总行组织有关专家，对三种先进典型推广模式进行评估。

第三部分　企业文化管理相关问题及案例

推进企业文化落地生根的途径、方法与机制

企业文化是企业的灵魂与核心，是企业百年基业的保证，这是管理理论界和企业界的基本共识。近年来，在企业文化管理领域流行这样的说法：企业文化建设的关键是如何让企业价值理念"落地生根"，内化于心，固化于制，外化于行。若深究起来，这句话说得并不准确，因为任何一个企业都有内在的文化，企业价值理念大都是从经营管理的实践中总结提炼出来的，本身就存在于企业的"土壤"里，怎么会有"落地生根"的问题呢？

其实，所谓需要"落地生根"的企业价值理念，是指从自发状态中加以总结、提炼和吸收其他企业文化精华而形成的某个阶段新的价值理念体系，这个新的价值理念体系开始并未被全体员工认同和自觉践行，这时便存在"落地生根"的问题。这也成为企业文化建设的难点和关键。针对这一难题，不少企业家和管理专家进行了深入探索和实践。根据多年的研究和实践经验，笔者对企业文化落地生根的途径、方法与机制有了若干思考。

企业文化"落地生根"的途径、方法与机制包括如下内容。

一、构建企业文化价值理念体系

企业文化价值理念体系是企业的灵魂与核心,包括愿景、使命、核心价值观、精神、作风及由核心价值观派生的各个理念,如经营理念、管理理念、发展理念、服务理念、风险理念、合规理念、产品理念、人才理念、营销理念、团队理念、学习理念等。这是企业文化纲领,是企业一切经营管理活动的核心与指南。

在企业文化价值理念体系中,除了各个理念根据市场变化、业务发展、战略转型和策略调整而创新、调整之外,其他要素相对稳定,特别是核心价值观,只有百年不变,才能基业常青。企业文化价值理念对于全体员工和经营管理活动具有导向、凝聚、激励、约束、辐射和促进作用。

二、制定企业文化建设实施规划

企业文化建设实施规划是企业文化建设近期、中期、远期目标与实施工作的规划,包括价值理念体系建设规划和实施落地传播文化要素体系规划。规划包括指导思想、工作目标、工作内容、工作重点、重点措施、相关要求等。规划可分为近期规划(一般为2~3年)和中远期规划(一般为5~10年),时间段划分应该与《业务发展战略纲要》保持一致。目前,比较重视企业文化建设的国有和国有控股企业大都制定了企业文化建设规划。

三、建立完善的组织领导体制

组织领导体制是指企业文化的建设工作领导机构、领导人员和运行机制,包括:由企业主要领导担任组长的企业文化建设领导小组、成员单位(部门)、负责具体事务的办公室,以及具体组成人员;各自的工作职能、责任、内容与权限等;工作协调、沟通、合作运行机制等。为了强化企业文化工作的组织领导,应以制度或文件的形式固定下来,并下发全企业。

四、制定职业道德操守与行为规范

企业文化属于精神道德范畴,主要任务是构筑企业员工"道德精神共同体",从而发挥人格、道德、理想、信念的自我调节与约束机制的作用,形成与制度规章"硬约束力"相互补充的"软约束力"。从形成"软约束力"方面讲,仅有企业价值理念体系是不够的,还应该建立健全员工职业道德操守和员工职业行为规范,在道德精神层面,建立一个完整的激励与约束体系。将上述内容加以整合,编辑《文化手册》或《员工手册》,印制口袋书,人手一册,可以随身携带,随时学习。这个完整的文化体系是形成一个企业所有员工"道德精神共同体"的前提和基础,也是培育高素质员工队伍的首要任务。

五、建立健全有效的员工约束激励机制

员工为什么要遵守企业的各项规章制度?这里分为几种情况:一是自觉遵守,愿意做,即员工道德人格形成了自我约束机制,有荣辱感、羞辱心;知道什么是应该做的,做了心安理得,什么是不应该做的,做了自感耻辱,问心有愧。这种人属于自我软约束者。二是不得不遵守,被迫去做,即内心不想遵守这些规矩,但是因为怕受到惩罚而约束自我。这种人属于刚性被约束者,并且不在少数,

可以说是趋利避害的"理性人"。他是这样盘算的：如果我违规的成本大于我的收益，就不得不遵守制度规定；如果我违规的收益大于成本，就会置制度规定于脑后，为所欲为。当一个企业激励约束机制不完善，或存在漏洞，或赏罚不明，那么相应的制度也就形同摆设，那些谋求自我价值最大化的员工就会运用各种"潜规则"，扭曲常理和常规，致使企业价值理念落地成为一句空话。因此，建立健全有效的激励约束机制是保证企业价值理念落地的一项重要的基础工作。

六、建立健全企业文化教育培训体系

企业员工认知认同和树立与企业价值观相统一的职业理想和信念，首要的环节是广泛、持续、深入地开展教育培训活动，因而要建立健全企业文化教育培训体系，将其纳入企业整体教育培训规划加以实施。这个体系包括如下内容：一是企业文化培训教材。要编写固定的文化读本，内容涵盖企业历史、文化变革史、价值理念及其内涵、文化建设重点及成果、经典文化故事与案例等。二是企业文化培训计划。教育培训计划要自上而下，覆盖所有员工，并且与各类业务培训、职业道德培训、履职能力培训紧密结合起来，作为常规培训内容，每年都要纳入培训计划，持续进行下去。三是企业文化培训师资队伍。企业文化管理是一门专业，并且理论性和实践性都很强，因此，要根据实际需求，建立一支高素质的师资队伍，确保教育培训的质量和效果。

七、汇编企业领导者的思想理念

以价值观为核心的企业文化是企业员工思想智慧和经营管理实

践的总结、提炼和升华。但是作为以人为本新的管理理论和方法则更集中地体现在各级领导者的思想和实践活动之中,因而才有"企业文化是企业家的文化"之说。企业领导特别是"一把手",其思想理念,直接对一个企业的发展战略、核心价值观产生重大影响。比如,中国的海尔如此,美国的 GE 也如此。因此,要注意搜集、归纳和整理企业领导者在各种场合发表的能够体现和反映企业价值理念的言论,包括工作报告、会议讲话、论坛演讲、论著论文、调研指导,等等。这些言论往往对企业文化的创新、丰富和发展,对指导企业经营管理工作具有积极作用。这项工作要持续地坚持下去,将企业历任领导的管理思想、经营理念系统地整理归类,编辑成册并加以宣传,久而久之,就会增加企业的文化厚度,这既是企业的宝贵财富,也是文化创新的基础。

八、征集、传播文化故事和案例

与汇编企业领导者的思想、理念和观点一样,搜集、整理和编辑文化故事与案例则是传播、提升和积淀文化的另一项重要手段与载体。生动活泼的文化故事来自市场、客户和员工,是企业价值理念落地的典型表达和形象展示,也是企业价值理念表达的具体化、细节化和形象化。很多著名企业的文化故事和案例已成为它们文化传播的载体,将这些企业形象更加具体化。例如,海尔砸冰箱、联想集团"做企业要学会看海图"等故事。这些故事亲切感人,真实可信,大都会让员工产生共鸣。为了持续发挥这些企业故事和案例的作用,可以采用系列丛书或活页的形式,持续宣传,日积月累,就会对员工职业道德理想和职业行为习惯起着潜移默化的作用,从而提升企业文化的约束力和凝聚力。

案例文集主要是指"用员工的话讲身边的事",把体现企业文化的故事、案例让员工写出来，整理汇编成册，作为传播企业文化的载体。

九、策划和组织各类文化活动

文化活动能够体现企业的价值理念，它是企业文化传播和渗透的重要载体。文化活动包括高层战略及愿景研讨、各类业务研讨会、管理经验交流、文化管理论坛、公司庆典、各种主题活动、征文活动、读书活动、文娱活动、各类业务竞赛、演讲比赛等。这些活动营造出的企业文化氛围，使参加活动的人员受到感染、教育和熏陶，进而产生感悟，而这种感悟将会作用于思想和心灵，并增强认同感和自豪感。

十、建立完善的企业文化传播系统

企业文化传播系统分为正式系统和非正式系统。前者包括组织权利运行系统，以及政策、制度、公文、信息运行系统、规范化的形象识别系统（Logo）、内部网络及报刊系列、统一的学习教育培训体系、统一的对外信息发布、履行社会责任项目安排及对外媒体公关体系等。这些都是传播企业价值理念的重要机制、渠道或载体，既要充分利用，又要根据形势变化不断完善和强化。后者主要包括员工之间的私人交流、QQ与微信、微博社区交流、员工个人参加自助性业余活动、典型人物故事的民间传播、私人坊间小道消息的传播等。非正式传播系统具有非规范性、弥漫性、扩展性和随意性特点，更加零散、广泛而无序，但影响范围很广。在一定范围内，若出现与企业文化相冲突或排斥的信息，则需要加强引导、澄清和规范。

十一、定期开展企业文化测评

企业文化测评包括两个方面：一是兼并重组后，对被并购企业的文化进行评估，目的是让被并购企业的文化融入并购企业的主流文化之中，实现整体有机融合。二是对企业整体或某分支机构或某业务条线文化进行评估，以使发展战略、行为与文化价值理念相互匹配。企业文化测评活动是动态的，一般2~3年进行一次，以便对企业文化及时调整和校正。企业文化测评又是一项创新活动，因为文化具有抽象性、复杂性和难以量化的特点，所以企业文化测评具有较强的专业性。现以美国银行并购美林公司之后开展的文化测评案例予以说明。

（一）企业文化测评的必要性

2008年9月，美国银行收购美国第三大投资银行——美林公司后，成为美国最大的银行和金融公司，也是业务范围广泛的全球银行业巨头。但美国银行在并购不久很快发现，被收购的公司低层员工不太清楚自身职责，价值认同度低，不知如何融入新的团队。另外，每年招收约8 000名新员工也面临文化融入的问题。为保持美国银行文化的一致性，保证公司运行效力，美国银行于2009年12月建立文化评估团队，采取文化评估方式，考察美林公司文化与美国银行文化的异同，制订让领导层用于支持成功整合的解决方案。

（二）企业文化测评的主要内容

文化测评分为很多层面。这些层面看不见、摸不着，但又非常重要，决定着人们的思维方式和行为方式。文化测评主要包括如下内容。

价值观。价值观决定行为，但是无法直接观察；有时，价值观的宣称与执行存在一定差异,即言行不一,但人们通常把行为归因于价值观。

行为。它包括成文的行为规则和不成文的"潜规则",它们都是文化的外在表达;从中可以观察到某个群体在做什么,通过观察可接受/不可接受的行为,可以深入了解价值观。

惯例。它是指如何巩固和奖励符合要求的行为,包括入职时与同事工作的交接过渡、参加培训与评价人信息反馈、绩效管理的反馈、奖惩激励等。

信仰。对文化最深刻的理解和实践,则是思想认同和信仰。

(三)企业文化测评方法与步骤

表1　　　　　　　企业文化测评方法、步骤及目标

方法与步骤	目标
(1)企业文化测评项目的立项和启动	• 确定美国银行和美林公司由哪些领导人负责分管文化评估工作 • 确定评估的业务需求和问责要求 • 确定所有业务方面的关键利益相关者,制订接触/沟通计划 • 编制文化评估方法和时间表 • 取得文化方面现有的"书面"说明资料
(2)建立数据、收集方法	• 商定数据收集方法(访谈、焦点小组座谈、问卷调查等) • 与业务条线领导人合作商定参与者人选(例如地点、级别、组织和需要多少人才符合有效性要求等) • 编制访谈指南、数据收集模板和访谈时间表 • 与关键利益相关者合作组建评估团队
(3)收集、记录和分析数据	• 执行数据收集方法(例如访谈、焦点小组座谈、问卷调查等) • 数据汇编与综合 • 确定关键主题 • 确定异同点 • 记录调查结果,并且根据整合战略提出建议 • 编制文化评估报告,并在向业务线汇报之前报请批准

续表

方法与步骤	目标
（4）汇报和向业务线移交	• 确定有美林公司员工留任的业务线 • 向人力资源/LD业务领导人和业务线相关辅助职能部门报告评估结果和相关建议 • 针对文化评估后的落实工作，定义企业支持级别和业务部门LD团队的职责 • 文化评估后的落实工作移交给业务部门（人力资源/LD团队的业务负责人）
（5）实施建议	• 制订和实施针对具体业务条线的文化整合计划（组织合并后的行为、惯例和必须遵守的要求） • 制订和实施可持续计划及评分卡制度 • 确定现有的LD移交计划中（即绩效管理、人才规划、入职等）以及其他团队（例如SD1和CD1团队）中的整合机会 • 由业务条线的人力资源/LD团队领导与业务部门合作推动

（四）企业文化测评的经验与思考

从2009年12月美国银行建立文化测评团队至今，其积累了一些成功经验：一是企业文化整合要由合并双方的领导人共同确定。二是要充分预估文化测评工作的复杂性，提前进行妥善规划并投入足够的资源。三是切忌因为急于汇报文化测评结果而牺牲质量。四是定性和定量数据都很重要。五是确定可迅速实施的变革。

十二、实施标杆管理

标杆管理也称基准管理或对标管理，产生于20世纪70年代末80年代初。在美国学习日本的过程中，施乐公司首开标杆管理的先河。施乐公司将其定义为"一个将产品、服务和实践与最强大的竞争对手或是行业领导者相比较的持续流程"。后来，很多企业运用这一科学工具，不断优化管理，降低生产和管理成本，提高了生产效率和管理效率。

标杆管理具有一套严密的、受控的方法和程序，这已成为企业改进管理、控制质量、再造流程和推动变革的首要步骤。它与企业再造、战略联盟一起并称为20世纪90年代三大管理方法。标杆管理分为四种类型：一是内部标杆管理——以企业内部操作为基准的标杆管理。二是竞争标杆管理——以竞争对象为基准的标杆管理。三是职能标杆管理——以行业领先者或某些企业的优秀职能操作为基准的标杆管理。四是流程标杆管理——以最佳工作流程为基准的标杆管理。标杆管理的步骤包括：（1）计划。确认对哪个流程进行标杆管理，确定用于作比较的公司，决定收集资料的方法并收集资料。（2）分析。确定自己目前的做法与最好的做法之间的绩效差异，拟定未来的绩效水平。（3）整合。就标杆管理过程中的发现进行交流并获得认可，确立部门目标。（4）行动。制订行动计划，实施明确的行动并监测进展情况。（5）完成。处于领先地位，全面整合各种活动，重新调整核校标杆。

建设银行新疆区分行于2001年首创全国金融系统知名的服务品牌"向党工作站"。2004年开始实施对标管理，量化考核标准和数据，包括团队管理、业务培训、服务质量、风险合规、各项业务、客户满意度、员工满意度等40多项指标，在分行范围内进行复制推广。经过多年的努力，现已复制出"向党工作站"网点40多个，提高了整体服务质量与效率，促进了业务持续健康发展。

十三、定期开展制度梳理与审查

企业经营形势和宏观环境不断发展变化，文化价值理念也会在实践中适时作出调整或完善。因此，文化价值理念与规章制度存在着是否匹配的问题，即二者是否存在相互冲突的情况。根据企业价值理念指向，要定期进行梳理、分析、修改和补充，调整现有规章制度，使二者相互匹配和相互支撑，做到有机统一、相得益彰。例如，某企业人才理念是"品德、业绩与能力优先"。要使之真正落实，就必须形成制度化的操作流程和机制，即制定与此人才理念相匹配的规则——职务晋升的公平竞争机制，而不是靠跟领导搞关系、运用"潜规则"获取晋升，从而避免出现逆向淘汰的情况。只有如此，才能挖掘核心人才群体的潜能，调动其积极性和创造性，使员工对企业满意和忠诚。对制度的审查是一项复杂细致的工作，要进行科学分类、归纳和分析；同时，还要进行必要的论证和广泛征求意见，做到科学、严谨、准确和规范。

十四、加强企业文化工作检查与考核

除了对企业文化定期或不定期测评之外，对日常工作还应加强检查、指导和考核，否则，就会出现自发状态，使企业文化难以起到凝聚员工、引导战略实施、促进业务发展的重要作用。要建立和完善企业文化工作考核标准，依据工作规律和特点，从经营管理和业务发展需要出发，划分几个大类，每个大类又分为若干小项；在具体内容上要做到定性与定量相结合，定量要求尽可能数据化，增强可操作性；考核方法和工具要科学严谨，做到真实、可信、有效。如果成熟，要将企业文化工作考核结果纳入各部门、各分支机构的KPI考核，强化有效的激励约束，确保企业文化工作不被软化、弱化和边缘化。

十五、开展专项课题调查与研究

由于企业文化受社会、民族、区域以及文化风格的影响,不同行业、不同性质的企业,都有不同的企业文化问题。在不同发展阶段,也有不同的企业文化工作重点和难点。要正确把握企业文化工作方向,深化企业文化建设,就必须针对企业面临的特殊文化问题、难点问题或重大问题成立课题组,组织骨干团队进行深入的专题研究,如企业跨国并购的文化融合、企业治理结构中的权利相互制约、企业战略实施与文化支撑的协调一致性、企业员工价值观管理、传统文化对现代企业文化的正负作用、企业文化弱势与地方文化强势、企业文化工作评估,等等。根据实际需要和课题性质,课题可以分为理论课题和实践课题,或二者结合起来,总之要专业、深入、有效。

例如,2007年以来,国资委组织部分中央企业开展了"央企企业文化建设评价体系"课题研究。一年后,初步形成了具有中央企业特色的企业文化建设评价体系,并确定了8家中央企业作为开展评价工作的试点单位。该评价体系有两个方面。

一是评价指标。依据企业文化的主要内容和国资委对企业文化建设的基本要求,按照工作导向、普遍适用、突出重点和便于操作四个原则来设定,分为:(1)工作评价指标(主要考察企业是否按要求建立健全了推进企业文化建设的组织保障、工作指导与载体支撑、考核评价与激励三个工作机制);(2)状况评价指标(主要考察企业在精神文化、制度文化和物质文化建设方面的状况);(3)效果评价指标(主要衡量企业文化建设在优化企业内外部关系,树立企业形象,增强企业凝聚力、执行力,提升市场竞争力,促进经济效益等方面所产生的成效)。

二是评价方式。为使评价工作简便易行,评价结果更为直观,对每个指标根据其权重分别设定了相应的评价分值,采用定量评价与定性评价相结合的方法,对指标进行评价打分。对适合定量评价的指标直接量化打分,对必须定性评价的指标则通过问卷调查等方法,将定性评价结果予以量化打分。在评价的方式上,根据中央企业数量较多、规模不一、行业分布较广的特点,本着重在推动工作的原则,采取企业自评与国资委审核企业自评结果和对企业抽查相结合的方式,同时要求企业在自评过程中广泛征求员工、用户和合作伙伴的意见,把这些意见作为评价的重要依据。

十六、企业文化建设示范点的创建

在实施文化管理中,创建企业文化建设示范点,以此作为实验的基地和创新的平台,总结、宣传和推广成功经验和创新成果,发挥其示范与引领作用,是一种有效的方法。

2003年,建设银行创建了第一批10个企业文化建设示范点,这项工作在国内金融系统属于首创。接着,建设银行研讨制定了《总行级企业文化建设示范点基本标准及审核细则》(2004),明确了5项基本标准和48条审核细则。其中5项基本标准如下:(1)领导班子认识与行动到位,包括思想认识、组织领导、制度建设、工作落实、作风形象;(2)人本文化建设成效明显,包括职业发展、民主管理、人文关怀;(3)服务文化建设成效突出,包括服务礼仪、服务态度、服务质量、服务环境、服务管理;(4)内控合规文化建设扎实有效,包括合规教育、制度执行、案件防控;(5)业务经营与文化建设成果突出,包括经营业绩、创新创优、文化成果。

企业文化建设示范点实行届期制,每四年一届;实施动态管理,定期检查考核,如果发生案件、重大事故、重大声誉风险等,经调查核实，随时退出。先后创建三批企业文化建设示范点，目前，全行共有48个，分布于各一级分行，在人本文化、服务文化、内控合规文化和创新文化建设中发挥了很好的示范、引领和辐射作用。

创建企业文化建设示范点，关键是要不断总结、交流和推广成功经验和典型做法，这是实现以点带面、促进整体提高的关键环节。建设银行的具体做法如下。

一是举办示范点负责人或专职骨干培训班。每年在哈尔滨培训中心和常州培训中心举办两期企业文化培训班，各级示范点负责人或专职骨干参加培训；培训期间，安排1~2次示范点工作成果交流与研讨，深化示范点创建工作。

二是举办示范点创新成果交流研讨会。股改上市以来，每年举办一次示范点创新实践课题成果交流研讨会。在会场设置文化成果展台，播放开展文化活动的视频，扩大学习交流成效。同时，布置下一阶段的创新实践研究课题。

三是开展示范点文化采风活动。每年开展一次以"文化建设促进业务发展"为主题的系列采风活动，选取部分示范点，实地调研，挖掘典型案例，以长篇通讯形式在行内外媒体宣传报道，通过文化故事传播企业价值理念。

新时期企业实施人性化管理的几个重要问题

企业制胜之道，在乎经营人心。做好思想政治工作正是经营人心、凝聚人心的优良传统和比较优势。随着30多年来的改革开放和市场经济发展，我国社会结构、利益主体、生活方式、行为方式以及社会意识、道德观念、价值取向等都发生了深刻变化；加上国际金融危机以后，国内外形势复杂多变，各种风险和不确定性增加，企业文化管理面临许多新的课题、新的难点和新的挑战。如何做好人性化管理工作，引导、凝聚、激励和约束员工，通过建设一支优秀的员工队伍，从而实现各项业务健康持续发展已成为所有企业必须面对和思考的首要问题。

一、认识和把握新时期员工思想道德、价值观念和行为方式的主要特点

只有充分认识和准确把握新时期员工思想道德、价值观念、思维方式和行为方式的主要特点，才能抓住关键问题，找准症结，进一步增强人性化管理的现实性和针对性。

（一）理想信仰缺失

在经济全球化背景下，中国市场经济不仅推动了体制转型，也推动了社会转型，从而冲击了人们的传统道德观念和价值判断，动

摇了信仰根基。著名哲学家康德把信仰分为三类，即实体的信仰、教义的信仰和道德的信仰。其中"道德的信仰"是最高层次的信仰，是个人对社会道德理想及其价值取向笃信的依据，从而决定着人们的行为取向。在计划经济时期，我国社会道德价值体系在引导、激励、约束和评判人们的道德观念、价值取向和行为方式上发挥了积极作用，但随着市场经济的发展，当传统的社会道德价值体系与市场经济条件下产生的一些价值观念发生冲突时，一些人便无所适从，甚至出现了道德信仰危机。目前，社会上大量的诚信缺失、假冒伪劣、坑蒙拐骗、贪腐奢靡等失范堕落现象，主要是道德信仰危机导致的直接后果。反映到企业里，则表现为一些员工丧失理想信念、丧失精神家园，甚至丧失基本的职业操守，最终走向堕落的深渊。

（二）注重物质利益

市场经济的根本动力和永久魅力在于，人人主观上"利己"——从自身利益最大化出发，以诚信公平为准则，从事商品生产交易，从而客观上意外地收获了"利他"——丰富了社会商品，增加了社会财富，从而社会成员共同获得丰富的物质生活。这正是现代经济学的奠基人亚当·斯密在其《国富论》和《道德情操论》中揭示的市场经济的深刻奥秘。市场经济的本质凸显了正当的物质利益的重要地位。由此驱动了广大民众投身于改革开放和市场经济之中，创造出了经济奇迹。同时，市场经济、物质财富也对中国社会生活产生了深刻影响，直接影响着广大民众的价值追求、思维方式和行为方式，使一些人形成了错误的世界观、人生观和价值观。反映到企业里，表现为一些员工功利至上，过分看重物质享受，唯利是图、欲壑难填，比收入、比消费、比享受，淡化了基本的道德精神修养和公民的社会责任意识。

（三）开放、自由、挑战

随着互联网技术的迅速发展，微博、微信获得广泛使用，人们已进入"微文化"时代。"微信息"大大缩短了人们之间交流的时间和空间，并且使各种信息即时在全球流动。海量信息包含各种各样的思想意识、价值观念、思维方式、生活方式、行为方式等，"阳春白雪"与"污泥浊水"并存，先进与腐朽交融，时刻渗透和影响着青年人的世界观、人生观和价值观。但是从主流来看，改革开放以后出生的年轻人，追求自由、自主，开放以及富于冒险、勇于挑战，并且不迷信、不盲从。

（四）以自我为中心

中国传统文化以集体（家与国）为本位，以集体为中心。过去将近半个世纪，中国始终强调"以德治国"，弘扬以"雷锋精神"为代表的大公无私的集体主义精神，往往把尊重和强调个体利益和个人价值当作自私自利、个人主义进行道德批判。改革开放30多年，个体价值观最显著的变化，就是相当一部分人特别是青年人的主体意识，已从集体本位转化为个体本位，为人处世则以自我为中心，往往不顾及他人的意见、感受和利益，爱心、同情心、集体意识和奉献精神不足。这一变化给企业传统思想政治工作的观念、内涵和方式、方法提出了挑战。

除了上述特点，还有人际关系功利化、自保意识增强、人生目标短期化等，这些都是共性的概括。当然不乏个性化特点，不同的社会群体有着不同的特点，即使不同区域文化中的同一群体也呈现出不同的思想心理状态。这些特点正负面交织，随着时间、环境和条件的不同，不断延展和变化，因而增加了人性化管理的复杂性和艰巨性。

二、抓住根本和关键，增强人性化管理的主动性和实效性

只有把握人性化管理的根本和关键，构建基于企业价值理念和员工职业理想信念合一的全员"道德精神共同体"，凝心聚力，鼓舞士气，才能进一步增强企业文化工作的主动性和实效性。

（一）着力抓好员工价值观管理

这是人本管理的核心和关键。价值观是指一个人对客观事物（包括人、事、物）的意义、重要性及好坏的评价和取舍，决定着人的世界观，影响着人生观，直接决定着人的行为方式、手段和目的的选择。企业管理的首要任务是塑造企业与员工的"共同价值观"——基于社会主义核心价值体系和企业愿景、使命、价值理念的全体员工的"道德精神共同体"。这是企业凝聚力、竞争力和创造力的根本保证。价值观是员工的精神纽带，也是思想政治工作的基础。《孙子兵法》说"上下同欲者胜"。这个"欲"就是目标理想、思想信念和道德信仰，即价值观。以此为旗帜，就会聚集起千千万万个志同道合者，即使物质贫乏、生活困苦和面临绝境，为了共同的价值目标，也会义无反顾，所向披靡。长征时的红军、抗战时的八路军和抗美援朝时的志愿军就是明证。单纯的"物质利益"难以长期凝聚员工，仅建立起"物质利益共同体"的企业行之不远。现代企业组织应是一个物质利益与道德精神的统一体。只有建立起"道德精神共同体"这条无形的最高价值纽带，企业才有强大的生命力，才能使物质报酬发挥出最大化的正激励效应，否则由于相互攀比、唯利是图和单纯的物质激励反而容易制造人际关系摩擦、激化矛盾和诱发短视功利行为。

（二）加强员工的思想教育引导

企业文化是凝聚人心、鼓舞士气的重要手段。要运用好这一手段，把全行员工的思想和注意力引导到提高服务质量、创新金融产品、服务营销客户、增强风险合规能力、促进科学发展上来。实现这一目标，关键是做好员工"心"的工作，即以心相交，以心换心。各级领导人员要真正从思想上尊重员工，从感情上贴近员工，把员工当主人，做员工的贴心人。既要关心员工健康思想道德的培育，又要帮助员工解决工作、学习、生活方面的困难，用心、用情把关爱员工做深、做细、做实，这样才能暖人心、感人心和聚人心。目前，社会思潮纷繁复杂，特别是腐朽堕落的生活方式严重影响着青年人，致其心浮气躁，急功近利，加之日常工作与金钱打交道，面临许多诱惑，因此，关心员工首先要关心其"做人"，让员工做老实人、做老实事，保持良好职业操守，依法合规，明辨是非，不走邪路，做一名优秀的员工，进而培育一支政治合格、技能过硬、纪律严明、服务一流的优秀员工队伍。

（三）重视对员工的人文关怀

这是人本管理的基本内容。首先要给予员工"目标"和"希望"。这是激发员工积极性和创造性的基本前提。马斯洛的需求层次理论说明，当人的物质需求得到基本满足之后，自我价值实现的需求就上升为主要目标。因此，要按照"德、能、勤、绩、廉"的人才理念，引导和帮助员工正确认识自身的优势与劣势，选准自己的职业发展目标。这也是一项难度大、要求高的思想教育工作。特别是要建立健全机会公正平等的职业发展机制，这是留住骨干员工和精英人才的关键。在此机制下，即使某些员工在竞争中"被淘汰"，也不会怨天尤人，而是心服口服，从自己身上找原因，从而产生自我内在激励；而那些在"赛马"舞台上，凭借自身实力大显身手而实现自我价值的员工，将会发自内心地感恩企业，忠诚企业。其次要关心员工的身心健康，减轻心理压力。目前，金融竞争激烈，一线员工压力很大，给工作生活造成了一些影响。近年来，大多数商业银行在减轻和缓解员工心理压力，解除心理疾患、快乐工作方面，提供了许多好的经验和做法。通过优化服务流程，改进考核机制，最大限度地减轻员工工作负担，收到了良好效果。最后要积极策划文化活动，培育阳光心态和健康生活情趣。通过健康高雅的文化娱乐活动，培育积极向上的人生态度和高尚乐观的生活情趣，从根本上化解工作中的"苦闷"与"烦恼"，使员工做到快乐工作或"累并快乐着"，从而将工作压力转化为工作动力。

三、提升主体道德形象和人格魅力，增强人性化管理的说服力和感召力

各级领导人员作为实施人性化管理的主体，只有积极转变观念，牢固树立现代公民意识，加强人文修养，提升自身的道德形象和人格魅力，才能使企业文化工作具有说服力和感染力。

（一）要牢固树立现代公民意识，即平等与公正、权利与责任、民主与法治等思想意识，摒弃等级意识，从心灵深处把自己视为与普通员工平等的一员

改革开放30多年来，社会公民意识和平等权利意识已深入人心，尊重已成为基本前提，否则就没有对话的基础；人们学会了思考，懂得了运用政策、法律、道德、舆论来维护自己的权利。在这种情况下，再用过去那种居高临下、真理在我、我说你听、我打你通的思维方式做人的思想教育工作，已经难以奏效了。因此，各级

领导人员必须与时俱进，牢固树立现代公民意识和平等权利观念，摒弃封建的等级意识，与员工相互尊重，平等交流。这样才能沟通心灵，讲真话，动真情，交朋友，达到解疑释惑，解决问题的目的。否则，只能适得其反，增加思想隔阂、情绪对立和彼此猜忌，不利于企业和谐人际关系的营造。

（二）要坚持终身学习，既要具有忠诚敬业、勤勉廉洁、开拓创新的职业品格与能力，又要具有深厚的知识底蕴、人格修养和人文情怀

一是要有坚定的理想信念。各级领导人员首先自身要有远大的职业理想信念和社会责任感，树立社会主义核心价值观。这是做人的精神支柱，也是铮铮人格、浩然正气的根基。二是要不断提升领导力。领导力是一个人对他人施加影响的能力。领导力只能从学习实践中获得。各级领导人员作为企业组织的主导者，只有持续学习、终身学习，才能适应知识经济社会的快速变化与发展。如果缺乏勤奋敬业精神，疏于学习，观念陈旧，不思进取，就难以履行好自己的职责。以这种状态领导下属，带领团队，则难以服众，很难创造出一流业绩。如果这样，不仅做人性化管理工作没有说服力，而且还容易因管理水平低下而引起员工的思想迷茫和心理失衡。三是要加强人文修养。中国文化博大精深，是一座取之不尽，用之不竭的哲学思想、文学艺术的巨大宝库。企业管理者要养成勤于读书思考的良好习惯，加强人文修养，增加文化底蕴。唯有如此才能提升思想品位和人生境界，舒展胸襟，开阔视野；才能增强人格魅力和提高能力水平，提升领导力；才能提升慎独自省和清明思辨的能力，避免低级趣味、庸碌自扰，甚至误入歧途，堕落自毁。孟子说："吾善养吾浩然之气。"这种"气"，就是清廉刚正，广德健行，不囿己私，眼光远大，有所作为。要获得这种"气"，除了人文修养，别无他途。所谓人文修养，包括哲学思辨、文

学鉴赏、艺术审美等。哲学是智慧，要明白地活着，明白地工作，就要学哲学、用哲学，若既懂得"福祸相依"、"物极必反"、"过犹不及"、"顺其自然"、"天人合一"、"内圣外王"，又懂得"对立统一"、"一分为二"、"质量互变"，"否定之否定"，遇到了问题就会辩证思考，做人做事就会恰到好处，立于不败之地。文学使人清明，多读一些中外经典的文学、历史名著，感知和体悟那些生动的人物事件，潜移默化中则增加明辨真善美和假丑恶的识别力，提高了自身的道德品行。艺术给人灵感，出色的企业管理者需要灵感，绘画、书法、音乐、诗歌、雕塑、摄影等都是人类智慧和灵感的结晶，学会欣赏或创造艺术，让人触发灵感，有助于科学研究和企业管理。这正是许多诺贝尔奖获得者和世界500强企业的高管们，喜欢艺术欣赏或自身就是小提琴手、作曲家或诗人的缘故！

（三）要以身作则，率先垂范，以诚信人格取得员工信赖，成为员工倾诉心声的对象

"人无信不立。"领导者的口碑、威信和形象是靠自身的言行一致、说到做到逐渐积累起来的，言行不一、口是心非，对于任何一位领导者的诚信人格的损害都是致命的。因此，领导者自身要有公信力和说服力，必须严格规范自己，以实际行动树立诚信正直、公道正派、谦虚谨慎、勤勉敬业、清正廉洁的声誉和形象。只有这样，才能经得起员工"听其言，观其行"的长期考验，进而取得广大员工的信任。有了这种信任，面对领导，员工才会讲真话、说实情，做到干群心交心、心贴心，思想教育工作才会事半功倍。

四、建立健全制度机制，保持人性化管理的常态化和持续化

只有把握企业文化工作的规律和特点，适应企业发展战略和中

心工作需要，建立健全文化管理的管理制度，才能使文化管理工作保持常态化和持续化。

（一）建立健全各级机构"一把手"负总责和"一岗双责"的文化工作管理体制与机制

特别是在国有企业中，集体本位的价值观高于个人价值观，集体主义仍然是大力倡导的重要的企业文化价值取向。实施人性化的"软性管理"，可以将每个个体凝聚成拳头一样的群体，形成强大的战斗力，并将"精神力量"转化为"物质力量"，促进业务发展。各级领导在思想上给予重视的同时，必须建立健全科学的工作体制和机制。大量的企业实践证明，应建立健全各级机构"一把手"负责制和"一岗双责"工作机制。所谓"一岗"就是一个领导人员的职务所对应的岗位；"双责"就是一个领导人员既要对所在岗位应当承担的具体业务工作负责，又要对所在岗位应当承担的党风廉政建设、文化管理、思想政治工作负责。要使"一岗双责"落到实处，还应将具体责任加以分解，通过党组织、工青妇组织、任务团队网络，将这些员工"思想道德精神"管理工作责任具体化，使责任由软变硬、由粗变细、由虚变实。同时，还必须建立完善的检查、考评与奖惩机制，将上级的检查考核和下级的监督考评有机结合起来，严格实施奖惩，为做好文化管理工作提供制度机制保障。

（二）建立健全各级领导人员与本单位、部门员工谈心家访、沟通交流的工作机制

实施人本管理，各级领导人员与普通员工的沟通交流是必不可少的工作环节，既能密切干群关系，上情下达，下情上达，又能在潜移默化中进行思想教育工作，更重要的是群众中蕴藏着丰富的经营管理智慧，流动着大量真实的市场信息，是科学决策、正确决策、

获得领先优势的重要前提。世界500强企业中,很多高管人员通过参加员工生日宴会、共进午(晚)餐、参与团队活动和假日郊游等了解员工思想心理动态和"点子"建议。在外企管理者眼里,中国员工有几个特点,即间接表达意见、爱面子、尊重长者和权威、重家庭、倾向于听从领导。中国员工这种文化观念,正是有效开展谈心家访、沟通交流工作的基础。将此项工作以制度形式固定下来,形成一种工作机制纳入领导年度责任目标管理是非常必要的。

(三)建立健全文化管理工作的评估、考核与奖惩机制

在探索、实践和创新的基础上,逐步把文化管理工作纳入企业综合绩效考评体系和企业领导班子年度考核管理目标,并作为评价和使用干部的重要依据。一个单位若出现人心涣散、士气低落、纪律松弛,甚至员工大量流失的情况,一定是那里的领导班子缺乏文化自觉,不懂得人性化管理,因此,把文化管理能力作为评价和使用干部的重要依据并不为过。要结合企业自身实际,探索研究定性与定量相结合的文化管理工作考评指标体系,将"软指标"变成"硬任务",增强做好文化管理工作的内驱力。

(四)建立健全企业员工思想心理状况调查评估与改进机制

要及时掌握企业员工思想心理动态,把握人性化管理的主动权,需要定期开展员工思想心理状况调查,根据不同层级人员、不同问题类别,开展思想教育、心理疏导(包括开展EAP项目)和帮扶解困工作,增强工作的针对性和实效性。开展员工思想心理状况调查特别要注意"信度"。所谓"信度"是指调查结果的可靠性、一致性和稳定性。要了解员工真实的思想心理诉求,设计调查问题应相对开放,减少"禁忌",不能回避当期"热点"和"冰点"问题;同时要以无记名方式回答问题,确保隐私权。只有调查结果"信度"

高,才能了解要害和关键问题,做工作才会有的放矢。

五、不断探索和创新,增强人性化管理的鲜活力与吸引力

只有坚持与时俱进,不断探索创新工作观念、内涵、模式、工具和方法,才能进一步增强文化管理工作的鲜活力与吸引力。

(一)创新观念

所谓创新观念,就是树立以人为本、尊重差异、权利平等、开放包容等观念,彻底摒弃等级意识,以及真理在我、非白即黑等观念。这是做活、做实、做好文化管理工作的思想基础,更是取得员工理解和信任的基本前提。

(二)创新内涵

思想教育内容除了包括社会主义核心价值观、企业价值理念和社会公德、家庭美德、职业道德之外,还应包括教育员工做到敬畏生命、热爱自然、认知角色、担当责任、感恩他人、修养人格与身心和谐等。树立了敬畏生命意识,就会珍惜人生,热爱生命,并推己及人,不会漠视他人生命,不会见死不救,损害他人;树立了角色意识,就会忠于职守,敬业守诚,担当责任,不会敷衍塞责,推诿扯皮,以职谋私;树立了感恩意识,就会敬重周围所有的人、物,谦虚谨慎,淡然平和,不会颐指气使,趾高气扬,目空一切。

(三)创新方式

人性化管理需要主体与客体之间平等的交流互动、互补与共赢。管理人就是做人的工作,人是活的,因而工作方式方法就会是动态的、变化的,因人而异、因时而异、因地而异,没有固定不变的方

式方法；只要有用管用，就是有效方式方法。实践证明，在积极解决员工工作、学习、生活的实际问题中解决思想问题，在参与各种文化活动中思考、感悟和化解自身的思想心理问题，在学习典型、先进中矫正自我、化解思想问题等都是好的方法。

（四）创新工具

实施"EAP"（Employee Assistance Program，"员工帮助计划"），创建"员工心理压力分析模型"、"员工相对压力点模型"和"员工心理压力适度模型"等实用工具。目前，很多企业都开展了"员工帮助计划暨员工心理援助"项目，通过专业人员对组织的诊断、建议和对员工及其直系亲属提供专业指导、培训和咨询，旨在帮助解决员工及其家庭成员的各种心理和行为问题，提高员工的工作绩效。这是一种有效的心理管理工具。要面向全体员工，广泛开展"EAP"实践应用，尤其是通过员工思想心理调查、员工心理自助和员工心理干预等，形成具有针对性、差别化的各类心理帮助与指导，建立员工思想心理问题预防、预警、干预三大实用系统；采取心理咨询、心理调查、心理辅导、健康讲座等方法，使员工思想心理疏导工作内容涵盖员工的心理特征、工作压力、企业认同度、员工忠诚度、发展信心度等各个方面，就能够有效增强思想政治工作的科学性和实效性。

从上述分析来看，思想政治工作其实就是"赢心"、"管心"、"聚心"和"塑心"工程。只要换位思考，将心比心，做到"己欲立而立人，己欲达而达人"，平等、尊重、公正、负责、互信，在这样的沟通交流与情感互动中，一定会收到预期的效果，一定会建成一个团结和谐、健康向上的具有强大竞争力和价值创造力的现代企业。

培育金融创新文化建设的思考与建议

世界经济正处于两次技术革命的过渡期，上一轮电子信息技术革命还在继续，新一轮技术革命正处于爆发前夜，特别是社交媒体、超级数字化、大数据、移动平台等领域的突破及其交叉，致使个人与组织的互动和协作方式发生巨大变化，将引发新的技术革命，从而颠覆传统的商业模式，进而推动人们思维方式和社会生活方式的变革。

随着改革开放的进一步深化，金融服务需求日趋多样，金融市场竞争越发激烈，一些互联网技术公司在不断跨界创新，已对金融行业形成了一定冲击。面对新的形势和金融需求的新变化，银行唯有通过创新，不断向客户提供新的产品和新的服务，才能适应经济社会发展，赢得客户，取得优势。

一、经济社会发展的新形势要求大力培育创新文化

目前，在经济增速趋缓、经济结构调整加快的背景下，银行经营模式和盈利模式需要加快转型。特别是在知识经济、互联网和移动互联网飞速发展的今天，非金融企业的跨界创新也对银行造成了冲击。以淘宝为例，2012年网上交易额突破万亿元，对传统的商场超市销售等商业模式形成了威胁，实际上造成了对银行中间业务收入的大量蚕食。在这种形势下，银行面临着不进则退的发展风险。

第一,经济社会的发展要求银行不断创新。企业融资方式的多样化、个人对财富增值的较高要求、各类资产投资的多元化需求、资本市场的不断发展,以及生活方式网络化等都对银行的创新提出了新的要求。特别是传统的经济社会活动网络化的变革和新兴的网络化经济社会活动的发展,对银行的服务内容、服务模式、服务手段创新都提出了更高的要求。

第二,利率市场化趋势要求银行加快创新。市场利率化是放开金融市场的重要标志之一,也是我国深化改革、扩大开放的大势所趋。目前,利率管理改革不断推进,利率市场化步伐加快。利率市场化后,银行间"争存揽储"将加剧,银行将更多地通过较高成本的融资工具筹措资金,推高资金成本,这无疑将会对以净息差为主要盈利模式的商业银行形成强烈冲击。要想有效应对这一挑战,唯有通过全方位创新,不断创造新的业务和利润增长点。

第三,银行监管和风险控制对银行创新提出更高要求。监管部门对银行提出了严格的资本约束,要求银行向"资本占用少、收益高"的产品加快资产结构调整。但目前社会融资的主渠道、个人财富的保值增值主要由银行直接提供,各种风险都向银行积聚。为有效防范风险、分散风险,银行需要大力发展非信贷类资产和服务业,实现不直接向客户提供信贷融资,而是为其提供融资渠道服务,不直接运作客户资金,但为客户提供资金运作平台,进而实现经营方式的战略转型。

第四,科技进步和信息网络化推动银行不断创新。在互联网时代,银行创新推出了网上银行、网上支付等;进入移动互联网时代,银行又创新推出了手机银行、手机支付等各种基于新技术的创新产品和平台。随着移动4G和5G技术、指纹识别、视网膜识别等技术的发展,可以想象今后虚拟银行、虚拟柜员、智慧银行及新型支付手段将成为新的服务方式。这将是金融创新的必然趋势，也是金融电子化、网络化、虚拟化发展的基本规律。

二、金融创新文化的主要内容

创新实践是金融创新文化建设的核心。根据学者们给创新下的定义，金融创新文化的主要内容概括如下。

（一）技术创新

当今最新的 Web2.0 技术、云计算、大数据、移动互联、物联网、社交网络、智能技术、协同技术和生物识别技术等，已成为金融创新的根本支撑。学习运用这些最新的知识技术，培养专业技术人才队伍，已成为技术创新的关键。

（二）产品创新

产品创新基于客户需求驱动和技术发展推动两个维度，指的是创造某种新产品或对原有产品的功能进行改善。产品创新是创新实践的重中之重。驱动银行进行产品创新的因素很多，包括经济全球化发展、国家产业政策调整、经济转型与结构调整、客户服务需求、金融市场竞争、银行战略转型、跨国经营、信息技术进步、重组兼并、监管要求等。目前，围绕金融服务经济结构转型、城镇化建设、民生领域、"三农"发展、小微企业、科技创新、消费金融、新兴市场、海外业务拓展等各种需求，产品创新都有着巨大的空间。大数据、移动平台的发展，推动了金融产品创新，改变着人们的生活方式。中信银行、民生银行等推出了"二维码支付"服务，顾客只要在某实体商店看到所需的某款产品，用手机对着商品标签的"二维码"一扫，就在相关客户端完成了支付，可以直接带走商品，不用再到收银台排队付款。此外，招商银行、浦发银行等还推出了 NFC 手机支付、微信银行等新的服务产品。

（三）服务创新

它主要是指基于渠道、流程、产品不断优化的服务营销模式创新。银行的产品始终面临同质化和易模仿等问题，但对于同一种产品，全渠道上线与部分渠道上线，给客户的体验就会有差异；对于同一种服务，流程复杂与流程简化，给客户的感受也会不同。对于同一个客户，有的银行提供公私联动一揽子综合化金融服务甚至是上下游产业链金融服务，有的只提供单一金融产品服务，客户的忠诚度和黏性肯定会不同。银行服务从以产品为中心到以效益为中心再到以客户为中心，这都属于服务模式的创新。传统的 4P 营销理论，即产品（Product）、渠道（Place）、价格（Price）、促销（Promotion）四要素突出以产品为中心，一直受到市场营销人员的重视。但是，在 B2B 市场下，这一服务营销理论已不再适用，代之以诞生于 20 世纪 90 年代的以顾客为中心的 4C 理论，即顾客（Consumer，产品向顾客转变）、成本（Cost，价格向成本转变）、便捷（Convenience，渠道向便捷转变）、沟通（Communication，促销向沟通转变）。随着信息技术的飞速发展，服务营销不断创新，目前又出现了旨在突出综合化服务的新的营销理论——"SAVE 营销理论"，即解决方案（Solution，由顾客变为解决方案）、入口（Access，由便捷变为入口）、价值（Value，由成本变为价值）、教育（Education，由沟通变为教育）。

（四）流程创新

它包括业务操作流程、服务流程、管理流程创新等，以提高效率和降低成本为核心，在有效控制风险的前提下，完善业务流程再造，提升直接经营层次，实现各种资源的高效运用和成本节约，最终建成流程简洁、管理扁平、响应快速、协同力强、资源节约、业绩优秀的运营模式。比如，前后台分离，大量数据由后台集中处理，优化了业务操作流程，降低了基层劳动强度，提升了工作劳动效率。

（五）制度创新

它是将一种新关系、新体制、新机制引入企业管理活动之中，并推进企业发展的过程。其包括适应宏观经济战略、国家产业政策及社会发展目标要求的组织架构、管理体制、监管制度、运营机制创新，以流程银行的标准，加快前、后台分离，要通过核算，实现风险、内审集中与垂直管理的"以客户为中心"的经营管理机制创新、以内控体系建设为核心的风险管理机制创新、以资本约束为核心的考核机制创新、以绩效考核为核心的人力资源管理机制创新等，强化部门之间、上下级之间的联动、协调、协作和配合。

（六）管理创新

它是把一种新思想、新方法、新工具或新的组织形式引入企业管理，并取得相应效果的过程。从银行发展战略来看，就是要通过管理创新，建立与自身战略目标、客户营销战略、电子银行平台建设等相匹配的组织架构、运行模式和科学方法，涉及产品与营销、研究与开发、风险与内控、计划与财务、人力资源管理与考核等各方面。

三、培育金融创新文化的重点措施

什么是创新？美国管理学者理查德·吕克给创新下的定义是：创新是对独创的、有价值的产品、流程、服务的认识的体现、整合和综合。创新文化则是指能够激发和促进企业创造的内在精神、价值理念和行为表现的综合。当前，商业银行培育创新文化需要着力解决的重要问题是更新观念和培育创新理念，建立激励创新的政策机制，鼓励全员参与创新实践活动，培育和提高全员创新能力，明确创新价值导向与重点，建立创新文化考核评价体系，营造全员创新的文化氛围等。

（一）更新思想观念和培育创新理念

创新是思想观念变革的产物，没有思想观念的变革就没有创新。因此，培育创新理念是创新文化建设的首要任务。

一是要有站在时代前沿的思想观念。面对经济全球化、互联网和信息技术飞速发展影响下的经济社会生活变化，应该细心观察、触觉敏锐，并且见微知著，具有战略性、创造性和前瞻性认识。

二是要有挑剔性审视的意识和眼光。所有员工基于责任感和进取心，对企业现有体制机制、经营管理、服务营销、金融产品、风险管理、内控合规等具有挑剔性审视的自觉意识和创造性的眼光，并且从上到下对这种近乎吹毛求疵的完美化审视给予充分鼓励并达成共识，而不是批评指责。

三是要树立敢为天下先的价值取向。所有员工树立以敢于创新、善于创新为荣，以安于现状、不思进取为耻，以参与创新、支持创新为荣，以对别人创新求全责备、吹毛求疵为耻的价值取向。

四是要树立宽容失败、败而不馁的创新精神，建立允许"试错"的创新管理机制。

（二）建立健全激励创新的政策机制

全员认同了创新理念，这只是第一步，更为重要的则是要建立健全激励创新的政策机制，从制度上保证创新活动的持续性、科学化和规范化。

首先,要制定"创新工作规划纲要",明确创新工作目标、原则、任务、重点、措施及相关政策。这是创新工作的"总纲"。

其次,要完善配套政策。这包括重点支持信息技术重大项目、重要产品开发专项及科技创新基地与平台建设政策,创新人才培养、创新团队建设、核心人才特殊管理政策,创新成果评估、创新激励政策,以及创新财务支持、创新成果知识产权保护、创新产品采购等相关政策。

最后,要加强创新工作管理。创新工作要根据市场、客户及企业管理需求来展开,不管是技术、产品、服务创新,还是管理、制度、机制创新,都要制定完善的管理办法,有序推进。

(三)大力培养和充实创新人才队伍

这是推动银行创新的核心与关键。

一是制订创新人才培养和发展规划。要加大信息技术、管理科学、金融研究领军人才的培养力度,注重发现和培养一批中青年战略管理专家、金融产品研发专家、信息技术专家。

二是制定特殊的激励与关怀政策。对金融核心技术领域的高级专家实行特殊的职业发展、薪酬激励与人文关怀政策,建立健全培养、选拔和激励高级专家的制度机制体系,使大批优秀人才能够脱颖而出。

三是组建创新专家人才库。组建来自各个层级创新部门以及中后台部门的不同领域创新专家人才库,并聘请银行外知名专家加入,充分发挥专家在重大技术创新、产品研发、项目评审及科技平台建设等方面的作用,使全行共享专家资源。

(四)努力培育和提高创新能力

提高创新特别是自主创新能力是推进商业银行战略转型,加快转变发展方式和优化业务结构，形成以科技创新和管理创新为基础的新竞争优势的中心环节。

一是大力推进学习型组织建设，将团队学习与研究作为一项重要工作，纳入岗位履职管理，实行严格考核，激励员工的创造智慧和潜力，使每个员工都投入创新实践。

二是将创新聚焦于互联网及移动互联网技术。目前，互联网服务生活化和实体经济互联网化正在成为新的时代潮流。客户需求正从线下移至线上，各类交易渠道网络化趋势明显；企业之间、企业与消费者之间基于资产专用性的组织边界将逐步被打破，越来越多的管理业务向企业外部转移、外包，一种与工业时代完全不同的全新商业模式——满足个性化需求的客户驱动商业模式正在形成。紧紧把握互联网时代新经济模式，创新管理、服务模式已成为先行优势的重要选择。

三是加强金融前沿业务、技术和产品的研究。这是深化自主创新的重要前提和基础。同时，要加强科研基地与平台建设，为提升全员创新能力提供有力保障。

（五）建立创新考核评价体系

创新考核评价体系是推进创新文化建设的制度保障。要坚持价值创造标准、竞争力标准和业绩标准，通过对单位和部门的创新理念落地、创新组织保障、创新制度机制建设、创新实践及成效进行考核评价，发现创新工作中存在的问题和不足，进而不断修正创新文化建设的重点，完善工作措施，改进工作方法，确保创新文化建设始终保持与时代发展、技术发展和市场发展同步。

（六）营造全员创新的文化氛围

营造良好的创新文化氛围，就是要倡导积极向上、敢于探索、不怕失败、追求卓越的企业精神；要不断向全员深植创新理念，培育创新人才，表彰创新成果，营造鼓励创新、容忍失败的创新文化环境。在这个环境里，每个人都善于倾听新鲜意见、倾听"小人物"意见、鼓励"异想天开"式创意等，每个员工都有创新的意愿和激情，使创新活动成为每个员工的需求，成为每个员工必备的素质和能力，成为"自豪"、"快乐"和"简单"的事情。

四、需要正确认识和处理几种关系

当前，商业银行大都已将大力推进创新放在了重要位置，在总行这一层级成立了产品、服务创新统筹推进委员会，设置了职能部门，对加强创新提出了具体要求。各商业银行创新实践也在不断深化，成效日渐显现。要科学引导和激励全员投入创新活动，不断取得创新成果，需要正确处理好以下几种关系。

（一）创新主导与创新主体的关系

各级管理人员是创新实践的主导力量，全体员工是创新实践的主体。管理人员首先要增强创新意识，自上而下传导创新理念；要立足金融前沿，跟踪最新科技动态，善于捕捉创新机遇，善于培养和发现创新人才，倾听员工不同的创新意见和建议，成为德才兼备的领军人才。全体员工要树立追求创新的价值目标，刻苦学习，钻研技术，善于从"现实问题"中发现创新的契机，为领导建言献策，提高自身的创新能力；既要有敢于争先、勇于拼搏的奋斗精神，也要有服从团队、吃苦耐劳、默默奉献的职业品质。只有这样，主导与主体才能相互支持、密切配合，共同推进创新工作。

（二）不断创新与业务发展的关系

在移动互联网时代，经济社会生活网络化必然导致金融网络化和网络化金融，银行的发展面临着非银行企业跨界竞争的压力。从微信的兴起对传统短信市场的冲击可以看出，任何企业如果不思创新，安于现状，就会面临发展停滞和竞争力下降的现实风险。如果创新不足，就可能面临发展动力不足和难以可持续发展的潜在风险。在这种形势下，创新成为银行直面竞争和转型发展的必然选择，创新为了发展，创新驱动发展，实现发展需要不断创新。

（三）不断创新与客户服务的关系

从创新实践的结果来看，所有创新都是为了满足客户需求，创造客户满意。由于客户的资质差异、需求差异和风险偏好差异，很难用同一种产品和服务满足所有客户的需求。基于客户需求的差异化和个性化创新，实现"一户一策"、"一行业一策"、"一系统一策"，为客户提供综合金融服务将是不二选择。从创新与客户的关系来看，二者互动双赢，相得益彰。创新源自客户需求，创新满足客户需求。

（四）不断创新与风险防范的关系

银行是经营风险的企业，有效防范风险是银行实现稳健经营的前提和基础。从创新和风险的内涵来看，两者看似对立，实则互补，是辩证统一的。创新并不必然带来风险，甚至通过创新可以为风险防范提供先进的技术手段，最大限度地减少市场风险和操作风险。比如，融资方式创新，就可以规避和分散行业及客户可能带来的市场风险。因此，要大力倡导基于风险防范原则的创新，不能因为存在风险而不愿创新，不敢创新。这样可能没有业务风险、操作风险，但必然面临着在优质客户和市场份额丢失的风险，面临着在竞争中被淘汰的风险。

（五）个体创新与团队协同的关系

银行的创新是个体智慧和团队合力的集中体现。个体的创意往往成为团队创造的先导，而团队创造则是实现个体创意的重要保障，两者互为补充，缺一不可。由于银行业与制造业等实业不同，银行提供的产品和服务大都是无形的，要依靠科技平台和系统实现系统化、专业化的创新，有的则需要较大的投入。这是任何个体都无法完成的。因此，既要注重个体创新，及时发现、收集员工极具创意的"金点子"，又要注重发挥专业团队的协同作用，攻坚克难，使极具价值的创意转化为现实的产品和服务。

扭曲的价值观颠覆了华尔街神话

——美国金融危机的文化透析

始于2007年的美国次贷危机，逐渐发酵而引发了全球性经济金融危机，这是自1929年以来最严重的一次危机。这次金融危机彻底销蚀了华尔街神话般的光环，颠覆了自由放任的市场理念，从而引发了全球关于美国金融发展、创新、运营与监管模式的反省与思考，并且这一次比以往任何时候都更加广泛而深刻。

一、次贷危机的严重后果及影响

次贷危机演变成全面的金融危机，导致了极其严重的后果，主要表现在四个方面：一是全球股票市场指数大幅下挫，各主要指数下跌均超过20%。二是华尔街五大投资银行不复存在——贝尔斯登、美林证券、雷曼兄弟倒闭或被收购，高盛、摩根士丹利则转为银行控股公司，由此华尔街的金融性质和运行模式发生了根本性改变。尤其是雷曼兄弟的破产是有史以来最大规模的公司破产，彻底摧垮了全球投资者的信心，加剧了投资者的恐慌情绪。三是对全球金融体系产生了严重冲击，导致大批人员失业。美国金融危机恶化，迅速扩展到整个欧洲，之后又蔓延到日本、韩国、印度、巴基斯坦、泰国、越南等亚洲国家，冰岛、匈牙利、乌克兰、波兰等几乎面临国家破产的危险。金融危机导致了大量人员失业，仅仅到2008年底，美国失业人口就已达900多万人，失业率达6.1%。四是由金融领域蔓延至实体经济领域，引起了全球性经济危机，导致了全球性的经济衰退。2009年世界经济增长放缓至1%，发达国家出现负增长，新兴市场和发展中国家经济进一步放缓至4.6%。中国在这次金融危机中也受到一定程度的冲击，30年来GDP增长首次出现大幅下降，外贸出口连续出现大幅下降。

二、次贷危机爆发的文化解析与探究

对于这次金融危机的原因，已有大量的文章和书籍进行了讨论和总结。过度自由放任的资本主义模式、美国强行推行其意识形态和全球经济霸权、美国经济发展由繁荣进入衰退的周期规律、美国过度消费与低储蓄率的经济运行失衡、过度泛滥而又缺乏监管的金融衍生品创新、把自由市场等同于无监管的市场而致使金融监管弱化、虚拟经济泡沫严重脱离实体经济、公司高管人员追求自身利益的过度贪婪等都是危机爆发的原因。但是，从企业文化层面探究危机生成的原因，现在尚嫌不够。我们虽然并非完全认同马克斯·韦伯的文化决定论，但是文化价值观对政治、经济发展走向的巨大影响力却是被大量历史事实所证明了的。特别是探究一个企业的生存和发展，离开文化的透析是难以抓住本质的，因为作为企业灵魂的文化决定着企业的成败与兴衰。因此，从企业文化视角解析美国金融危机发生的机理或许更本质一些。具体分析有以下五个方面。

（一）公司单纯追求"利润最大化"的价值观直接助长了公司高管群体的贪婪

美国文化核心内涵之一就是尊重个人价值，鼓励个人价值的实现。因而作为金融市场竞争前沿的华尔街投资银行和各类金融公司均把"创造利润最大化"作为追求的首要目标。与此相适应的激励机制,也是以个人最优业绩作为考核奖惩的主要依据,即失败者出局,获胜者成功。每年给公司创造出最大化业绩的那些人将获得数百万美元甚至上千万美元的奖金。一个人或公司过度追求利润最大化,并且将此作为最高目标甚至是唯一目标,就会丧失其承担的社会责任,漠视股东、公众、社会等相关者的利益。那些公司高管,由于自身的贪婪,不惜去伪造公司业绩,欺骗股东,从而逃避监管。2001年底倒闭的安然公司犹在眼前,公司高管为维持安然公司股价持续上升,做假账、虚报收入、隐瞒债务,以此来制造公司优良业绩的假象。当时,针对安然事件,专栏作家乔·斯蒂芬斯发表了《安然文化导致毁灭》的文章,从安然公司的价值观"只能成功"、"只重结果"等出现问题进行了深刻分析。有识之士已经从企业文化视角洞见了问题的根源。可惜"前车之覆"并未成为"后车之鉴",仅六七年之后,更大的悲剧又重演了。

(二)商道之本——"诚信"仍未能作为核心价值理念真正融入公司制度、流程与创新之中

诚信是金融的灵魂。西方文化从古希腊柏拉图、苏格拉底、亚里士多德到基督教的《圣经》、亚当·斯密的《道德情操论》、马克斯·韦伯的《新教伦理与资本主义精神》,都将"诚信"作为商业活动的基石,论述了诚信对于社会、个人及企业生存的重要性。在一定程度上说,西方资本主义的发展史也是一部诚信社会、诚信市场发展的斗争史。但是现实证明,从安然公司到华尔街的投资银行、金融公司并未真正将"诚信"这一最古老的商业信条贯穿到公司管理制度机制、业务流程、产品创新以及员工职业道德操守之中。当诚信不再成为从业人员的基本职业操守时,作假、欺诈就会成为必然。这些投资银行和金融公司为了自身利益的最大化,便以金融创

新的名义，将"有毒"资产进行证券化包装，以 30 倍以上的杠杆率放大资产，并通过"权威评级机构"提高信用评级，以此掩盖资产的真实风险状况，使国内外投资者堕入云雾之中，稀里糊涂地购买新产品。当美国经济出现"不景气"时，这些巨额金融资产链条则形成了系统性风险，结果使无数投资者都踏进了梦魇般的无底"陷阱"。至于在危机中暴露出来的纳斯达克股票市场前主席伯纳德·麦道夫采取"买空卖空"的手段，骗取全球投资者 500 亿美元的欺诈案例，则更深刻地说明了"诚信"对于企业是一个最基本的永恒主题。

（三）经理人中心主义的价值观弱化了公司治理中"三权分立"相互制衡的权力结构

早期的公司，为防止权力腐败，保证公司健康运行，按照法国著名思想家孟德斯鸠"三权分立"的法治理论，探索构建企业股东大会、董事会、经理层相互独立、相互制约的管理架构。18 世纪后期，现代意义的公司出现以后，这一公司组织结构开始固定化。但是到了第二次世界大战以后，随着市场经济的快速发展和经营环境的巨大变化，特别是全球化的推动，美国公司治理经历了由"股东会中心主义"到"董事会中心主义"再到现在的"经理人中心主义"的发展过程。"经理人中心主义"的价值观适应了"时间就是金钱，效率就是生命"的市场要求，但是在提高决策管理效率的同时，也产生了为追求自身短期利益最大化而"滥权"的机会，从而弱化了"忠诚与勤勉"的内在道德激励与约束的动力。此次金融危机引起了美国企业管理界对于"经理人中心主义"价值理念及其股东大会、董事会、经理层"三权"均衡的深刻思考，很可能将促使有效公司治理结构的回归。

（四）对自由金融创新价值观的过度追求与风险管理之间的"失衡"制造并积聚了系统性风险

华尔街之所以能够创造出金融神话，除了成熟的市场经济、完善的信用制度、规范的法治环境以外，自由的金融创新则是其最重要的推动力。现代金融的制度、模式、产品大多出自华尔街，比如投资银行模式、信用评级、资产证券化、期权和期指，以及其他层出不穷的金融衍生产品。这些产品在提高金融资源配置效率、服务水平，并且推动经济发展的同时，扭曲了金融资产的真实状况，制造了金融泡沫，导致了系统性风险。正如经济学家卡明斯基（Kaminsky）和雷恩哈特（Reinhart）对第二次世界大战后主要金融危机进行研究之后指出的那样，绝大多数金融危机之前都发生过金融自由化的过程，不受监管或缺乏监管的新型金融机构在融资体系发挥作用的同时，却使金融系统抵御风险的能力变得很脆弱。试想，本来属于"次级信用"的客户是难以贷款买房的，但是由于创新出了"资产证券化"，可以通过中介把"优质资产与劣质资产"一起打包转卖给资本市场的投资者。这样就把银行和贷款公司的风险给转嫁出去，风险的约束机制完全改变了。因此，银行和贷款公司由讲究贷款质量变成追求贷款数量。于是以10%以下首付甚至零首付给那些"次级信用"者大量贷款。又由于评级公司提高了对这些高风险资产的评级，大量投资者出于对评级公司的信任，在并不了解这类资产的真实风险状况之下，购买了大量"有毒"资产。资产证券化如果使用得当和管理到位，本应是一种利大于弊的衍生产品。由于这一金融产品链条复杂，加之追求自身效益最大化的激励，人们忘掉了风险与收益平衡匹配的原则，放松了风险的防范与控制，致使理念、制度、流程、工具等均处于缺失、滞后状态，发生危机已不可避免。

（五）对"契约"和"工具"价值观的过度崇拜放松了对从业人员职业道德操守的监督与评估

美国文化的核心价值观是崇尚独立自由、民主法治，追求科学工具的创新和应用。在人们的心目中，那些有着悠久历史和良好"声誉"的大型金融企业被给予充分的信任，因而人们对于它们创新的金融工具的风险性估计不足，对于资产评级机构评级的真实性不加怀疑。同时，近年来，由于大型金融机构基于自身实力和良好的历史信用记录，向美国金融监管部门作出严格遵守市场规则和监管制度的承诺，因而金融监管部门对于大型金融机构的内部审计、风险控制和业务信息披露也给予充分的信任。正是由于过分相信这种"契约"承诺，一方面金融监管部门放松了调整和制定与金融创新相匹配的监管制度政策和流程工具，另一方面金融监管部门放松了对金融新业务、新产品的严格审查、跟踪评估与实时监控。

三、美国金融危机留给中国的教训与启示

美国金融危机基本没有给中国金融企业带来严重的"硬伤"。中国金融运行是稳健的、安全的。但是，这并不能说明中国的金融制度、金融体系、金融模式、金融产品、金融运营就是世界上最好的。因为中国金融市场的发展程度与成熟程度还与美国有较大差距。但是，金融危机仍然给中国提供了许多教训和启示。

（一）商道之本——"诚信"要永远作为企业的核心价值观和基本律条贯穿于经营管理的全过程

"诚信"是中外所有企业生存和发展的基石。它是中西方文化共

同拥有的精华之一,也是共同崇尚和遵守的"商道"。目前,我国社会信用制度还不健全,法治环境还未形成,信用管理基础还很薄弱,商业欺诈、行业垄断、无序竞争,以及假冒伪劣充斥市场。在这种情况下,企业倡导、培植、恪守、维护"诚信"就具有特别重要的意义。除了企业自身树立和践行诚信的核心价值观之外,还应加紧建立和完善诚信的法律制度规范、职能部门监管、社会舆论监督及严厉惩罚的制度机制,内外并举,将激励、监督与惩罚相结合,营造恪守诚信的法制、监管、舆论环境,推动诚信社会建设。

(二)培育企业正确的价值观,在"追求合理利润"的同时,牢固树立自觉承担社会责任的价值理念

企业生存的土壤是社会、民族和国家,离开这些根本价值,单纯讲"追求自身利益最大化",从过去、现在的事实来看有失片面,会产生一定程度的副作用。企业的价值是多元的,利益相关者也是多元的,有股东、员工、公众、客户、供应商、同业、监管者,更高层次上是国家与民族。因此,企业在追求利润和效率的同时,更要讲社会责任。积极承担社会责任与"单纯追求自身利润最大化"是相抵触的。考察企业发展史,可以看出,凡是能够基业常青的企业,无不是社会责任的积极承担者。唯利是图不是全球化和国家、民族利益凸显时代的先进价值观。企业应该将社会责任作为追求价值实现的重要组成部分,并且在依法经营、合规操作的前提下,追求合理的利润,追求多元价值的实现。

(三)完善和强化公司"三权分立"的治理结构,有效防止产生企业管理人员"滥权"和腐败的可能

我国按照现代企业制度,推进国有企业股份制改革不过十几年的时间,企业管理理念、制度机制、经营模式、产品创新,以及企

业家整体素质能力等,跟已有230多年历史的西方企业相比,还处于"初级阶段"。具有健全完善的公司治理结构,并且公司管理机制既能相互制约又能相互协调,以此保证效率,则成为优秀的现代企业的显著标志。特别是大中型国有企业,由于目前还存在体制、制度性障碍,难以形成真正完善的"三权分立"的公司治理结构。在此情况下,应努力通过建立和完善内部职工代表会、外部监管部门和社会舆论的监督机制,有效防止产生企业管理人员"滥权"与腐败的机会和可能。这样既能很好地保护企业管理人员,又能更好地保证企业健康发展。

(四)牢固坚持"法律制度约束"与"道德操守自律"有机统一的理念,并将其贯穿于经营管理的全过程

即使是法治国家,对于企业的道德操守的教化也不能有丝毫的放松,这已经被大量事实所证明。那种"制度万能论"跟"道德万能论"一样,是极其片面的。值得指出的是,我国是一个有着几千年道德文化传统的国家,具有浓厚的情感文化,与法治文化国家有着很大的不同。目前,我国还不是完全的法治社会,市场规则和法律制度的刚性还没有完全普遍地建立起来。在这种现实情况下,企业对员工强化道德操守的教化与约束是非常必要的,也是有效的。当然,单纯强化职业道德操守,放松法律制度的强制性约束将离现代企业管理更远。因此,将两者有机地结合起来,使法律制度约束与道德操守自律并举,这是中外企业管理唯一的正确选择。舍此,将会付出更大的代价,不断重复已往的历史教训。

文化管理案例一:"向党工作站"

建设银行在推进"以客户为中心"的服务文化建设中,特别重视培育服务典型,进而打造出了服务品牌系列,包括"向党工作站"(新疆区分行)、"红梅理财中心"(山西省分行)、"南大支行"(湖南省分行)、"何晓工作法"(山东省分行)、"天龙在线"(浙江省分行)、"南环时速"(河南省分行)、"百步亭社区银行"(湖北省分行)、"小刘理财"(江西省分行)、"金丹财智"(福建省分行)、"科技金融"与"刘艳快线"(北京市分行)等,很多服务品牌在当地、建设银行系统乃至金融系统都很知名,"向党工作站"就是其中之一。"向党工作站"的培育、打造和推广的成功经验和做法,给我们很多有益的启示。

一、"向党工作站"的创建及其发展

初创阶段(2000—2001年):发现、培育和宣传、塑造先进典型李向党和"向党工作站"。2000年初,新疆区分行深入开展职业道德教育活动,狠抓优质服务,区分行营业部河南路支行推出了营业网点"优质服务标兵"李向党创建的"接一、待二、招呼三"服务模式。这一服务模式深受客户欢迎,很快在营业部所有网点进行推广,同时将李向党所在网点命名为"向党工作站",并策划开展"向党工作站"创建活动。这一做法得到了总行、分行领导和原中央金融工委副书记陈玉杰同志的高度称赞。自此"向党工作站"在基层行得以确立和发展。2001年4月，在基层实践的基础上，新疆区分行党委作出决定，号召全行学习李向党，推广"向党工作站"，并制定下发了《"向党工作站""向党标兵"管理办法》，这些举措得到了原中央金融工委和总行党委的充分肯定。2001年11月，《人民日报》、中央电视台、新华社等各大新闻媒体分别在头版和其他显要位置对新疆区分行李向党和"向党工作站"先进典型进行了集中宣传报道，引起了社会各界的广泛关注。

品牌建设阶段（2002—2007年）：个体典型转变为群体典型，先进典型提升为服务品牌。2001年11月，总行党委作出了《关于在全行系统开展向李向党和"向党工作站"学习的决定》，号召全行学习李向党和"向党工作站"的敬业、进取、团队、务实和奉献精神。新疆区分行就全行开展学习李向党和推广"向党工作站"的活动作出了具体的安排部署，区分行和各二级分行都成立了"向党工作站"学习与推广工作领导小组，"一把手"任组长，把推广工作列入主要议事日程，迅速掀起人人争当向党式好员工、争创"向党工作站"的热潮。同时，区分行对"向党工作站"标准进行了修改和完善，明确了发展定位；把"向党工作站"管理办法纳入ISO 9000质量管理体系，实施动态管理，初步形成了一套培训、激励、考核、准入、退出管理机制。2003年，新疆维吾尔自治区党委作出在全区开展向李向党和"向党工作站"学习的决定。自治区党委主要领导对学习宣传李向党和"向党工作站"作出批示并亲自题写了"向党工作站"的牌匾；自治区直属机关工委在建设银行新疆区分行召开学习李向党和"向党工作站"先进典型现场会。区分行先后两次召开全行大会，号召全行要从提升全行服务水平和市场竞争力的高度看待创建工作，加大资源配置力度，创建工作从基层延伸到分行本部各部门。2005年以后，随着建设银行股改上市和"以客户为中心"的经营理念的确立，"向党工作站"抓住发展机遇，在服务文化建设上不断创新，探索建立完善服务质量考核体系，实施规范化、精细化流程管理，开展服务对标管理，提升客户满意度等，亮点频出。

品牌转型阶段（2008—2014年）：建立"向党工作站示范基地"，以品牌助力网点转型。结合总行战略转型和网点转型，新疆区分行及时调整工作思路，积极探索"向党工作站"创建与网点转型相结合的新思路，修订了"向党工作站"和"向党标兵"管理程序，突出品牌服务功能，将服务类指标的考核权重提高到50%以上，引导各级分支机构加强服务过程管理，达到提高客户满意度和忠诚度的服务质量目标；持续创新晨会和精神墙内容，强调"向党工作站"的团队协作力度和员工成长指数，加速网点转型后"五岗一角色"综合素质的提高，保障网点转型从"形似"到"神似"的转变。在区分行营业部、石油分行、巴州分行建立了3个"向党工作站示范基地"，开展现场观摩教学，为提高区分行规范化服务水平奠定了良好基础。2010年在"向党工作站"创建十周年之际，重新明确了"向党工作站"的目标定位，即把"向党工作站"打造成为知名度高、美誉度高、客户忠诚度高、市场占有率高、利润回报率高，并能为客户提供超值服务（简称"五高一超"）的服务品牌。这为今后的创建工作明确了努力的方向。

二、"向党工作站"取得的成效

"向党工作站"服务品牌取得的成效是多方面的，有力地提升了新疆区分行的竞争力和价值创造力。

一是提升了建设银行良好的形象。通过建设银行系统、地方与全国媒体持续宣传，"向党工作站"已走出建设银行、走出新疆，成为同业乃至全国知名的服务品牌。许多研究企业文化、服务文化的专家学者把"向党工作站"作为教学案例。截至2012年底,"向党工作站"已由首批试点的6个网点,发展到了54个,占全部网点的26.2%;"向党标兵"由李向党1人发展为149人,占全行在岗员工总数的2.84%。特别是涌现出一大批先进人物,呈现出群星灿烂的可喜局面。李向党同志先后荣获全国金融系统"优秀共青团员"、建设银行第一届"十大杰出青年"和全国金融系统"五四青年奖章"、全国"五一劳动奖章",并当选党的十六大代表。区分行营业部"向党标兵"马合木提先后获得"全国五一劳动奖章"、"中国建设银行十大年度感动人物"等多项荣誉称号,昌吉回族自治州分行"向党标兵"索芙蓉先后获得"中国建设银行十大杰出青年"、"全国金融五一劳动奖章"等荣誉称号。截至2012年底,区分行有23个网点获得全国级、总行级"青年文明号"称号;54个"向党工作站"全部获得过区分行级综合类或条线类表彰;149名"向党标兵"中,有75名获得全国级、省级以上荣誉,全部获得过区分行级综合类或条线类表彰。

二是提升了服务质量和客户满意度。十多年来,"向党工作站"没有发生一起客户有效投诉,在优质服务、市场营销、内部管理、人员素质、经营效益等方面,已经成为排头兵。通过95533、客户问卷调查、客户意见簿、北京零点公司调查等渠道收集的客户满意度调查显示,新疆区分行客户满意度持续提升,在当地同业一直保持领先。2010年上半年,在总行组织的建设银行系统网点服务质量调查中,新疆区分行网点服务质量基本评价得分在系统中排名第13位,较上期上升6个位次。

三是促进了经营业绩的持续提升。"向党工作站"对全行业务发展的贡献度不断提升,截至2010年6月末,54个"向党工作站"一般性存款余额和中间业务收入分别占全行的44.72%和36.42%,人均一般性存款和人均中间业务收入分别高出全行平均水平80.46个和34.41个百分点。在"向党工作站"、"向党标兵"的带动下,新疆区分行近年来各项业务持续快速发展,市场核心竞争能力大大提高,新增存款、贷款、中间业务、经营效益、资产质量等主要业务指标连续多年在当地同业中保持领先优势。

四是促进了员工队伍的全面发展。在创建"向党工作站"和争当"向党标兵"的过程中,打造了一流员工、一流团队、一流服务和一流业绩。每一名员工要想达到"向党标兵"的标准,就要付出很大努力。因此,在争创过程中,员工自觉树立服务意识、合规意识和效益意识,刻苦学习业务,苦练技能,营造了尊重先进、学习先进、争当先进的良好氛围,激发了积极性和创造性,促进了综合素质和能力的提升。

三、"向党工作站"创建的成功经验

十多年来,在新疆区分行打造服务品牌"向党工作站"的实践过程中,随着对先进典型和服务品牌的意义、作用和定位认识的不断提升,探索创造了一些成功的经验和做法,值得学习和借鉴。

第一,各级领导的重视、关心和指导是打造服务品牌的重要前提。一个树得起、叫得响的服务品牌,除了自身必须具备良好的素质和不懈努力外,更需要组织的关怀、培养和指导。在培育和打造"向党工作站"的过程中,中央金融工委两次派出工作组深入新疆区分行,对李向党和"向党工作站"进行实地调研和具体指导。总行企业文化部多次深入调研,组织中央级新闻媒体对李向党和"向党工作站"进行集中宣传报道,总行号召全行学习李向党同志和"向党工作站"的先进事迹和经验。李向党同志在参加党的十六大期间,受到党和国家领导人的亲切接见。在建设银行香港上市仪式上,时任董事长的郭树清同志向国内外投资者介绍了李向党的感人事迹。

各级领导的重视、关怀和支持，坚定了新疆区分行持续抓好这一先进典型的信心。这是培育和打造服务品牌的重要保证。

第二，持续开展创建"向党工作站"实践活动是打造服务品牌的重要基础。品牌能否长久，能否不断获得新发展，关键是能否持之以恒、不断创新。十多年来，新疆区分行在狠抓业务发展的同时，从来没有放松过对"向党工作站"品牌的创建、维护和宣传工作。创建"向党工作站"、"向党标兵"管理办法、考核标准和动态管理机制；开展"把个体典型转化为群体典型，长期发挥李向党和'向党工作站'作用"的大讨论；每年对新入行员工进行品牌宣传教育；根据中心工作要求，制订年度创建计划和检查计划，每年进行1~2次的检查验收；持续对"向党工作站"和"向党标兵"进行奖励；建立"向党工作站示范基地"，开展现场观摩教学和培训活动等。目前，创建"向党工作站"、争当"向党标兵"实践活动在新疆区分行已经深入人心，成为全行的一项日常工作。

第三，服务中心工作和促进业务发展是打造服务品牌的重要目标。企业服务品牌的生命力在于促进业务发展，提高经营绩效。新疆区分行学习推广"向党工作站"不走形式，不做表面文章，而是着眼于业务发展，服务于中心工作，坚持把先进典型的学习推广与优质服务、业务发展、市场营销、经营管理、防范风险、提高效益等方面的内容有机地结合起来，"向党工作站"考核标准都是从优质服务、业务营销、人员素质、内部管理等几个方面确定的指标。目前，区分行系统评选出的54个"向党工作站"都是各二级分行综合考评中最优秀的网点，其服务质量、内部管理、市场营销、人员素质和经营效益等方面在各级行均名列前茅。

第四，制定量化考核标准并实施奖惩是打造服务品牌的机制保障。"向党工作站"服务品牌与其他典型最主要的区别，就在于拥有一套科学量化的考核标准。正是这一套标准，使先进典型的精神与行业的服务标准、管理规范、业务发展的相关要求紧密结合起来，便于员工对典型精神的理解、认识和把握。新疆区分行以优质服务为核心，以促进管理水平、经营效益和员工素质的全面提高为出发点，制定了《"向党工作站"和"向党标兵"的管理办法》，明确了具体量化的检查考核标准，逐步形成了一套评审、督导、考核、奖励、进入、退出的科学规范管理机制，使员工学习典型有标准、赶超典型有目标，管理者考核典型有依据。这一套标准和机制确保了"向党工作站"创建工作的规范化和常态化，发挥了有效的激励约束作用。

第五，创造复制推广模式是发挥服务品牌引领作用的基本途径。为更好地发挥"向党工作站"的群体示范效应，新疆区分行创造性地开展复制推广模式，即按照"向党工作站"创建标准，由一个向多个扩展，形成群体。同时，引入星级服务的概念，将"向党工作站"设定为五个等级：一星级是规范服务，二星级是情感服务，三星级是无缺憾服务，四星级是专家服务，五星级是全方位服务。以不同星级的标准测定服务水平的高低，实现服务品牌的逐步升级。

第六，以大力宣传提升知名度和美誉度是打造服务品牌的重要手段。在"向党工作站"创建活动中，新疆区分行始终重视宣传活动。从初创时《人民日报》、中央电视台、新华社以及新疆电视台、《新疆日报》等全国及地方主要新闻媒体对李向党和"向党工作站"的集中宣传，到区分行专门举办"向党工作站"服务品牌研讨会、组织开展"向党工作站"争创活动、策划组织"向党工作站"创建十周年系列宣传活动，等等，对于提升"向党工作站"的知名度和美誉度，都起到了巨大作用。

启示：创建"向党工作站"进一步丰富了企业文化管理工作内容，拓宽了深度融入网点管理和业务发展的渠道，给了我们很多启发：一是企业文化管理具有很大的创新空间。创建"向党工作站"是我国金融企业培育和打造服务品牌的首次尝试，也是运用企业管理理念、手段管理"先进典型"的首次尝试。之前，金融企业都只是注重培育先进典型个人和集体，运用的理念、思路、途径、手段和方式方法也是传统思想政治工作规定的一系列要求，还没有从企业管理的视角探索服务品牌的培育和塑造。二是服务品牌与传统的先进典型个人和集体有着很大的差别。前者注重建立一套由价值理念、规章制度、量化的服务标准与规范、考核奖惩机制等组成的运行体系，可以通过对标管理，在同类服务渠道中复制推广其做法，促进企业整体服务质量与效率的不断提高。后者重在挖掘感人事迹、提炼高尚精神、宣传优秀道德品质，旨在号召大家从道德精神层面向先进人物学习，提高员工群体的积极性。二者都是提高企业管理水平所需要的，但是从企业本质属性来看，运用量化的工作标准、规范的制度准则、严密的工作流程、科学的管理机制，对于提高企业管理水平更持久、更可靠。三是服务品牌是文化力和生产力的聚合体。从创建"向党工作站"开始，培育和打造服务品牌的理念、经验和做法在建设银行系统迅速传播，且日益深入人心，许多具有强烈文化自觉的基层行行长与上级行携手合作，积极主动地培育和打造服务品牌。多年来，建设银行系统培育和推广了150多个服务品牌，这些服务品牌分为渠道、模式、方法等不同类型，有力地提升了网点管理水平、服务质量、风险内控能力，促进了各项业务持续、稳定、健康发展。

文化管理案例二："何晓工作法"

"何晓工作法"是以建设银行山东省分行济南历下支行综合柜员何晓同志（女）为核心的团队创建的快乐服务模式。"何晓工作法"作为建设银行重点培育打造的服务品牌，在金融系统内外产生了广泛影响。2006年8月，山东省委宣传部将"何晓工作法"确定为践行"社会主义荣辱观"的重大典型，组织省内各大媒体进行集中报道。2007年初，新华社山东省分社将《"何晓工作法"提升服务效率》一文在新华社《内参》刊发，引起高层领导关注。随后，中央电视台于5月10日在新闻联播播出了"何晓工作法"优质服务事迹。4月29日，何晓同志应邀参加中国银行业协会举办的文明规范服务表彰大会并作报告，这标志着"何晓工作法"已成为全国金融系统的服务典型。为此，何晓同志先后被评为总行第六届"十大杰出青年"、山东省第十七届"十大杰出青年"，荣获全国金融"五一劳动奖章"和总行首届"突出贡献员工奖"。

"何晓工作法"有以下五个方面的内容。

一、"快乐服务"

"何晓工作法"倡导"快乐服务"，把"快乐服务"作为做好服务的法则之一。何晓提出"我服务，我快乐"的口号，并在服务工作中身体力行，不断提升服务境界。

"何晓工作法"认为，良好的心态是做好服务的前提和基础。员工情绪会影响到服务态度和服务质量，在快乐的情绪中才能把服务做得更好，所以必须调整心态，快乐服务。

快乐服务，既是服务工作岗位的要求，也是员工自身的需要。"我服务，我快乐"的精神是员工做好服务工作的内在动力；做到了快乐服务，提升服务水平和实现服务创新就有了基础与可能。快乐服务是一种朴实的人生境界和积极的生活态度，这是被现代社会广泛认同和追求的理念，是现代文明的标志。现代社会是一个相互服务的系统，"人人为我，我为人人"，人的一生离不开别人的服务，也不可能不为别人服务。我们倡导快乐服务，一方面是职业和岗位的要求，另一方面是每个人的生活需要。快乐服务、快乐奉献、快乐生活，是幸福人生不可或缺的态度和准则。

如何做到快乐服务呢？"何晓工作法"主张：第一，要选择快乐，打造一个快乐的自我；第二，要热爱自己的工作，学会在工作中享受快乐；第三，要传导快乐，营造和谐快乐的工作氛围；第四，要营造营业场所温馨、和谐、安全的环境；第五，要注重服务文化建设，让客户体验到高品位的文化享受。

"何晓工作法"把服务对象的快乐作为"快乐服务"的标准，将顾客的快乐作为其最大的快乐。

"何晓工作法"主张，通过优质、高效、文明、规范的服务，让客户满意，让客户在建设银行办理业务如沐春风、如享甘醇。

作为一个企业、一个单位，有责任营造一个让员工满意和快乐的氛围，这样员工才能真正"快乐服务"。

"何晓工作法"强调服务场所的环境美化和员工的高尚文化品位，让客户不仅可以享受到优质金融服务，而且还能享受高尚文化审美。"何晓工作法"提出在服务现场运用"6S"管理法，即整理（Seiri）、整顿（Seiton）、清洁（Seiketsu）、素养（Shitsuke）、安全（Safety）。员工整理工作现场，只保留有用的，撤除不需要的；把有用的物品按规定位置摆放整齐,并做好标记;把不要的物品清除掉,保持工作现场清洁、卫生;根据银行服务特点,高度重视服务场所的安全保障,发现安全隐患及时排除,保持安全设施的有效性,落实各项安全措施。

"何晓工作法"认为,服务环境状况反映员工的素养和企业的服务文化。主张员工要加强自我完善,不断提高文化素养、品德素养、职业素养和专业素养等。企业必须重视服务管理,并把服务文化建设放在优先位置。银行的服务必须"以客户为中心",以顾客满意为宗旨。"何晓工作法"将"以客户为中心"的服务理念作为"快乐服务"的先导,吸收传统文化中的优秀部分,比如,生息繁衍于齐鲁大地的儒家、道家文化和济南历下的大舜文化中的"仁德"、"博爱"、"亲和"、"诚实"、"善良"、"敬业"、"守份"等,丰富建设银行的服务文化底蕴。

二、"用心、用情、用智"服务

"何晓工作法"主张在服务过程中"用心、用情、用智"。客户能否对服务满意,取决于服务人员的态度是否真诚和操作是否专业。员工应有博大的爱心,用爱经营、用心服务,用情创造感动、用智创造价值。在服务过程中,要"以客户为中心",以客户满意为宗旨,发挥主观能动性,体现真诚服务和高效服务。

用心,就是用爱心、用诚心、用真心、用热心、用关心,为客户服务;要常怀对客户的感恩之心,把客户当亲人,当作衣食父母。何晓说:"客户给了我工作的机会,给了我经济收入的机会,给了我成长发展的机会,给了我实现自身价值的机会。充满爱心地服务,服务一定会更好。"

用情,就是体现真诚,善于和客户交流感情,以情感人、以情动人。服务中充满激情,满腔热情,培养与客户的感情。善于和乐于与客户沟通,把服务的过程当作交流的机会,与客户交朋友,不断加深感情,建立友谊,营造和谐的人际关系、客户关系。

用智,就是要在服务中发挥聪明才智,用智慧为客户创造价值。在市场竞争中,效率是取胜的关键。客户真正关心的是服务的效率和自身的利益。因此,真正优质的服务,不仅是良好的态度,更重要的是增值服务,是给客户创造更多的价值,是服务的高效率。用智服务的前提是对建设银行产品和服务的全面掌握,将最合适的产品推荐给最需要的客户。要靠丰富的金融知识、过硬的技能,赢得客户的信赖和支持。为此,"何晓工作法"主张,员工必须不断地学习知识,持续提高服务能力,提高综合素质。

三、"注重细节"服务

"何晓工作法"认为,服务过程是由众多细节所组成的,每个细节都可以影响服务效果。因此,每一个细节都必须认真对待。服务无小事,细节是关键。

在日常工作和服务中,每一位员工都要常怀敬业之心,用服务标准规范自己的一言一行,用真诚服务的点滴细节赢得客户的认可。

员工形象代表建设银行的形象。每个员工都必须注意自身形象的细节。健康的体态仪表会让客户感觉到阳光、乐观,得体的服装修饰会让客户感觉到舒适、端庄,文雅的行为风度会让客户感觉到亲切、可信。

一些"小事"可能会导致客户的不满,应当坚决避免。比如,接待有别,接待一般客户与接待自己的朋友和领导时,服务态度和效率明显不同,会伤害客户的自尊心;接待客户慢条斯理,动作散漫,让客户长时间等待;对客户提出的问题不能作出及时、满意的回答；办业务时，与同事说笑或耳语，会引起客户的反感、疑虑和戒备，等等。

四、"再造流程"服务

"何晓工作法"认为，银行的服务规范和标准，是员工做好服务工作的基本指南，每一个员工必须严格地执行，但是又不能机械地执行，因为这些规范和标准不可能涵盖服务过程涉及的所有具体问题和细节。因此，需要员工发挥主观能动性，以规范的基本标准为指引，创造性地、灵活地处理好各项服务过程和细节。

在严格执行上级行各项规章制度的基础上，可以根据实际工作环境加以细化、归纳，整理成符合实际需要的工作流程。

"何晓工作法"将柜员一天的工作流程分为班前准备、快乐服务、繁忙服务、VIP服务、班后清理五个部分，主要内容如下。

（一）班前准备"一、二、三"

"一净"。它是指按照营业网点制定的"现场管理办法"中的具体分工，对自己负责的卫生区域进行清洁和清扫，不留死角，为客户营造一个清新整洁的服务环境。

"二查"。一是检查为客户提供的自助服务设施，如ATM、自助服务终端、点验钞设备、签字笔、老花镜、宣传资料、休息椅及其他便民设施等是否到位并能够正常使用。二是检查柜内服务设施，如线路传输、终端、打印机、点验钞设备等是否正常运转。

"三到位"。一是形象转换到位。按照营业网点服务规范的要求对自身形象进行上岗前的再梳理，尤其要注意工装整洁，佩戴好工作牌，按要求整理发型及化妆。二是心情调整到位。调整心态，铭记"我服务，我快乐"的理念。带着快乐的心情开始一天的工作，迎接第一个客户，做一个快乐服务的倡导者、传递者和受益者。三是物品摆放到位。准备好营业所需的凭条、现金、零钞、印章、印台、腰条、重要空白凭证等，在制度允许的范围之内，按照效率优先、符合习惯的原则摆放到位。

2006年6月18日，何晓同志在"明星面对面——服务传递价值"建设银行服务明星讲坛上（沈阳）介绍"快乐服务"的经验与做法

（二）热情服务"一、二、三"

"一张笑脸"。给客户一个自然、亲切、友好的微笑，把快乐的心情在第一时间传递出去，表达出对客户的欢迎之意。

"两个主动"。一是主动了解客户需求。在与客户的接触中，主动与客户沟通，建立客户需求案卷并形成分析结果。把服务从"服从客户"变为"了解客户"，从而到"引导客户"这一质的转变。二是主动学习业务知识。在金融产品不断创新、层出不穷的竞争环境中，要不断更新知识，努力提高自身素质，满足业务发展和市场竞争的需要。

"三个一样"。存款取款一样耐心、生人熟人一样热情、表扬批评一样诚恳。

（三）繁忙服务"一、二、三"

"一快"。当大厅里挤满客户时，客户肯定是焦躁不安的，要尽可能提高服务效率，快捷高效地为客户办理业务。

"二稳"。一是心理稳。在众多客户期盼的眼神中，保持一个沉着冷静的头脑是非常必要的；越是业务繁忙，就越要保持细心和耐心。二是举止稳。在提高工作效率的同时，举止要做到稳而不躁，快而不乱，给人一种训练有素的感觉，从而增强客户的信任感。

"三交叉"。一是复杂业务与简单业务交叉办理。在为客户甲办理业务时，可以询问一下客户乙。如果客户甲办理的是速汇通业务或挂失业务，在其填写单据时，可以询问客户乙，如果客户乙办理小额存款业务，这样可以在客户甲填写单据的间隙为客户乙办理。二是线路通讯与现金清点、盖章等工作交叉进行。如客户甲取一笔钱，此时线路通讯较慢，按部就班势必会延长等待时间，降低工作效率，因而，可以在线路通讯时将该客户所取款项点清或在凭条上盖章等，充分将等待时间利用起来。三是岗位角色交叉。在全员客户经理制背景下，柜员在做好柜台业务操作的同时，也担负着产品营销和维护的责任；要注意从众多客户中筛选出重点客户，满足客户的潜在需求，挖掘出蕴藏着的商机，积极与客户经理配合，做好客户需求信息的反馈工作。

（四）VIP服务"四个一"

高端客户对银行效益的影响是举足轻重的。这需要"用心"、

"用情"、"用智"来维系住这个庞大的客户群体。

一张名片心连心。对 VIP 客户及时地递上网点名片，便于他们了解产品和服务，架起客户与银行之间沟通的桥梁。

一个案卷抓信息。建立大客户与目标客户工作案卷，记录他们的信息和需求，使工作能够有的放矢。

一个祝福传真情。在 VIP 客户生日或其他节日到来时，一个电话或一个短信送去一个温暖的祝福，让人感动时，自己也享受了赠与时的快乐。

一次回访得双赢。一次上门服务或上门拜访，给客户带去的是服务和产品信息，带回来的是客户的满意、信任或是无限的商机。

（五）班后清理"一、二、三"

"一清"。清点现金和重要空白凭证，将账务轧平。

"二整"。一是整理凭证，打出凭证整理单，将凭证按照整理单流水号顺序和凭证整理的相关规定进行整理。二是整理工作现场，将办公桌上的物品放到抽屉中，保持桌面无杂物、地面无纸屑。

"三记录"。一是记录工作日志，将一天的工作情况进行记录和总结。二是记录大客户和目标客户表单。三是记录一天中遇到的特殊案例，分析服务中存在的进步和不足，以便今后的工作有所借鉴。

2006 年，建设银行山东省分行下发《关于在全行学习推广"何晓工作法"的决定》，要求各级机构和员工认真学习推广"何晓工作法"。一是学习并弘扬快乐服务、无私奉献的精神。认识到银行服务是社会服务链条中的一环，"人人为我，我为人人"，在服务中体会快乐，在奉献中体现价值。二是学习并弘扬心系客户、至真至诚的精神。要真正发自内心关爱客户，关心客户利益，尊重客户的需求，使服务超越客户的期望，体现大行服务风范。三是学习并弘扬严守规范、认真负责的精神。要不断提高业务素质和基本技能，严格执行各项服务制度和规范标准，为客户提供规范、高效服务，为客户创造更大价值。四是学习并弘扬主动思考、勇于创新的精神。要不断探索服务理论、创新服务方法、总结服务经验，把服务境界和服务层次提升到一个新的高度，提高客户满意度。

启示：这个服务品牌源于基层领导和员工的创造精神和智慧。当前，金融市场竞争日趋激烈，产品创新日新月异，广大客户对服务的需求和期望，既丰富多样，又不断提高，业务发展压力巨大；加上监管层、上级行对基层合规内控的严格检查、审计、处罚，致使员工不堪重负，甚至一些员工心理健康出现问题。如何解决业务发展、内控合规要求和员工快乐工作之间的矛盾？这是基层行迫切需要破解的焦点和难点问题。时任济南历下支行行长的王广升同志，从人文关怀和典型引领的视角，善于发现、总结和培育先进典型，从而打造了为金融系统广泛知晓的服务品牌——"何晓工作法"。更重要的是，他着眼于快乐工作方法的复制推广，让所有员工都受益；突破了传统的"先进事迹感动人"的宣传定式，将"先进事迹"提炼固化为"流程和模式"，从而收到整体提升的良好效果。这一创新性做法给各级管理人员提供了一个很好的范例。

第三部分 企业文化管理相关问题及案例

文化管理案例三：
"零文化管理模式"

"零文化管理模式"是建设银行企业文化建设示范单位朝阳市分行一项重大的文化管理理论及模式的创新。2010年9月13日，中国企业文化研究会在辽宁省朝阳市召开"零文化管理模式"科研成果专家研讨会。通过《中国企业报》、《金融时报》、搜狐网、新浪网等相关媒体的报道，"零文化管理模式"迅速引起了企业管理界、企业文化界的热议。在研讨会上，与会专家们经过论证，充分肯定了该模式的理论价值和现实意义，一致认为，这是中国式管理理论与

2010年9月13日，"零文化管理模式"研讨会现场

实践有机结合的重大突破，对创新中国企业管理理论、做大做强中国企业具有深远意义。

"零文化管理模式"是中国建设银行辽宁省朝阳市分行行长项宏历经20余年经营管理实践和深入探索的研究成果。2010年6月，中国企业文化研究会在宁波举行"第三届中国企业文化百人学术论坛"，他撰写的《"零文化管理模式"的探索与实践》一文获得科研成果一等奖。中国企业文化研究会在《现代企业文化》杂志上对"零文化管理模式"进行了深入报道并对作者进行了专访，在理论界和企业界引起很大反响和关注。

为进一步论证"零文化管理模式"的理论和应用价值，中国企业文化研究会邀请了贾春峰教授、王锐生教授、葛荣晋教授、司马云杰教授、赵春福教授、孟凡驰教授、李世华研究员七位知名专家学者，专程赴建设银行辽宁省朝阳市分行进行专题研讨。同时，邀请了当地60多位国有企业、民营企业主要负责人参加了研讨会。中

2010年9月13日，参加"零文化管理模式"研讨会的专家合影

国"文化力"之父贾春峰教授说:"'零文化管理模式'首次把中华传统文化精髓与西方现代管理工具融为一体,将传统文化精华化为现代管理学原理并付诸企业管理实践,从而在推进企业和谐发展、永续发展上打开了一扇门,是中国企业管理理论一个具有原创性的成果。"中国著名企业文化专家孟凡驰教授说:"'零文化管理模式'具有通用性、普遍性和典型性,经过了实践、认识、再实践的过程,以令人信服的实践效果证明,这是一个具有中国特色的全新企业管理模式。"

在我国经济面临转型发展的关键期,如何用实践来回答世界对中国企业经营管理水平的质疑?如何走出一条中国式企业管理的成功之路?如何使中国企业管理理论进入长期为西方国家所主导的企业管理理论殿堂?长期以来,中国理论界和企业界都在不断地思考和探索。"零文化管理模式"的诞生,是对上述疑问的一个很好的回答。它以原创性、系统性、科学性、实用性、普适性,回答了如何创新中国式企业管理、提高中国企业管理水平、实现永续发展的诸多难题。

项宏行长长期从事基层金融企业管理工作,也一直在积极探索企业管理能不能不以高管层的变动而变化,使企业文化突破"老板文化"而形成团队文化,从而实现企业管理的可持续发展、恒久发展的和谐经营之道。影响企业生存与发展问题的因素或许是多方面的,但他认为根本的症结在于,现有企业管理模式普遍存在着企业管理与企业文化单摆浮搁、缺乏互动,企业管理的阳刚外张力有余,而企业文化的阴柔内敛力不足,即不协调或不均衡的问题。

2006年5月,项宏同志到建设银行辽宁省朝阳市分行担任行长,使得这些实践探索拥有了更多的机会和更大的应用、验证、创新、完善空间。三年来,朝阳市分行的各项业务一年跨上一个台阶,关键业绩指标连续四年持续高速增长,利润增长了8.7倍,企业整体形象焕然一新，公众美誉度、同业竞争力显著提高，并呈现出员工能力持续提升、组织活力空前放大、企业动力不断增强的良好态势，在员工满意度和客户满意度行业评比中独占鳌头。2010年荣获"全国企业文化建设先进单位"称号，基本实现了朝阳市分行提出的"和谐有序健康，不求最大只求最好"的目标。

经过充实完善和归纳提炼，他把这种管理与文化有机结合的管理模式命名为"零文化管理模式"，初步形成了一整套实际运作系统和应用理论体系。它是一种开放式、自循环的管理系统，是一种通过平和、平静、平衡的推动，在更新理念、完善制度、创新产品的不断循环中运用"主体化、全方位、不间断"的综合方法，使管理与文化融为一体，"变散打为组合"的整体性管理体系。其状态无始无终，元素无此无彼，内容可多可少，方式可繁可简，范围可大可小，主体灵活不限，途径常态普遍，不仅适用于金融企业，对所有企业都有普遍实用性。

一、"零"是均衡和谐的本原状态——"零文化管理模式"从传统文化中汲取智慧

为了搞好企业管理，理论家和企业管理者都在不断探索。"生存说"、"决策说"、"点睛说"、"创新说"，以及"动态论"、"系统论"、"整合论"、"文化论"等，无不放射出智慧的灵光，无不在寻找企业管理的突破口。但在诸如此类的"论"、"说"指导下，为什么许许多多企业虽一直苦心经营，却潮起潮落、起伏不定？为什么企业管理活动和企业文化建设往往搞成形式化、运动式，一时热热闹闹，过后便销声匿迹？面对这些困惑，我们该怎么办？破解这个困局的路径在哪里？项宏行长认为，博大精深的中华传统文化早已给了我们深刻的启迪，只有从中华文化的深厚底蕴中汲取智慧，创

立一种以中华传统文化精髓为核心、以西方现代管理工具为手段、融东西方文明于一体的管理模式，才能从根本上解决企业发展的和谐性和可持续性问题。

中华传统文化的核心和精髓是"无"、"空"、"中"和"太极"。道家的"无"和佛家的"空"并非虚无，儒家的"中"也并非正好处于中间位置，它们所描述的是一种不偏不倚的状态。《易经》的太极原理即"万物负阴而抱阳，冲（中）气以为和"，"阴阳合一"告诉了我们万事万物的变化规律。简要地讲，"无"和"空"所描述的是事物的初始状态和本原状态，"中"所描述的是一种均衡状态、和顺状态和完美状态。"零文化管理模式"中的"零"，正是取意于"无"、"空"、"中"的内涵，用来描述企业管理、运行、发展起于"善"、达于"善"的动态过程和节点的"太极"运行状态（见图5）。

图5 "阴阳合一"的动态过程

我们观察和研究太极图会发现，图中鲜明而又深刻地阐释了阴阳"两仪"相随相依、相克相生的关系和动态平衡。浩瀚宇宙间的一切事物和现象都包含着阴和阳以及表与里的两面，它们既相互对立斗争，又相互滋生依存；一切事物的发展变化若能保持"阴阳"完美结合，进而达到高度和谐，则万事万物必然可以顺利、坚固而弥久。在企业管理过程中，管理活动是为阳，企业文化是为阴；规章制度是为阳，运行机制是为阴；产品创新是为阳，质量服务是为阴……从宏观到微观，从对外到对内，从"看得见的"到"看不见的"，存在着诸多犹如此类的"表"、"里"两面以及"阴"、"阳"两端的企业运行元素。只有注重从整体上把握企业的运行，站在跨管理、跨文化的高度切实处理好企业内部诸多维度、层面的"阴阳平衡"关系，才能使企业既充满生机活力，又始终保持"自我零和（动态平衡）"状态，臻于"太极"——至善、至美的境界，也就是达到科学发展观的基本要求——全面协调可持续。

"零文化管理模式"是真正来源于对实践的观察和分析，而不是在各种已有的理论上进行的拼凑。实际上，最初在研究这种方法时，是没有理论可言的，仅仅是一种实践活动，但到今天，这里面却蕴涵了丰富的理论知识，融合了东西方文化，既汲取了中华古老文化的精髓，又摄入了西方先进管理工具的精华，并且经受了实践的检验，可以说是一种科学的管理模型、有效的管理模式。

二、一切从"零"开始——"零文化管理模式"的核心在于形成经营管理力

一谈到企业管理，就会联想"质量月"、"服务月"等活动和定任务、下指标、检查评比等措施。这些活动和措施本身没有错。管理就是活动，管理过程由连续不断、平稳开展、扎实推进的各式各样的活动所构成。但为什么各种活动往往会虎头蛇尾，各种措施往往难以收到预期效果，成为人们所说的"活动式管理"？随着很多企业管理工具的大量引入，管理活动越来越多，问题也随之出现：产品多了，产品同质化、产品单一化，创新乏力致使产品出现了缺陷，反而使经营业绩下滑；流程细了，流程多元化、流程复杂化，管理

职责却不清晰了,管理对象各自的流程间出现了边界,效率不升反降。尼古莱·福斯在《企业万能理论》一书中指出,人的能力是企业发展的决定性力量,而人的能力具有局限性。也就是说,上述问题主要出在员工能力上,员工能力的局限使企业管理活动不能持续放大,甚至导致企业管理活动有始无终。

一切从零开始。一方面,就是要让员工所做工作与企业发展目标无(零)偏差,即"一开始就正确地工作",这是"零"的一般含义。另一方面,以全体员工"能力无局限"为支撑,通过实施有效的人性化管理,实现"服务无缺陷"、"管理无边界"。这三个"无",用一个大写的数字符号来代表,显然就是"零",这是赋予"零"的特殊含义。

从最主要方面说,将员工视为企业资源。通过让员工全面参与经营管理理念的确立、组织制度的制定和企业产品的设计,建立能力开发系统,对员工进行全方位能力训练,规划全员的全职业生涯,并逐步建立起由零局限人力、零边界管理、零缺陷服务构成的零管理体系,这被称作"零管理金三角"(见图6)。

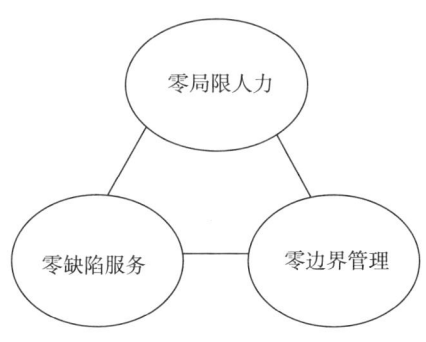

图6 零管理金三角

由此三角架构所派生出来的企业管理活动,使复杂多样的管理动作具有了明晰的方向性、具体的可操作性、直观的系统性。该系统主要体现"以人为本"的管理哲学和行为。从这个基本认识出发,所针对的主要是"做事情的人",而不是事情本身,即利用和发挥人的不可思议的非线性精神功能,弥补物性因素(资源、技术、设备等)的不足,使人与事一起运动起来,突破个体能力局限性,形成能力集合体,无限放大团队能力和整体能量,形成"团体智商"。

一切从零开始,使企业能量得以持续不断的强化。零管理的三角架构也会使企业管理逐步形成零管理系统(见图7)。在零缺陷经营子系统,通过扎实开展紧贴目标要求的经营活动(如产品质量零缺陷、服务客户零投诉等),逐渐创新对客户的产品和服务标准,就能无穷地注入企业动力。在零边界管理子系统,通过及时采取切实有效的管理行动(如管理流程零边界、信息渠道零阻滞等),逐渐形

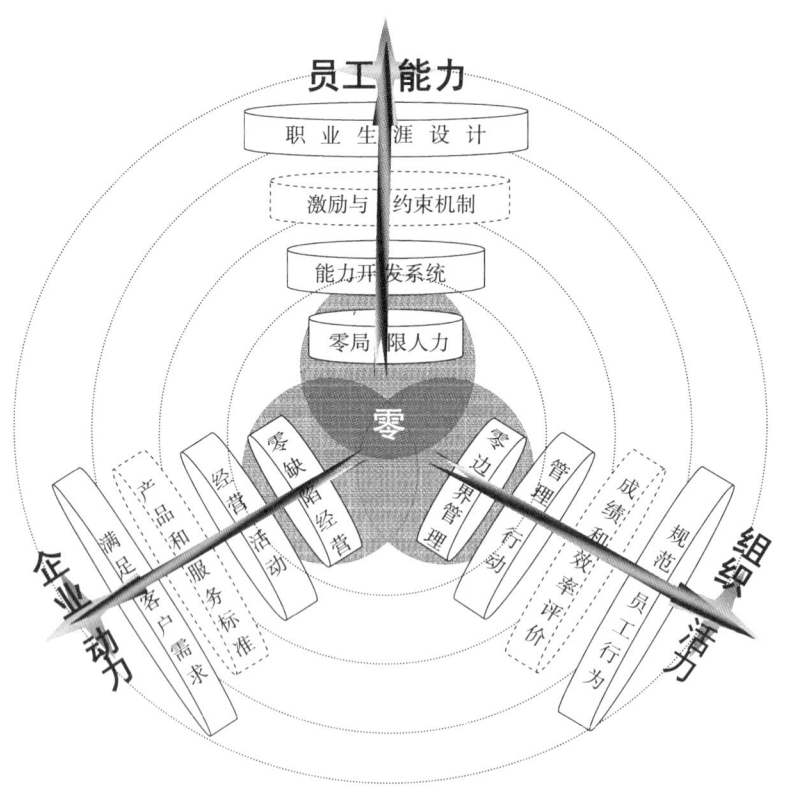

图7　零文化管理系统模型

成对员工的成绩和效率评价体系,就能无尽地激发组织活力。在零局限人力子系统,通过建立完善的能力开发系统(如员工训练零成本、干群关系零距离、团队人际零摩擦等),逐渐形成人力资源的激励与约束机制,就能无限地提升员工能力。

产品和服务标准、成绩和效率评价、激励与约束机制在零管理系统内形成了相辅相成、互相促进、有机运行的无形动能,使员工、组织、企业形成了点、面、体三维结合的立体能量,从而使员工能力、组织活力、企业动力形成了企业管理的三个方面的力量,这些力量交互作用在一起,形成合力,即"经营管理力"。"经营管理力"是一种前进的力量、扩张的力量、把企业做大的力量,员工能力、组织活力、企业动力是"经营管理力"的三维扩张力(见图8)。

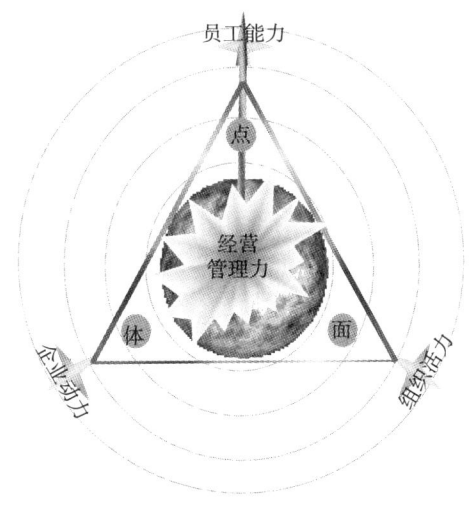

图8 经营管理力三维扩张

在"经营管理力"的作用下,由于企业全职生涯的规划实施,激发了员工潜能,企业价值理念深入人心;由于企业制度的逐渐完善,提升了组织化程度,员工行为实现自觉约束;由于产品的不断创新和服务质量的提高,企业竞争力和价值创造(物质财富)力持续增强。这些现象的产生,正是源于"一切从零开始"的管理活动所形成的文化力、生产力和竞争力。在这个管理过程中，自然孕育出的思想精神的、制度机制的、物质财富的、行为习惯的有机融合为一体而又相互支撑的企业管理力，也可称为管理文化（见图9）。

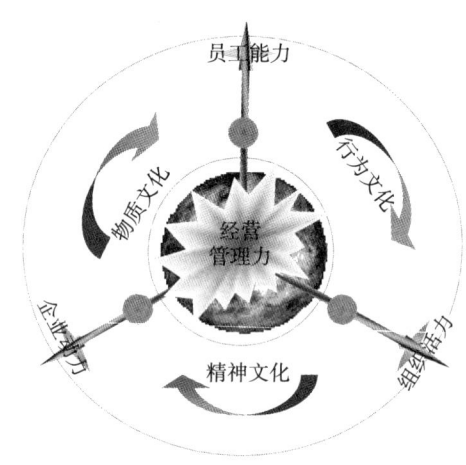

图9　管理文化的形成

管理文化是多元的，也是散乱的，文化元素之间相互作用，作用方向也不一致，不可避免地会出现矛盾和问题，使得企业理念层出不穷、制度越来越多、产品不断创新，以至于连管理者都不知道哪种理念更适合，哪种制度更有效，哪种产品更适用，从而导致员工能力时强时弱，组织活力时有时无，企业动力时高时低。企业发展的目标取向就是向前、提高、扩张，从而易于导致企业各个方面的发展失去平衡，影响可持续性。因此，需要零文化管理理念和机制对其加以调整、纠偏，确保企业发展的和谐、健康、持续。

三、把问题降到零——"零文化管理模式"注重强化文化整合力

通常一提到企业文化，往往会想到"企业文化手册"、"文化长

廊"等,各种口号、标志、挂图、装饰等花样翻新,看似轰轰烈烈,实质效果很小,甚至是负效果。企业文化经多年的积累与传承可归纳为物质文化、行为文化、精神文化的总和。企业文化与民族文化、区域文化、个性文化等一样,具有内生性和不可复制性,是在推进企业管理活动中自然孕育、慢慢生成的。如果照抄照搬势必会产生以下结果:复制某一方面,如精神文化,会片面夸大理念内涵,造成文化活动的虎头蛇尾;移植某一方面,如行为文化,会弱化企业制度,造成文化活动不切合企业实际,难以为继;若把所有企业文化要素简单叠加在一起也会造成企业文化的杂乱无章,就会成为静态、死板、教条的企业文化。

因此,在企业文化管理中,就要把企业自身形成的物质文化、行为文化、精神文化三个方面进行动态有机结合,使各要素之间相互交叉、渗透、融合,达到动态平衡,达到"和合"的状态,形成企业价值、理念、战略、目标、制度、机制、行为、物质等有机平衡的系统(见图10)。

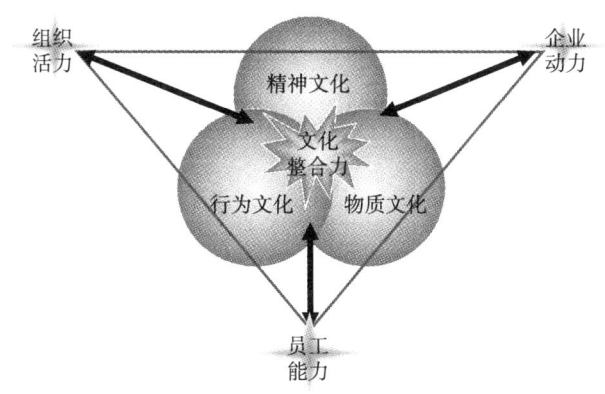

图10 文化整合一体化

"把问题降到零",就是让全体员工"第一次就把事情做对",就是自觉运用"问题管理法",主动查找企业产品和服务标准出现的缺陷问题,纠正对员工绩效评价的误差,把问题降低到"零"水平。

通过建立起三维平衡架构的零文化系统,把散乱的、无序的、失衡的企业文化现象能动地结合到一起,形成合力,旨在持续不断地凝聚和放大企业能量。精神文化与物质文化相互融合、交互作用,使经营理念与企业财富积累实现"灵"与"肉"的统一,通过强化价值理念、梳理流程、改进服务、创新产品,增强企业动力;精神文化与行为文化相互融合、交互作用,纠正以往管理理念与行为规范的偏差,通过更新理念、完善制度、修复绩效评价体系,提升组织活力;物质文化与行为文化相互融合、交互作用,使员工主动围绕自身的职业生涯规划从事经营管理活动,通过参与产品创新、执行制度、营销客户、控制风险等活动,提高自身素质,使企业战略目标与员工价值取向"合一",激发员工队伍的创造力。

由此,在管理理念和经营理念的引领下,释放和激活企业组织活力、发展动力;在人本管理理念的引领下,规划员工的职业生涯发展,调动和激发员工的智慧潜能。企业文化的动态有机整合,同企业管理生成的"经营管理力"有着异曲同工之妙。企业文化作为管理工具,通过作用于"人性"来释放企业动力、保障组织活力、发挥员工潜能。这种能量可以称为"文化整合力"(见图11),这是

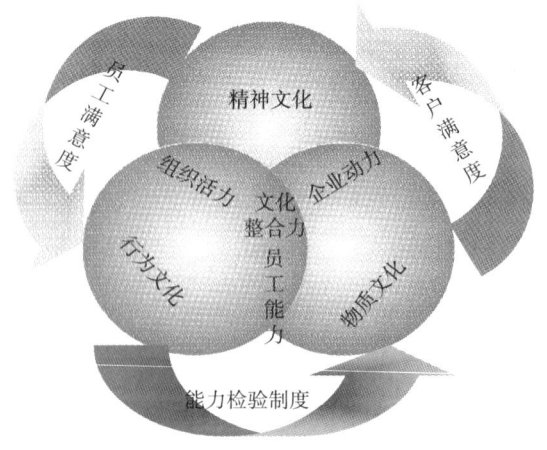

图11　文化管理有机运行

一种无比强大的内生力量，为企业利用和整合外部资源、形成强大竞争力提供稳固支撑。

随着文化管理的逐步深入，问题也越来越多，员工需求、员工能力、组织架构、组织管理、企业内外关系等各种问题比比皆是，面对问题也会感觉束手无策。近年来，面对大量管理模型，如"CIS战略"、"波士顿矩阵"、"戴明循环"、"六西格玛管理"、"SWOT分析"等，许多管理者、专家学者都会不由得陷入惶恐。这些模型无疑会对企业管理和发展多有裨益，但让人感觉眼花缭乱、无所适从。"零文化管理模式"就是向内整合资源并形成自动力，同时与企业外部资源相连接，由内动传导为外动，达到内外互动，即形成强大凝聚力—对外吸附力—综合竞争力—价值创造力。

四、管理要素"浑然一体"——"零文化管理模式"形成文化力

随着企业管理活动与企业文化整合的共同深入，管理文化与文化管理之间的界限会变得越来越模糊。管理活动由微观向宏观发散所形成的是企业的一种向前的力、扩张的力，即经营管理力；文化整合由宏观向微观凝聚所形成的是企业一种"向回"的力、内敛的力，即文化整合力。如果把这两种双元反向的力量割裂开来，或单独偏重某一方面，就会成为"动态管理"［见图12（a）］和"动态文化"［见图12（b）］。要想使经营管理力与文化整合力这两种双元反向的力量形成互动，在互动中形成合力，只能从更高的层级着手。

中华古代哲学告诉我们"太极生万物，物物有太极"。任何事物一开始都是向前、向前、再向前式的运动，但到了一定极限它就要向回运动，回来、回来、再回来。渐渐远去，慢慢回来，循环往复。这种双元反向原理，构成了万事万物的和谐。同样，在企业管理应

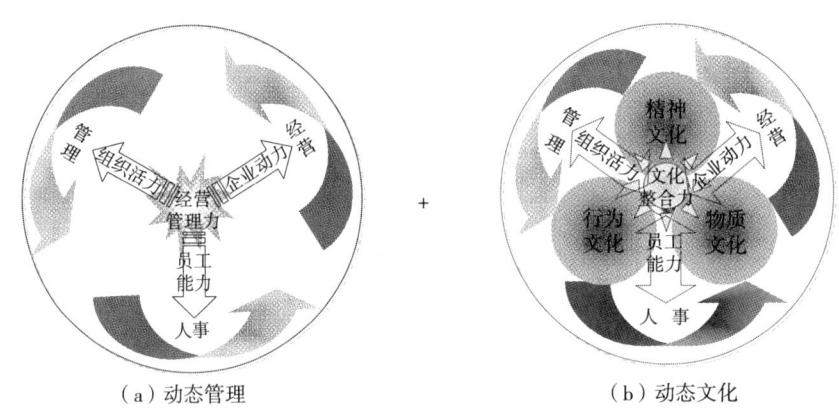

(a)动态管理　　　　　　　　(b)动态文化

图 12　动态管理与动态文化

用中，经营管理力与文化整合力，这两种正反双向的力量的相互作用，使企业处于动态平衡的"自我零和"状态，这是企业可持续的本质，我们称其为"零文化管理"（见图13）。这两种原动力的相互作用力可称为"文化力"。总之，动态管理＋动态文化＝零文化管理模式。

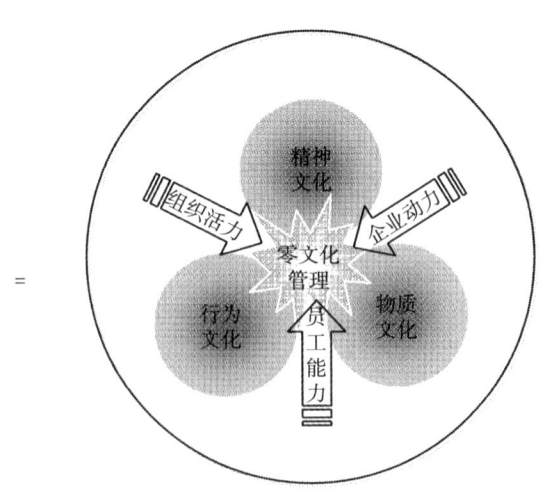

图 13　零文化管理

由前述可知，通过从零开始，从点到面进行发散式的零管理活动，生成包含物质、行为、精神三大内容的管理文化；通过把问题降到零，从面到点进行收敛式管理，并对物质文化、行为文化、精神文化进行动态有机整合，产生零文化管理。无论是企业管理开展的活动，还是企业文化要素的动态整合，都会极大地提升（或维持）员工能力，激发（或保障）组织活力，注入（或维护）企业动力。这可以称作"企业三维力"，即"企业三维力 = 企业动力 + 组织活力 + 员工能力"。

实施零文化管理模式，就是要着眼于企业的和谐、永续发展，把"经营管理力"与"文化整合力"这两种力量有机地融合在一起。通过不断更新观念、完善制度、改进机制、优化流程、创新产品、整合资源，"有余者损之，不足者补之"，使无形的文化变成有形的力量，贯穿于企业管理的全过程（见图14）。

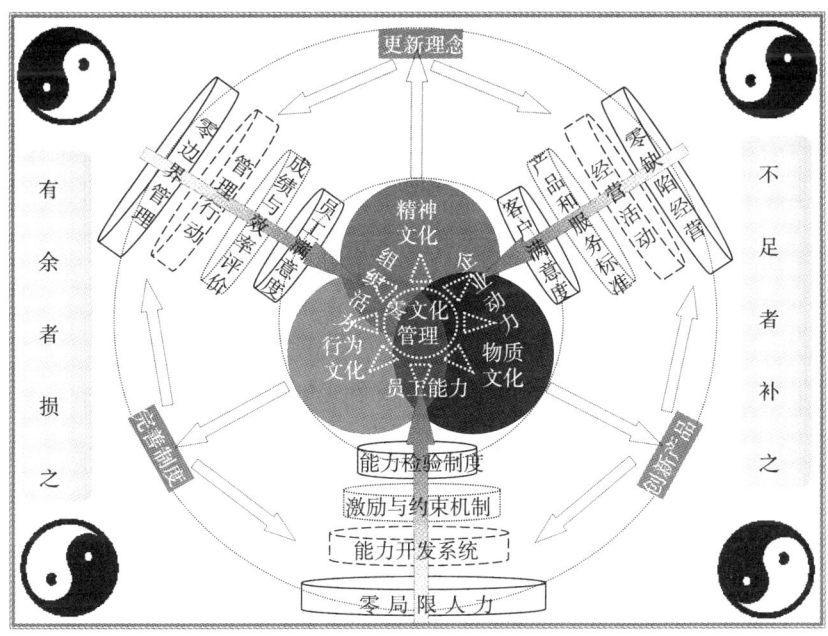

图14　零文化管理模式

启示:"零文化管理模式"是我国传统文化与企业"人性化管理"相结合的一个实践创造,给我们以下启示:一是传统文化的"阴阳合一"易于被认知。从模型上看,感觉很复杂,似乎有些玄妙,但是只要稍懂《周易》原理或对传统文化有些了解,都会对"零"的内涵有一个基本的理解,也会产生深刻的联想和感悟。大家经常讲的"平衡、均衡、中庸、和合、调和、公允"等,其实都是由"零"派生出来的,包含深刻的辩证法思想。这是企业管理所必须懂得的传统文化原理。二是将"零"元素转化为企业管理的价值理念。大家一听"零文化管理",感觉很难懂,其实将其转化为管理理念就很简单了,即"人力无局限",也就是说每个员工都是人才,每个人的积极性和创造性都是无限的,人力资源开发和职业生涯发展要面向全员。"服务无缺陷",也就是说客户服务追求完美,要个性化、精细化服务,不允许服务有缺陷。"管理无边界",也就是说各个部门、条线不能有障碍、推诿扯皮,管理不能有漏洞、留死角,彼此协同配合、积极主动。该模式的最大价值在于用"零"目标和境界,将企业运行的价值理念、制度机制、经营管理行为三者有机统一,使其和谐互动,由文化整合而形成推动力。三是该模式理论与实践有机结合,自成体系。自1911年泰勒的《现代企业管理》一书出版以来100多年间,企业管理产生了大量理论,其中"管理丛林"阶段就产生了几十种理论分支,但遗憾的是,还没有哪一种理论是由中国企业家、管理学家创造的。从基本原理或机理来看,"零文化管理"具有一定的原创性,具有中国文化管理特色,但是能否通俗化并普遍适用于所有企业,还有待于实践探索和做进一步的理论研究,我们期待项宏行长继续探索、总结和完善。

文化管理案例四：
"精细高效经营管理系统"

为有效解决企业理念、制度、机制、流程、行为之间相互匹配这一深层问题，提升工作质量和效率，2010年初，建设银行总行级企业文化建设示范单位——江西省南昌洪都支行，开始组织人员研发"精细高效经营管理系统"（以下简称"系统"），经过三年的试行、优化和完善，系统更加便捷、科学和适用。该系统将二级分支行本级部门、基层网点每周所有重要的经营管理工作的内容、质量、时间、责任人和督办人加以量化并录入经营管理操作系统，依托信息网络平台，以短信方式提前自动对责任人、督办人进行提示，根据各项工作任务相关要素的完成情况，自动对相关人员进行目标管理、考核与激励，使繁杂的日常工作不遗漏、执行不反复、考核不走样，降低了成本，提高了效率，防范了风险，增强了执行力。

为强化二线为一线服务，保证下级向上一级机构、部门反映的问题得到及时有效解决，杜绝推诿扯皮现象发生，支行建立了内部事务处理单制度，并将其纳入系统。此功能由事项提出部门发起，按类别、时限要求划分，分类直接发送给事项处理部门，并通过短信和桌面弹出方式向事项承办部门负责人提醒。对未按时限要求答复或解决的，对部门负责人进行负激励。这一功能的实现，对服务一线网点、转变机关工作作风、提高办事效率发挥了独特的作用，受到全行基层网点员工的欢迎。

该系统作为基础管理工具，内容涵盖了上级行及本行现行的所有规章、条规和要求,并根据各条线、各岗位和职责分工逐一进行了细分和量化,实行"挂考核绩效,定工作内容,定完成时间,定责任人与督办人"的"一挂三定"目标计量考核,使全体员工在统一的行为准则下行事,有效解决了理念、制度、机制、流程、行为相互之间不匹配的深层次矛盾,提升了整体竞争力。

系统的基本框架部分图示如图15至图20所示。

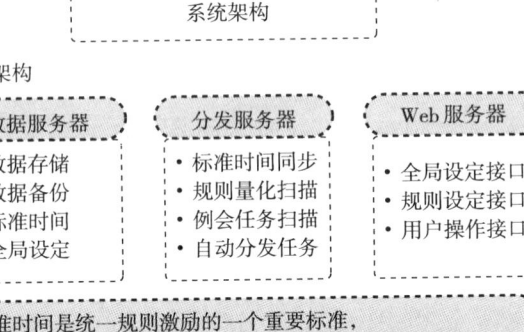

图15　系统运行平台工作架构及原理

图16　系统运行自动规则与运行机理

第三部分 企业文化管理相关问题及案例

- 软件架构——手动规则触发

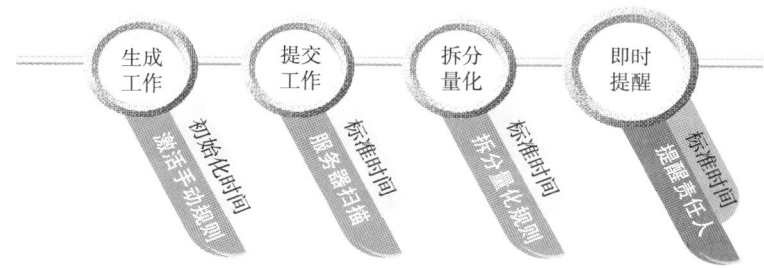

图17 系统运行手动规则与运行机理

- 软件架构——事后规则

对于部分规则，由于其没有标准时间的特性，我们专门为这一类的事务制定了事后类型的处理机制，事后类型的处理机制将不被分发服务器所干预

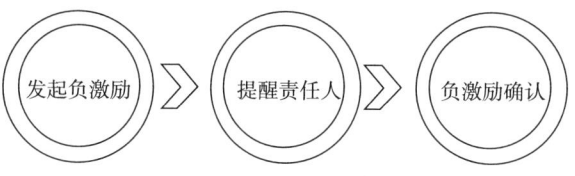

图18 系统对不能量化事务的特殊处理机制

现代企业文化管理新探

- 软件架构——规则处理流程

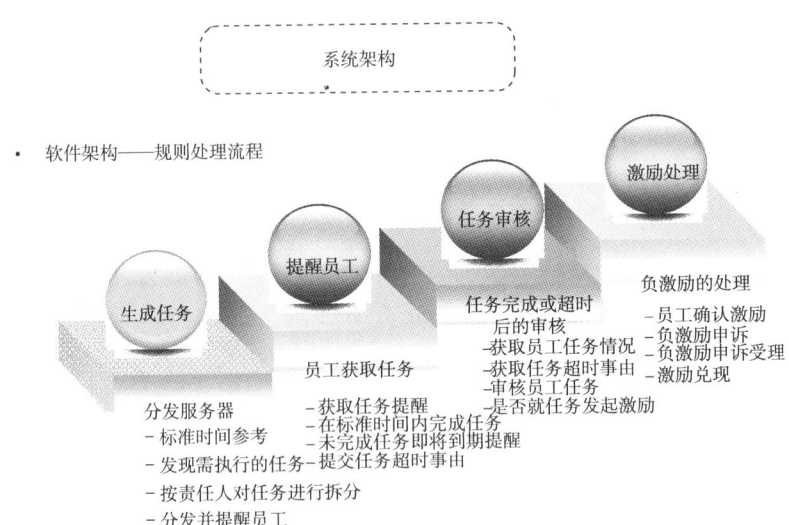

图19 系统工作流程与激励约束机制

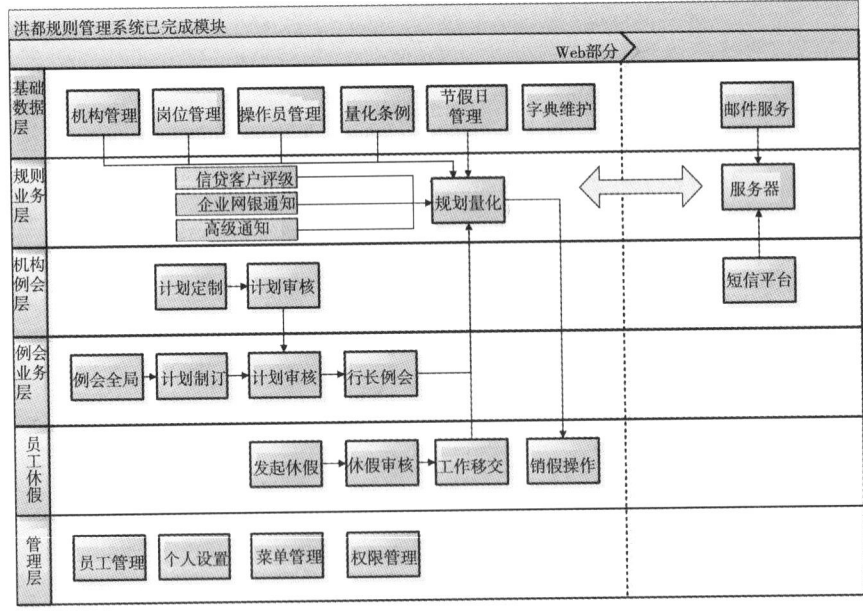

图20 系统模块及主要功能

启示：江西省南昌洪都支行创新开发的系统的突出特点如下：一是信息系统化。利用计算机信息系统平台，自动提示、督办、检查所有岗位操作情况，即时反馈相关信息，实现了管理的系统化、信息化和规范化。二是覆盖所有岗位。该系统将所有岗位工作职责和操作人员纳入其中，离开该系统即无法进行操作，避免了岗位人员随意离岗、缺位和拖拉。三是工作细化、量化。该系统将前后台工作都加以量化，细化了管理，提高了管理质量，克服了管理上的零散性、随意性、模糊性和粗放性。四是工作流程自动化。该系统按照工作操作的逻辑顺序，自动提示、督办、检查、统计、考核，从制度机制上保证了企业价值理念的落地。这一工具创新启发了我们的工作思路，这就是企业文化的价值理念是抽象的，如何做到"知行合一"，除了道德教化，提高职业素质和自觉践行之外，更可靠的则是运用科技信息管理工作，将价值理念"制度化和流程化"，把文化"软约束"变为"硬约束"。

文化管理案例五："合规文化管理体系"

为解决银行日常工作面临的合规难题，切实做好合规管理工作，2011年，在建设银行河南省分行指导下，洛阳市分行华山路支行组织创建了"合规文化管理体系"，经省分行多次论证和完善后，于2012年开始在省分行全辖推广实施该体系。

2012年8月，中国银监会河南监管局对该体系调研论证后决定，在全省银行业全面推广这一体系，并对该体系的先进性和实用性给予了高度评价，认为该体系是银行业机构践行合规理念、优化管理流程、构建合规文化的有益尝试，也是河南省银行业合规建设的重大创新成果，对培育中原特色的银行业合规文化具有重要的借鉴和指导意义。

一、合规文化管理体系的主要内容

体系是以防控操作风险为目标，具有汇集管理资源、共享合规信息、丰富宣传培训方式、传承应知应会职责、明晰合规操作流程、警示操作风险六项功能，并以网络技术为传播载体的合规文化实务管理工具。

体系的主要内容是防控操作风险，在两个层面梳理了合规操作流程：一是产品业务销售操作流程；二是日常合规管理操作流程，即对合规制度进行全面梳理优化，使各岗位员工都清楚地知晓自身的合规责任和操作流程以及防控操作风险的关键环节，清楚标示"政策红线、风险底线、案件高压线"的风险点。

体系针对多年来在这一领域存在的问题和缺陷，突破性的创新设计重点解决了三个问题。

一是在工作目标方向上，解决合规文化抓什么的问题。传承、延伸了企业文化"四层结构"理论，把合规文化理念、制度机制、行为规范、物质成果四个部分作为合规文化建设的具体内容。合规文化理念部分由"建设银行文化要素"、"合规理念"、"合规精神、口号、警言"等平台组成。制度机制部分由"制度梳理"、"教育培训"、"检查考核"等平台组成。行为规范部分包括"员工行为规范"和"岗位操作行为规范"两大平台；前者汇集了职业道德行为规范，后者是每个岗位合规操作流程。物质成果部分展示了建设银行合规管理经验、业务发展、荣誉称号、先进事迹、案例、文化故事等图文资料。

二是在制度机制和行为规范上，具体解决操作风险点在哪里的问题。汇总了286个合规文件中的892条规定，并把支行网点的合规操作流程划分为产品销售和日常合规操作两个部分，将"政策红线、风险底线、案件高压线"的关键操作环节和风险点，具体标志和警示在上述两个部分的各项操作流程的行为规范中，以"菜单"形式，分别用"红"、"黄"、"绿"线标出该项操作属于"禁止"、"警示"、"合规"，让员工看得见、摸得着、有标准、有要领，做到应知应会、尽知尽会，犹如方便查询的"合规字典"。

三是在合规文化管理标准上，具体解决合规文化管理怎样评价考核的问题。汇集了省分行、二级分行各部门检查、考核支行网点及每个岗位合规水平的考核评价指标，并根据违规违章的变化情况，动态选择考核检查指标，让支行网点的员工清清楚楚、明明白白地知晓上级部门检查考核指标的奖惩标准。

该体系还集合了河南省分行所辖支行网点多年来积累的先进做

法，总结提炼了以"一讲三学"为核心的教育培训机制，以"阶段五查法"为核心的检查考核机制，以及"服务八步法"、"日常操作六步法"、"三清原则"、"临时离柜四字诀"等内容，这些内容言简意赅，步骤清晰，易记易懂，成为员工合规操作的指南。

二、合规文化管理体系的功能及使用方法

华山路支行合规文化管理体系就像一本员工日常业务操作的字典，内容覆盖基层营业网点的所有岗位。有了这个体系，任何一名员工，在业务操作中不论遇到什么问题，都可以从这里找到答案。概括起来，该体系共有五大核心功能。

第一项功能：检索制度规章。有些员工如果在实际工作中对某方面的制度不是很了解，便可按照部门来查找所有的合规制度文件。例如，有客户申请信用卡，工作人员若不知道流程和条件，就可以通过体系点击"合规制度机制"→"制度梳理"→"信用卡中心"→"信用卡中心对网点管理制度汇总"→"龙卡信用卡操作手册"，只需轻按鼠标六下，就可以了解到相关内容。

第二项功能：规范岗位行为。支行整理归纳出网点各个岗位的行为规范，明确了各岗位的合规责任与操作流程，支行网点任何一个岗位的工作人员都可以通过体系按照岗位来查找与本岗位相关的合规制度要求。以前台柜员为例，只需要点击"岗位行为规范"→"营业网点岗位行为规范"→"前台柜员"→"日常操作流程"，就会出现安全检查流程、接送款流程、开包流程、调拨流程，其中有支行总结的"三清原则"、"临时离柜四字诀"、"日常操作六步法"等。再比如，网点经理只需要点击"岗位行为规范"→"营业网点岗位行为规范"→"网点经理"→"操作流程"，就会出现网点经理每日、每周、每月、每季度、每半年、每年的工作流程，点开其

中的每日工作流程,便会出现工前准备、款包交接、款包开启、授权监督、现金备付、日终结账等工作流程,点开其中的每一项都有具体合规制度要求。其他各个岗位都可以通过同样方式查找岗位职责和业务操作流程。

第三项功能:明晰风险底线。监管机构多次强调,要严禁踩踏政策红线、严禁逾越风险底线、严禁触碰案件高压线,但是哪些是"政策红线",哪些是"风险底线",哪些是"案件高压线"呢?有些员工并未完全掌握。为了方便员工迅速掌握上述各项最核心、最关键的合规管理制度,该支行通过对合规制度文件的深入研究、分析、比较,归纳出对于网点在制度、行为等层面来说最为重要的合规要求,将其总结为"合规119",在"制度梳理"模块下轻轻点击,便可以看到安全保卫、组织管理、销售维护、操作执行等网点日常工作四大方面的合规要求。

第四项功能:开展教育培训。在制度机制模块,该支行独创了"一讲三学"培训模式,点击每一个栏目都会出现相应的内容。通过使用此模式对员工开展培训,员工都能够在最短的时间内学习和掌握合规制度要求,对合规职责、合规行为都能达到应知应会、尽知尽会,这促使员工快速成长。

第五项功能:强化合规执行。在制度机制模块,该支行创建了以"阶段五查法"为核心的检查考核机制,通过系统的自查、督查、检查、排查,有效杜绝了违规操作,防止了隐患行为,强化了基础管理,促使员工尽职尽责、人人合规。

三、实施合规文化管理体系的成效

(一)大大降低了培训成本

所有一线岗位员工在掌握各种业务操作规范、标准和技能方面，实现了"无师自通"。特别是对刚入行的新员工，原来需要一个月甚至更长时间才能上柜，现在只需两周即可上柜，节省了半个月左右的培训时间。以华山路支行为例，员工培训期间月平均工资为 4 000 元，缩短半个月即可节省 2 000 元的培训成本。与此同时，以 3 500 元的平均绩效折算，一个新员工半个月即可创造 1 750 元绩效收入。因此，新员工提前上岗，既节省了培训成本，也增加了营业收入。

更为重要的是，该项目由于有效解决了合规文化抓什么、操作风险点在哪里、合规文化管理怎样评价考核等问题，对防控支行网点的操作风险及其引发的经济损失和声誉损失具有更高的经济价值。

（二）提高了质量与效率

（1）业务流程平均处理时间缩短。根据建设银行网点排队和客户满意度检测分析系统抽取的数据，华山路支行 2011 年第一季度连续三个月的业务平均处理时间为 334 秒、440 秒和 393 秒，2012 年第一季度连续三个月的业务平均处理时间为 340 秒、398 秒、391 秒，通过计算其平均数得出，2012 年第一季度较 2011 年第一季度业务处理速度提高了 3.26%。

（2）流程环节减少。在合规文化管理体系推出之前，柜员遇到不了解的业务会直接咨询柜员主管，柜员主管会的能够直接回答，而不会或掌握不准确的则只能查询相关文档或书籍，或咨询市分行相关部门，然后再回答柜员，中间反反复复最少要经过几个环节。在合规文化管理体系推出之后，柜员可以直接通过体系"菜单"一步到位查询相关流程、标准和要求，只需一个环节就可以找到结果，仅此就提高了 50% 的效率。

（3）差错率进一步下降。根据总行营运稽核系统抽取的数据，华山路支行 2011 年第一季度连续三个月的稽核差错率分别为

0.40%、0.51%和0.21%，2012年第一季度连续三个月的稽核差错率分别为0.00%、0.23%、0.22%，通过计算其平均数，得出2012年第一季度较2011年第一季度差错率下降了59.82%。

（三）合规管理的规范化程度有了显著提高

（1）实现合规管理流程化与规范化。为网点负责人实施合规管理提供了简单明了的操作手册，只需按照手册履行相关职责即可有效提升合规管理与运营的规范化水平。

（2）实现业务操作流程标准化、风险提示明晰化。对行内各项业务办理流程进行梳理和简化，按照上级行内控合规文件和关键环节要求形成统一的标准，并将每一项业务的风险点作突出标示，让每一位员工都能够熟练操作和把握。

（3）实现高效的教育培训与检查考核。该体系的"一讲三学"教育培训机制和"阶段五查法"检查考核机制，是对目前银行培训及检查机制的进一步优化，有助于提升教育培训及检查考核的质量和效率。

具体内容及操作程序举例如图21至图27所示。

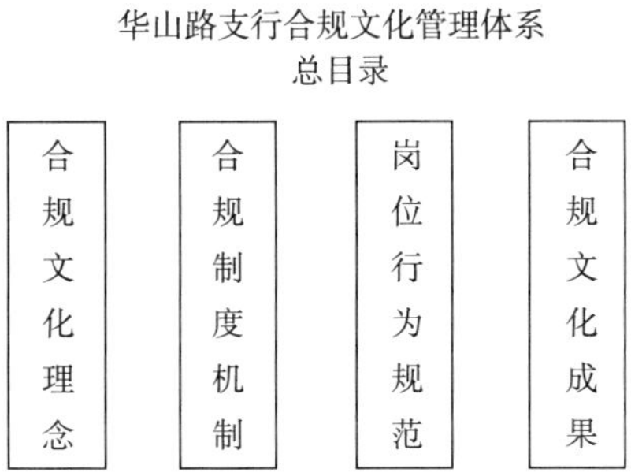

华山路支行合规文化管理体系
总目录

| 合规文化理念 | 合规制度机制 | 岗位行为规范 | 合规文化成果 |

图21 体系内容

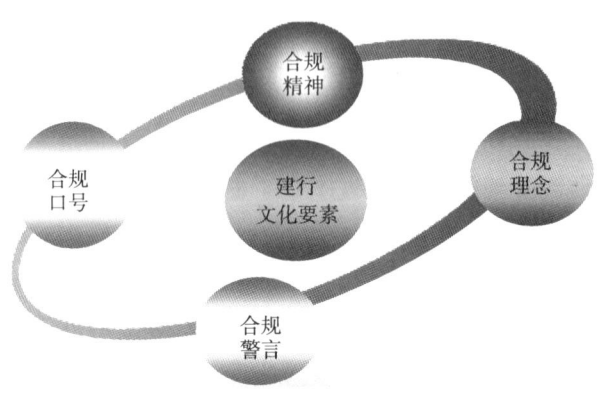

合规
精神
合规
理念
合规
口号
建行
文化要素
合规
警言

图22　合规文化理念的内容

有规
能合
教育
培训
有规
必合
有规
可合
制度
梳理
检查
考核

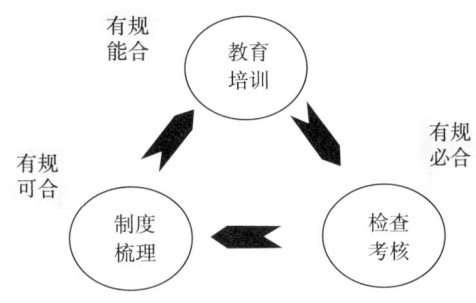

图23　合规制度机制

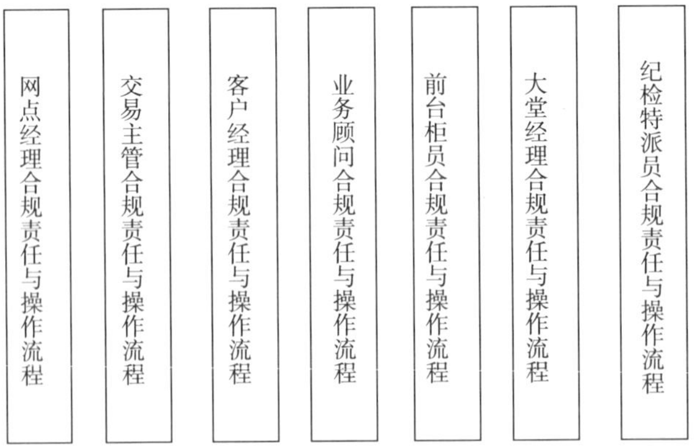

网点经理合规责任与操作流程
交易主管合规责任与操作流程
客户经理合规责任与操作流程
业务顾问合规责任与操作流程
前台柜员合规责任与操作流程
大堂经理合规责任与操作流程
纪检特派员合规责任与操作流程

图24　岗位行为规范

第三部分　企业文化管理相关问题及案例

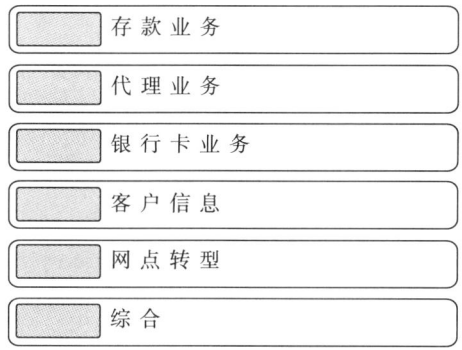

图25　体系包含九个部门的制度

（纪检监察部　风险管理部　营运管理部　个人金融部　电子银行部　财务会计部　公司业务部　信息技术部　安全保卫部　合规119）

- 存款业务
- 代理业务
- 银行卡业务
- 客户信息
- 网点转型
- 综合

图26　个人金融部对网点管理制度汇总

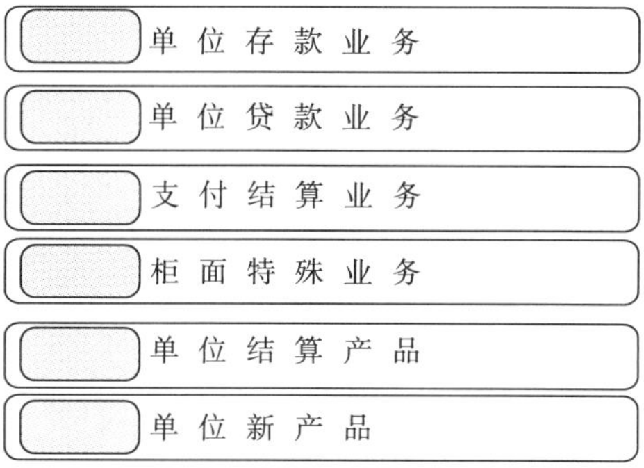

- 单位存款业务
- 单位贷款业务
- 支付结算业务
- 柜面特殊业务
- 单位结算产品
- 单位新产品

图27　前台柜员业务操作——公司业务

315

启示：目前，商业银行大量合规内控的制度规范，散见于各个条线和部门中，基层员工在实际操作中"学不全、记不住、找不到、用不准"，以致反复培训和考试。合规文化管理体系包括合规文化理念、制度机制、行为规范、物质成果四部分内容，分为四级菜单，将所有的内控合规文件和规章制度，分别对照七个岗位全面梳理归类，并细化成操作流程，分别用"红"、"黄"、"绿"线标出有无风险，员工易记、易查、易操作，无师自通，任何一名员工都能自助应用，有效防控操作风险。应用推广的实践表明，该体系使一线网点业务操作实现了"多、快、好、省"。但是，随着金融改革不断发展，管理、制度、标准、流程、产品等都处于经常性的调整、完善、修改、创新之中，因此，对该体系的相关内容要同步更新，不能存在时滞，不留死角，避免出现空挡期而导致操作失范或违规。

参考文献

[1][英]亚当·斯密著：《国民财富的性质和原因的研究》，郭大力、王亚南译，北京，商务印书馆，1974。

[2][英]亚当·斯密著：《道德情操论》，王秀莉译，北京，商务印书馆，2011。

[3][德]马克斯·韦伯著：《新教伦理与资本主义精神》，于晓、陈晓钢等译，北京，三联书店，1987。

[4][法]卢梭著：《社会契约论》，何兆武译，北京，商务印书馆，1980。

[5][法]卢梭著：《论人类不平等的起源和基础》，李常山译，北京，商务印书馆，1962。

[6][美]孟罗·斯密著：《欧陆法律发达史》，姚美镇译，北京，中国政法大学出版社，1999。

[7][美]巴林顿·摩尔著：《民主和专制的社会起源》，拓夫、张东东译，北京，华夏出版社，1987。

[8][美]勒内·达维德著：《英国法和法国法》，潘华舫、贺卫方等译，北京，中国政法大学出版社，1984。

[9][美]查尔斯·俾耳德、威廉·巴格力著：《美国的历史》，魏野畴译，北京，新世界出版社，2014。

[10][美]希尔斯曼著：《美国是如何治理的》，曹大鹏译，北京，商务印书馆，1988。

[11][美]S.贝克尔著：《人类行为经济分析》，王业宇、陈琪

译,上海,三联书店,1995。

［12］［日］川岛武宣著:《现代化与法》,王志安等译,北京,中国政法大学出版社,1994。

［13］［美］康芒斯著:《制度经济学》,于树生译,北京,商务印书馆,1981。

［14］［美］R. 科斯、A. 阿尔钦、O. 诺思等著:《财产权利与制度变迁》,刘守英等译,上海,上海人民出版社,2004。

［15］［英］弗·冯·哈耶克著:《自由秩序原理》,邓正来译,上海,三联书店,1997。

［16］［英］埃德蒙·柏克著:《自由与传统》,蒋庆等译,北京,商务印书馆,2001。

［17］［英］伯兰特·罗素著:《罗素文集》(第七卷),何兆武、李约瑟译,北京,商务印书馆,2012。

［18］［英］伯兰特·罗素著:《西方的智慧》,戴俐秋译,北京,中国画报出版社,2012。

［19］［美］约翰·罗尔斯著:《正义论》,何怀宏等译,北京,中国社会出版社,1988。

［20］［美］维尔·杜伦著:《东方的文明》,李一平译,西宁,青海人民出版社,1998。

［21］［美］埃尔斯特等著:《宪政与民主》,潘勤等译,上海,三联书店,1997。

［22］［日］弗兰西斯·福山著:《信任——社会道德与繁荣的创造》,李宛蓉译,北京,远方出版社,1998。

［23］［美］彼得·德鲁克著:《创新和企业家精神》,蔡文燕译,北京,机械工业出版社,2007。

［24］［美］埃德加·H. 沙因著:《企业文化与领导》,马红宇、王斌等译,北京,中国人民大学出版社,2011。

［25］［美］约翰·科特等著：《企业文化与经营业绩》，李晓涛译，北京，中国人民大学出版社，2004。

［26］［美］R. 帕斯卡尔、A. 阿索斯著：《日本企业的管理艺术》，张宏译，北京，科学技术文献出版社，1987。

［27］［美］布鲁克·诺埃尔·摩尔著：《批判性思维》，朱素梅译，北京，机械工业出版社，2012。

［28］［美］马克·罗伊著：《公司治理的政治维度：政治环境与公司影响》，陈宇峰译，北京，中国人民大学出版社，2008。

［29］［英］麦高温著：《中国人生活的明与暗》，朱涛、倪静译，北京，中华书局，2006。

［30］［美］亚瑟·亨·史密斯（明恩溥）著：《中国人的气质》，刘文飞、刘晓旸译，上海，三联书店，2007。

［31］［瑞士］荣格著：《性格哲学》，李德荣译，北京，九州出版社，2008。

［32］［美］休斯顿·史密斯著：《人的宗教》，刘安云译，海口，海南出版社，2013。

［33］罗国杰：《中国传统道德》，北京，中国统计出版社，1997。

［34］蒋先福：《契约文明》，上海，上海人民出版社，1999。

［35］骆玉鼎：《信用经济中的金融控制》，上海，上海财经大学出版社，2000。

［36］李道揆：《美国政府与美国政治》，北京，商务印书馆，1999。

［37］张维迎：《企业的企业家》，上海，三联书店，1995。

［38］张维迎：《产权、政府与信誉》，北京，三联书店，2001。

［39］周祖城等：《企业伦理》，天津，天津人民出版社，1996。

［40］陈会昌：《竞争社会—心理—文化透视》，北京，北京师范大学出版社，2000。

[41] 王询:《文化传统与经济组织》,大连,东北财经大学出版社,1999。

[42] 陈郁:《企业制度与市场组织》,上海,三联书店,1996。

[43] 何怀宏:《契约理论与社会正义》,北京,中国人民大学出版社,1993。

[44] 何怀宏:《当代美国法律》,北京,社会科学文献出版社,2001。

[45] 郭生祥:《信用与信仰》,北京,东方出版社,2007。

[46] 刘光明:《现代企业家与企业文化》,北京,经济管理出版社,1996。

[47] 吴森:《比较哲学与文化》,台北,台北东大图书公司,1978。

[48] 成中英、孔令宏:《文化管理》,杭州,浙江大学出版社,2013。

[49] 赵敦华:《西方哲学史》,北京,北京大学出版社,2001。

[50] 张木生:《改造我们的文化历史观》,北京,军事科学出版社,2011。

[51] 罗长海:《企业文化学》,北京,中国人民大学出版社,1991。

[52] 张绥:《基督教会史》,上海,三联书店,1992。

[53] 赵立行:《世界文明史讲稿》,上海,复旦大学出版社,2007。

[54] 孙隆基:《中国文化的深层结构》,南宁,广西师范大学出版社,2004。

[55] 丛日云:《西方文明演讲录》,北京,北京大学出版社,2011。

[56] [加] 梁鹤年:《西方文明的文化基因》,北京,三联书

店，2014。

［57］张宏杰：《中国国民性演变历程》，长沙，湖南人民出版社，2013。

［58］钱穆：《中国经济史》，北京，北京联合出版公司，2014。

后 记

1995年，我取得南开大学硕士学位后进入中国建设银行大连市分行工作，1999年初调总行党委宣传部（2001年成立公共关系与企业文化部，"两块牌子，一套人马"），至今已有20年了，其中，有15年从事企业文化管理的职能工作，一直任职企业文化管理处处长，岗位始终没有变动。我在这个岗位上坚持多调研、广览书、深思考、勤动笔，对企业文化管理产生了浓厚的兴趣，于是在企业文化管理的"道"与"术"方面，做了一些探索、实践和创新。这本书权作15年来我从事企业文化工作的一个回顾与总结。

我对企业文化的较早认知，得益于建设银行先于同业的文化觉醒。1996年建设银行率先导入企业识别系统（CIS），启用新的行名、行徽，将"中国人民建设银行"更名为"中国建设银行"，制定《中国建设银行理念管理手册》，确定战略愿景、主理念（核心价值观）、经营理念、服务理念、社会理念、警言、座右铭及形象宣传口号等文化要素体系，这领先同业15年。当时，我在大连市分行直接参加总行组织的企业文化的研讨交流、学习培训、推进"落地"等各项工作。这些工作实践，为我在总行公共关系与企业文化部履行职能奠定了很好的基础。特别是从2004年开始，建设银行加快股改上市步伐，为适应现代商业银行要求，建设银行文化体系重构工作同步启动。在总行领导主导下，我负责具体操作，开始了企业文化调查评估、构建文化要素体系、全员网上投票评选、专家研讨修改完善、学习培训与教育宣传、推进"文化转化工程"等系统化、规范化的工作。

作为企业文化管理处处长有做好工作的职责在，有拓展工作的平台在，有创新工作的空间在。15年来，在历届总行党委领导下，建设银行企业文化工作取得了许多领先金融同业的成果，主要包括：制定《中国建设银行企业文化建设发展规划（2001—2005）》（2001年）；创建总行企业文化建设示范点，探索建立《中国建设银行企业文化建设工作考评体系及实施细则》（2003年）；与益普索、盖洛普公司合作，首次开展"客户满意度"和"员工满意度"项目测评（2004年）；组织全行持续一年时间开展树立"以客户为中心"的经营理念、转变经营机制大讨论，推进服务文化建设（2005年）；构建人本文化、服务文化、合规文化和创新文化"四位一体"的建行文化，并将其纳入建设银行发展战略规划（2006年）；参加构建中国建设银行股份有限公司文化要素体系，并为建设银行的愿景、使命、核心价值观、理念、警言、口号等释义（2007年）；先后打造了行内外知名的服务品牌，包括"向党工作站"（新疆区分行）、"红梅理财中心"（山西省分行）、南大支行（湖南省分行）、"何晓工作法"（山东省分行）、"天龙在线"（浙江省分行）、"小刘理财"（江西省分行）、"南环时速"（河南省分行）、"百步亭社区银行"（湖北省分行）、"金丹财智"（福建省分行）、"中关村科技金融"（北京市分行）等（2001年至今）；参与创建具有中国文化特色的辽宁省朝阳市分行"零文化管理模式"和具有银行文化特色的江西省南昌洪都支行"精细高效经营管理系统"（2010—2011年）；主编《中国建行银行企业文化培训教材》，并将其纳入全行员工职业培训体系（2011年）；落实中国银监会等五部委的《企业内部控制基本规范》要求，持续开展企业文化调查评估工作，探索企业文化与业务经营深度融合的工作机制（2011—2015年）；开展企业跨文化管理课题研究、中国与欧美企业文化比较研究（2012—2015年）等。

上述领先同业的创新成果是建设银行广大员工智慧、心血与创造的结晶。我作为他们中的一员，亲自参与挖掘、提炼和推广，亲自参加策划、组织和实施，分享了创造成功的快乐，我可以问心无愧地说："15年的光阴没有虚度，我至少站在金融文化实践的前沿，持续'研究、思考、探索、实践'，以踏踏实实的行动践行了母校——南开大学的校训'允公允能，日新月异'。"

在15年的企业文化工作中，我的一些思考与探索，得益于那些具有文化自觉和文化自信的基层管理者，他们都是与我志同道合的朋友，是文化管理之"道"的共鸣者，也是默契合作的共同创造者。特别是独具金融特色的在金融业乃至全国知名的"服务品牌"的培育和打造——没有他们的智慧、心血和奉献是不可能成功的。他们中有一级分行企业文化部总经理，还有二级分行行长，他们既是服务品牌的主创者，又是令我尊敬的朋友。他们是：唐进健（辽宁省分行）、王晓木（湖北省分行）、靳连珠（山西省分行）、尚国民（河南省分行）、屠耕夫（浙江省分行）、刘小平（重庆市分行）、靳晓海（山东省分行）、罗鹿鸣（湖南省分行）、赵彦峰（福建省分行）、宋效军（北京市分行）、丁素媛（江西省分行）、李小青（山西省分行）、王红梅（山西省分行）、胡丛林（新疆区分行）等总经理；项宏（辽宁省分行）、童文涛（福建省分行）、王广升（山东省分行）、夏安民（江西省分行）、张权（山西省分行）等行长，还有总行企业文化部历任领导。在此一并表示诚挚的感谢！

在企业文化研究与实践中，经常得到濮旭秘书长（中国金融政研会）、孟凡驰常务副理事长（中国企业文化研究会）、华锐副理事长（中国企业文化研究会）、王建副秘书长（中国企业文化研究会）、陈西主任（中国企业联合会）、刘若凝副社长（《企业文化》

杂志)、肖利平副社长(《中外企业文化》杂志)等各位领导、专家的指导和帮助,在此表示衷心的感谢!

最后,特别要感谢北京大学原副校长、著名经济学家张国有教授,先生在百忙之中阅读全部书稿,不吝赐教,为本书作序,令我万分感动,在此深表谢忱!

李锦望

二〇一五年三月十六日于北京